“十四五”普通高等院校物流类专业核心课程系列教材
大中企业高端培训教材

粮食现代物流

LIANGSHI XIANDAI WULIU

主　编◎徐顺志

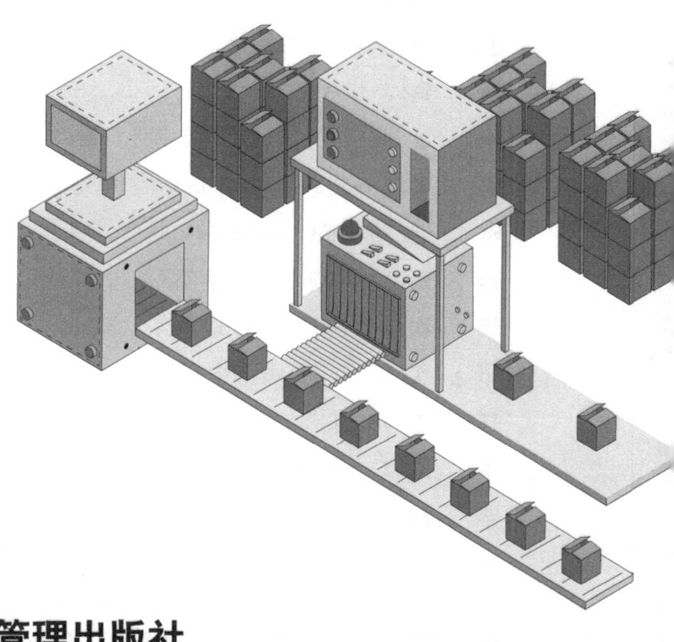

企业管理出版社
EMPH ENTERPRISE MANAGEMENT PUBLISHING HOUSE

图书在版编目（CIP）数据

粮食现代物流 / 徐顺志主编 . -- 北京 : 企业管理出版社 , 2023.2

ISBN 978-7-5164-2792-7

Ⅰ . ①粮… Ⅱ . ①徐… Ⅲ . ①粮食—物流—物资管理—高等学校—教材 Ⅳ . ① F724.721

中国版本图书馆 CIP 数据核字 (2022) 第 252656 号

书　　名: 粮食现代物流

书　　号: 978-7-5164-2792-7

作　　者: 徐顺志

策　　划: 寇俊玲

责任编辑: 寇俊玲

出版发行: 企业管理出版社

经　　销: 新华书店

地　　址: 北京市海淀区紫竹院南路 17 号　　**邮编:** 100048

网　　址: http://www.emph.cn　　**电子信箱:** 1142937578@qq.com

电　　话: 编辑部（010）68701408　发行部（010）68701816

印　　刷: 北京虎彩文化传播有限公司

版　　次: 2023 年 3 月第 1 版

印　　次: 2023 年 3 月第 1 次印刷

开　　本: 787 毫米 ×1092 毫米　1/16

印　　张: 13.25 印张

字　　数: 260 千字

定　　价: 58.00 元

前　言

粮食是关系国计民生的重要商品，是关系经济发展、社会稳定和国家自立的基础，保障国家粮食安全始终是治国安邦的头等大事。我国目前处于中等偏上收入国家行列，城乡居民消费结构不断升级，广大消费者对粮食和重要农产品的需求已经从“吃得饱”“吃得好”转向“吃得有机”“吃得低碳”，粗糙劣质的粮食无法满足人民群众的美好生活需要。从中长期看，我国粮食供求仍将处于一种紧平衡态势、特别是面对复杂的国际形势、国内持续增长的粮食需求、地缺水少人多、种粮比较效益低、粮食容易遇到一些自然灾害、结构性矛盾比较突出等潜在风险隐患，确保国家粮食安全，任何时候都不能放松。

中国是人口大国，是世界上主要的粮食生产国和消费国，尽管中国的农业资源禀赋欠佳，人均农业资源相对匮乏，但解决十几亿人口的吃饭问题不能寄希望于国际市场。我国农业就业人口约有1.94亿，如果过多进口粮食，不仅会对国内市场造成冲击，而且在重大灾难时容易受制于出口国。因此，践行新发展理念，推动粮食产业由总量扩张向质量提升的转变，强化粮食产业低碳化、优质化、特色化、品牌化的发展战略，才能在“双循环”中更好地满足人们对美好生活的需要，才能更好地把握国家粮食安全的主动权。我国粮食在总量和结构上的产需不平衡、粮食进出口的实际需求、国家战略等原因，决定了我们要大力发展粮食现代物流。

粮食物流业是粮食行业发展的基础支撑性产业，发展粮食现代物流，建立高效、畅通、节约的粮食现代物流体系，以粮食物流系统化、一体化运作为方向，以提升物流节点和园区设施现代化水平为手段，以先进技术应用为支撑，以完善粮食物流通道为重点，对提高粮食流通效率，减少粮食损耗，降低流通成本，促进产销衔接，加快推进农业供给侧结构性改革，增强国家粮食宏观调控能力，保障国家粮食安全具有重要意义。发展粮食物流业，需坚持创新、协调、绿色、开放、共享的发展理念，贯彻落实“一带一路”建设、京津冀协同发展、长江经济带发展三大战略；进一步健全支持粮食物流业发展的政策体系，加快提升粮食物流业的发展水平；注重第一、二、三产业的融合发展，注重应用现代产业组织方式，注重物流技术创新、业态创新和品牌创新。

本教材由南京财经大学徐顺志主编。在编写过程中，参考了大量论文、书籍、法律法规和网络资源，在此对文献作者一并致谢！

由于编者水平所限，书中不妥之处在所难免，敬请读者批评指正。

徐顺志

2023 年 1 月

目　录

第一章　我国粮食货物类型 …… 1

第一节　我国主要粮食作物 …… 1

第二节　我国主要油料作物 …… 4

第二章　粮食的机械设备 …… 7

第一节　粮食仓储设施与设备 …… 7

第二节　粮食运输设施与设备 …… 16

第三节　粮食信息化设施与设备 …… 23

第四节　节点内与节点间粮食物流装备 …… 25

第三章　粮食物流与粮食物流体系 …… 31

第一节　粮食物流的重要性 …… 31

第二节　粮食安全与现代物流 …… 32

第三节　粮食现代物流 …… 33

第四节　粮食现代物流体系 …… 35

第五节　国内外粮食物流研究综述 …… 38

第四章　我国粮食物流的发展历程 …… 44

第一节　我国古代粮食物流设施建设 …… 44

第二节　我国粮食流通体制改革进程 …… 45

第三节　我国粮食物流发展关键时期 …… 46

第四节　我国散粮运输的发展情况 …… 50

第五章　国外粮食市场和粮食物流体系 …… 52

第一节　世界粮食市场的总体概况 …… 52

第二节　国外粮食物流的发展现状 …… 54
第三节　国外粮食物流体系的建设 …… 62

第六章　我国粮食市场和粮食物流体系 …… 66
第一节　我国粮食生产与分品种流向分析 …… 66
第二节　我国粮食产销区位和流通通道 …… 70
第三节　我国粮食物流的现状 …… 72
第四节　我国粮食物流体系的现状 …… 75
第五节　我国粮食物流业存在的问题 …… 78

第七章　优化粮食行业结构 …… 84
第一节　粮食行业结构的重要性 …… 84
第二节　我国粮食行业结构的现状 …… 85
第三节　不合理粮食行业结构的影响 …… 86
第四节　粮食行业结构优化的重点 …… 89

第八章　发展粮食现代物流业 …… 93
第一节　我国粮食物流业发展的环境 …… 93
第二节　我国粮食物流业发展的要求 …… 94
第三节　我国粮食物流业发展的目标 …… 95
第四节　我国粮食物流业发展的任务 …… 97

第九章　构建粮食物流系统 …… 104
第一节　物流信息技术的应用 …… 104
第二节　粮食物流系统及其供应链 …… 109
第三节　粮食物流系统的建设 …… 112

第十章　完善我国粮食物流组织建设 …… 115
第一节　粮食物流组织的基本理论 …… 115
第二节　粮食物流组织的基本模式 …… 117
第三节　一体化粮食物流组织建设 …… 120
第四节　第三方物流组织建设 …… 122

第五节 粮食物流联盟建设 …… 125
第六节 粮食物流园区规划与设计 …… 127

第十一章 完善粮食现代物流体系建设 …… 132
第一节 我国粮食安全的具体要求 …… 132
第二节 粮食现代物流体系的建设原则 …… 133
第三节 粮食物流网络布局与路径优化 …… 134
第四节 建设粮食物流基地 …… 138
第五节 完善散粮运输体系 …… 142
第六节 建设粮食物流决策支持系统 …… 145

第十二章 保障粮食现代物流发展的措施 …… 149
第一节 发展和完善粮食现代物流的目标 …… 149
第二节 发展和完善粮食现代物流的途径和方法 …… 150
第三节 保障我国粮食安全的对策 …… 153

粮食物流相关法律法规知识和标准 …… 155
附录一 粮食流通管理条例 …… 155
附录二 政府储备粮食仓储管理办法 …… 163
附录三 粮油安全储存守则 …… 169
附录四 粮库安全生产守则 …… 181

参考文献 …… 195

第一章

我国粮食货物类型

第一节　我国主要粮食作物

联合国粮食及农业组织（Food and Agriculture Organization of the United Nations，FAO）对食品的定义包括八大类：稻谷、小麦、大麦、燕麦、黑麦、玉米、小米和高粱，没有专门的粮食概念。FAO 在研究粮食安全问题时一般将谷物产品（主要包括稻谷、小麦及各类粗粮）定义为粮食概念。

《辞海》对粮食及粮食作物的定义："粮食是指供食用的谷物、豆类、薯类的统称。"粮食主要包括两类：原粮和成品粮。其中，原粮是指稻谷、小麦、玉米、大豆、薯类等粮食作物和油菜籽等油料作物。成品粮是指大米、面粉等谷物类粮食产品和各类油脂产品。

粮食作物，又称食用作物，以收获成熟果实为目的，经去壳、碾磨等加工程序，成为人类基本食粮的，含有淀粉、蛋白质、脂肪及维生素等的一类作物。栽培粮食作物不仅为人类提供食粮和副食品，也为食品工业提供原料，为畜牧业提供精饲料和大部分粗饲料，因此，粮食作物是农作物中的主导作物。粮食作物主要分为谷类作物、薯类作物和豆类作物。

一、谷类作物

1. 玉米

玉米是世界上分布最广泛的粮食作物之一，是重要的饲料和工业原料。玉米总产量居世界首位，种植面积仅次于小麦和水稻，居第三位。种植范围从北纬 58°（加拿大和俄罗斯）至南纬 40°（南美）。

我国是世界玉米主产国之一，历年产量占世界总产量的 20% 左右，2020 年播种面积 4126 万公顷、产量 2.607 亿吨，因饲用消费和加工消费增加，产需缺口有所扩大，供求关系由基本平衡转向趋紧。我国玉米深加工产品已有 1000 多种，玉米加工企业主要分布在吉林、山东、河南、河北等省。玉米种植范围广，主要集中在东北、华北和西南地区（吉林省和黑龙江省与同纬度的美国、乌克兰并称为世界“三大黄金玉米带”），北方春播玉米区和黄淮海平原夏播玉米区的种植面积和产量均占全国 70% 以上。

我国也是玉米的主要消费国，约占世界玉米消费量的 21%。玉米的消费主要包括口粮、饲料用粮、工业用粮、种子用粮及出口等几个方面。

2. 小麦

小麦是世界上最早栽培的农作物之一，是人类的主食之一。作为三大谷物之一，小麦的产量大部分作为食用，约 1/6 的产量作为饲料使用。

我国小麦消费总量整体平稳增长，年均增长率在 1% 左右。口粮消费是中国小麦消费的主要途径，约占国内消费总量的 77%。随着城乡居民生活水平的提高，小麦口粮消费的比重呈下降趋势，工业及饲料消费的比重上升明显，主要用于生产淀粉、味精、酱油、工业乙醇和饮用酒精等。

3. 水稻

作为直接经济作物，世界上近一半人口以大米为食。我国每年消费稻米约 1.85 亿吨，约占粮食消费的 36.69%。我国水稻主产区主要是东北地区、长江流域、珠江流域，其中，南方水稻主产区 13 个省份的稻米消费量，占消费总量的 90% 左右。

二、豆类作物

1. 大豆

大豆原产于中国。全国各地均有栽培，以东北最著名，也广泛栽培于世界各地。大豆是植物蛋白、食用油脂和蛋白饲料的重要来源，在我国居民饮食消费和畜禽养殖中占有重要地位。2020 年，播种面积 987 万公顷、产量 1960 万吨。近年来，随着人民生活水平的提高和养殖业的迅速发展，豆油和豆粕需求大幅增加，大豆产需缺口较大且长期存在。

除热量不足的高海拔、高纬度地区和年降水量在250毫米以下、又无灌溉条件的地区以外，一般均有大豆种植。东北春播大豆和黄淮海夏播大豆是我国大豆种植面积最大、产量最高的两个地区。

2. 蚕豆

蚕豆，作为粮食、蔬菜和饲料、绿肥兼用作物，营养价值丰富，相传由西汉张骞自西域引入中原。

蚕豆在我国大多数省份都可种植，长江以南地区以秋播冬种为主（云南、四川、湖北和江苏，种植面积和产量较大，约占85%），长江以北以早春播为主（甘肃、青海、河北、内蒙古，约占15%）。云南是蚕豆种植面积最大的省份，约占全国的24%，常年种植在35万公顷左右，以秋播为主。

3. 豌豆

豌豆是春播一年生或秋播越年生攀缘性草本植物，它作为人类食品和动物饲料，已经是世界第四大豆类作物。我国是仅次于加拿大的世界第二大豌豆生产国，主要产区有四川、河南、湖北、江苏、青海、江西等省区。

三、薯类作物

1. 甘薯

甘薯又名红薯、地瓜，属喜光的短日照作物，不耐寒，主要分布在北纬40°以南。栽培面积以亚洲最多，非洲次之，美洲居第三位。

甘薯是高产作物，春夏均可种植，可以加工成甘薯淀粉、甘薯粉丝、甘薯脯等畅销食品，同时，它也是重要的工业原料，可以制造酒精等（每667平方米的甘薯，可生产酒精150千克左右）。

2. 马铃薯

马铃薯又称地蛋、土豆，与小麦、玉米、稻谷、高粱并称为世界五大作物，它是重要的粮食作物和食品加工原料。马铃薯主要生产国有中国、俄罗斯、印度、乌克兰、美国等。

我国是世界上马铃薯总产量最多的国家，主产地区是西南山区、西北、内蒙古和东北地区。其中，西南山区的播种面积最大，约占全国播种总面积的1/3；黑龙江省是我国最大的马铃薯种植基地。

第二节　我国主要油料作物

一、四大油料作物

油菜和大豆、花生、芝麻并称为我国四大油料作物。

1. 油菜

油菜，又叫油白菜，原产我国，营养丰富，维生素C含量高，一般生长在气候相对湿润的安徽、河南、四川等地。油菜花在含苞未放的时候可以食用，花朵凋谢后，油菜籽可以榨油。种植油菜最多的国家是印度，中国次之，加拿大居第三位。

我国是世界油菜生产和消费第一大国，常年种植面积667万公顷左右、占油料作物种植面积的50%以上，油菜籽产量1400万吨左右，占油料产量近40%，是重要的食用植物油和饲料蛋白来源。

2. 花生

花生，又名长生果，是我国产量丰富、食用广泛的一种坚果，也是我国重要的食用植物油来源和休闲食品，还可作为制皂和生发油等化妆品的原料。花生主要分布在巴西、中国、埃及等地。2020年我国花生种植面积473万公顷、产量1799万吨，榨油和食用约各一半。

3. 芝麻

芝麻，种子含油量高达55%，是我国主要油料作物之一。芝麻原产于我国云贵高原，是喜温植物，主要分布在北纬40°和南纬40°之间。河南省内芝麻产量最多，约占全国的30%。

二、粮油产品

粮油类产品包括豆油、花生油、芝麻油等。

1. 豆油

豆油主要指大豆油，由黄豆压榨加工而成。大豆油是世界上常用的食用油之一，也是我国居民、特别是北方人的主要食用油之一。与其他油脂原料相比，黄豆的含油量低，只有16%~24%。

2. 花生油

花生油，是一种比较容易消化的食用油，约含80%的不饱和脂肪酸，20%的软脂酸、硬脂酸和花生酸等饱和脂肪酸。

3. 芝麻油

芝麻油，是由芝麻提炼而成，味香，又称为香油。芝麻油含人体必需的不饱和脂肪酸和氨基酸，其含量居各种植物油之首。还含有丰富的维生素和人体必需的铁、锌、铜等微量元素，其胆固醇含量远远低于动物脂肪。

三、粮油副产品

粮油副产品包括麦麸、酒糟、花生壳、稻壳、豆粕、米糠等。

1. 麦麸

麦麸即麦皮、麸皮，是小麦加工成面粉的副产品，富含纤维素和维生素。以前，麸皮主要是用作饲料，经济价值不高。实际上，它含有大量人体必需的营养成分，具有润肺、滋润皮肤、防癌抗癌、健脾和胃、乌发固发、清理肠胃等作用，具有很高的医疗保健价值，也可用于食品添加剂等。

2. 酒糟

酒糟，是米、麦、高粱等酿酒后剩余的残渣，它不仅含有一定比例的粮食，还含有丰富的粗蛋白，高出玉米含量的2~3倍，含有多种微量元素、维生素、酵母菌等，长期和秸秆饲料一起，作为牛饲养时的饲料。

3. 花生壳

花生壳，约含有60%的粗纤维，其含量居粗饲料之首。花生壳营养成分中干物质占 90.3%，其中粗蛋白质占 4.8%~7.2%，粗脂肪占 1%~1.1%，粗纤维素占 65.7%~79.3%，半纤维素占 10.1%，可溶性碳水化合物占 10.6%~21.2%，另外，花生壳还含有维生素和矿物质及部分氨基酸，经发酵剂发酵处理后的花生壳，其营养价值和消化率都大大提高，适于有一定规模的养殖场采用。

4. 稻壳

稻壳是大米外面的一层壳，富含纤维素、二氧化硅等营养成分，可用来酿酱油、酒，装成袋也可以种植平菇。

5. 豆粕

豆粕，是大豆提取豆油后的一种副产品。豆粕是棉籽粕、花生粕、菜籽粕等 12 种动植物油粕饲料产品中产量最大、用途最广的一种。作为一种高蛋白质，豆粕是牲畜与家禽饲料的主要原料，也可用于制作糕点食品、化妆品和抗生素原料。

第二章

粮食的机械设备

第一节　粮食仓储设施与设备

粮库，粮食仓库的简称，是储存粮食的建筑物、场所以及配套设施的总称，主要包括仓房、辅助生产设施、运输与输送、装卸、堆场、水电等配套设备。一个粮库内可以有一幢或多幢仓房。

仓房，简称为仓，粮食仓房可简称为“粮仓”。按仓房的形式可分为平房仓、浅圆仓、立筒仓等；按存粮方式可分为包装仓和散装仓；按仓内储粮温度可分为常温仓、准低温仓和低温仓。其中平房仓装粮高度高、跨度大、造价适中，防潮性能好，如图2－1所示；浅圆仓，单仓容量大，占地面积适中，机械化程度比平房仓高，工程造价低于高大平房仓，粮堆与外界热交换慢，如图2－2所示；立筒仓，机械化、自动化程度高，占地面积小，容量大，密闭性能高，作业效率高，粮食损耗小，流通费用低，如图2－3所示。

图2－1　平房仓

资料来源：中华粮网

图2－2　浅圆仓

资料来源：中华粮网

图2-3 立筒仓

资料来源：中华粮网

目前，我国的粮食库存构成主要分三大类：政府储备、政策性库存、企业商品库存。此外还有一部分农户存粮（通常不统计在库存范围内）。政府储备包括中央储备粮和地方储备粮，这是守底线、稳预期、保安全的“压舱石”。

一、粮食仓库设备

粮食仓库设备主要包括机械通风设备、环流熏蒸设备和消防设备。

1. 机械通风设备

储粮机械通风，是指一定条件的外界气体在通风机产生的压力差作用下沿着粮堆中的空隙穿过粮层，从而改变粮堆内气体介质的参数，调整粮堆温度、湿度等，达到使粮食安全储藏或改善加工工艺品质的目的。通过储粮机械通风，可以达到降温通风、降水通风、调质通风和其他功能通风的功能。

（1）储粮机械通风的分类

按通风的范围分类，可分为整体通风（对独立储粮单元/货位的整体进行通风）、局部通风（对独立储粮单元/货位的局部进行通风）。

按风网的形式分类，可分为地槽通风系统（粮仓/货位地坪之下建有固定槽形通风道的通风系统，适用于整体通风）、地上笼通风系统（粮仓/货位地坪之上敷设笼形通风道的通风系统，适用于整体通风）、移动式通风系统。

按送风方式分类，可分为压入式通风（通风机正压送风，主要适用于降水通风和粮堆的中、上层发热降温通风）、吸出式通风（通风机负压吸风，主要适用于降温通风、调质通风、预防结露通风等)、压入与吸出相结合式通风、环流通风。

按气流方向分类，可分为上行式通风（外界空气从底部进入粮堆向上流动，穿过粮层后排出仓外的通风)、下行式通风（外界空气从粮堆表面进入粮堆向下流动，穿过粮层后，由仓底风道排出仓外的通风)、横流式通风（外界空气从粮堆侧横流穿过整个或部分粮堆后进入另一侧，再排出仓外的通风。适用于仓房跨度小于 15 米的通风)。

按空气温度调节方式分类，可分为自然空气通风（外界空气不经调节直接送入粮堆的通风)、加热空气通风（外界空气经适当加热升温后送入粮堆的通风，主要适用于降水通风)、冷却空气通风（外界空气经机械制冷后送入粮堆的通风)。

按储粮堆装形式分类，可分为包装粮堆机械通风、散装粮堆机械通风。

（2）储粮机械通风设备

通风机，是依靠输入的机械能，提高气体压力并排送气体的机械，它是一种从动的流体机械。按气体流动方向的不同，通风机主要分为离心式、轴流式、斜流式和横流式等类型。粮仓使用较多的是离心式通风机（如图 2 –4 所示）和轴流式通风机（如图 2 –5 所示)。

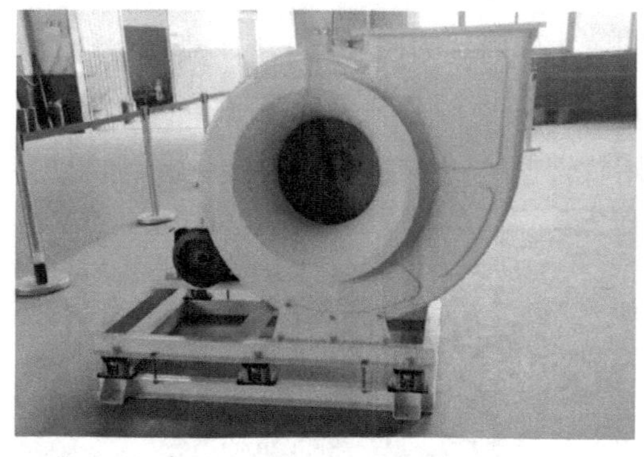

图 2 –4　离心式通风机

资料来源：德州亿沃特风机

图 2 –5　轴流式通风机

资料来源：德州亿沃特风机

地上通风笼，为倒“U”字形。外形尺寸为（1000 毫米 ×340 毫米 ×500 毫米）和（1000 毫米 ×260 毫米 ×400 毫米）两种，如图 2 –6 所示。粮库通风笼采用地上笼，并排双风道，一机三道，双向通风；它是粮仓底部通风系统的重要基础设施，适用于无地下槽的房式粮仓和露天散装粮垛。

谷物冷却机，是一种可移动的制冷控湿通风机组，由制冷系统、温度湿度调控系统和送风系统组成。主要部件有通风机、空气过滤器、压缩机、冷凝器、蒸发器、膨胀阀、后加热装置、控制装置和可移动机架等，如图 2 –7 所示。

图 2－6　粮库通风笼

资料来源：矿山机械粮机

图 2－7　谷物冷却机

资料来源：粮油发展网

2. 环流熏蒸设备

环流熏蒸技术，是利用环流熏蒸设备强制熏蒸气体循环，促使熏蒸气体在粮堆内快速均匀分布的熏蒸杀虫技术。环流熏蒸设备由施药装置、环流装置、检测装置三部分组成。环流熏蒸系统按环流管道的固定方式分为固定式和移动式。其中，固定式，管道固定于仓壁（固定于仓外壁为外环流，固定于仓内壁为内环流）；移动式，引气管道和风量调节阀门固定于仓壁而风机和出风口风量平衡调节装置安装在移动小车（移动式环流机）上，引气管道与环流机之间采用软管连接。智能环流熏蒸系统，如图 2－8 所示。

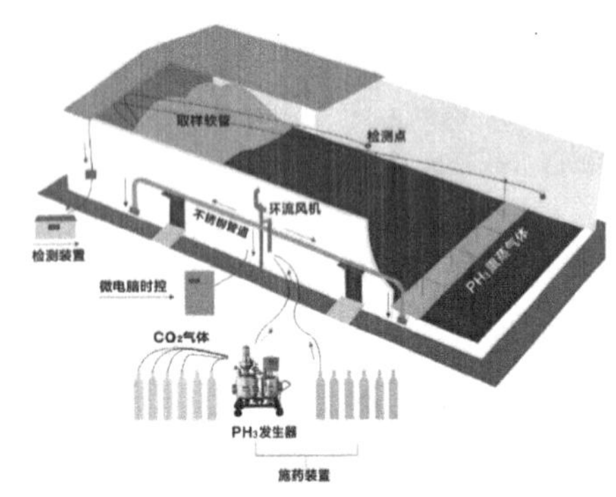

图 2－8　智能环流熏蒸系统

资料来源：同创高科仓储粮安卫士

图 2－9　消防泵

资料来源：消防工程

环流熏蒸系统按粮面下是否设管道又可以分为整仓环流熏蒸和膜下环流熏蒸。粮面施药环流熏蒸是将磷化铝药剂按粮面施药的方法置于粮面，再借助环流风机，使所发生的磷化氢气体通过粮堆进行环流的熏蒸方式。膜下环流熏蒸是将仓内粮堆表层用薄膜盖密封，利用置于薄膜下的回流管道等环流装置进行环流的熏蒸方法。

3. 消防设备

粮库的消防安全工作，贯彻“预防为主、防消结合”的方针。粮库的主要消防设备包括消防泵、消防栓、干粉灭火机等。

消防泵，是安装在消防车、固定灭火系统或其他消防设施上，用作输送水或泡沫等液体灭火剂的专用泵，如图2－9所示。

消防栓，又称消火栓，是一种固定式消防设施，主要作用是控制可燃物、隔绝助燃物、消除着火源，分为室内消火栓（如图2－10所示）和室外消火栓（如图2－11所示）。

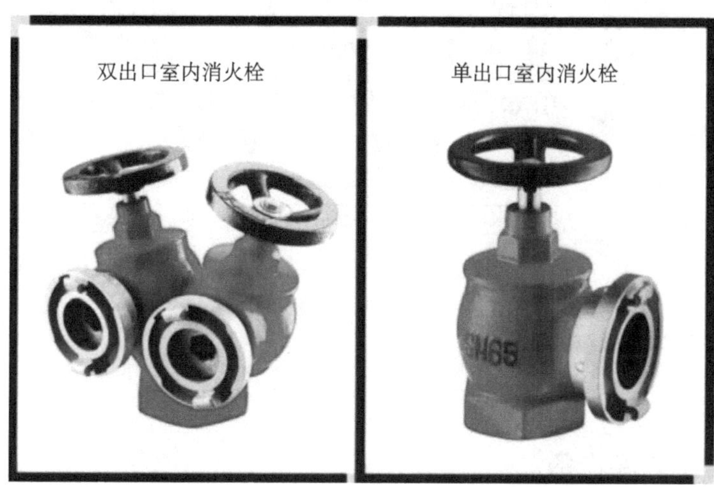

图2－10　室内消火栓

资料来源：野马技术

图2－11　室外消火栓

资料来源：绍兴消防

图2－12　手提式干粉灭火器

资料来源：云阳消防在线

干粉灭火器，可扑灭一般火灾，还可扑灭油、气等燃烧引起的火灾。干粉灭火器是利用二氧化碳气体或氮气气体做动力，将筒内的干粉喷出灭火的。按操作方式分为手提式干粉灭火器（如图 2－12 所示）和推车式干粉灭火器（如图 2－13 所示）。

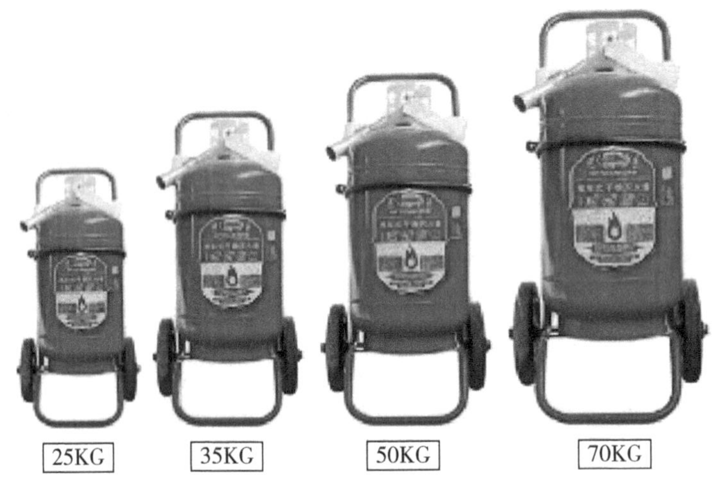

图 2－13　推车式干粉灭火器

资料来源：豫海消防

二、粮食出入库设备

粮食出入库设备主要包括移动式皮带输送机、埋刮板输送机、翼轮式扒粮机等。

1. 移动式皮带输送机

移动式皮带输送机，是一种用途广泛的移动式机械输送设备，适用于散粮等散装物料或袋式包装物料的输送、装卸、码垛、倒仓等多种作业。设备能进仓使用，也可露天使用。可由几台串联使用，满足长距离或变化输送方向作业的需要，也可与其他机械设备配合使用，实现散装或包装物料的装卸输送任务。移动式输送设备，主要包括带式输送机（如图 2－14 所示）、转向输送机（如图 2－15 所示）。

2. 埋刮板输送机

埋刮板输送机，是借助于在封闭的壳体内运动着的刮板链条使散体物料按预定目标输送的运输设备。它具有体积小、密封性强、刚性好、工艺布置灵活、安装维修方

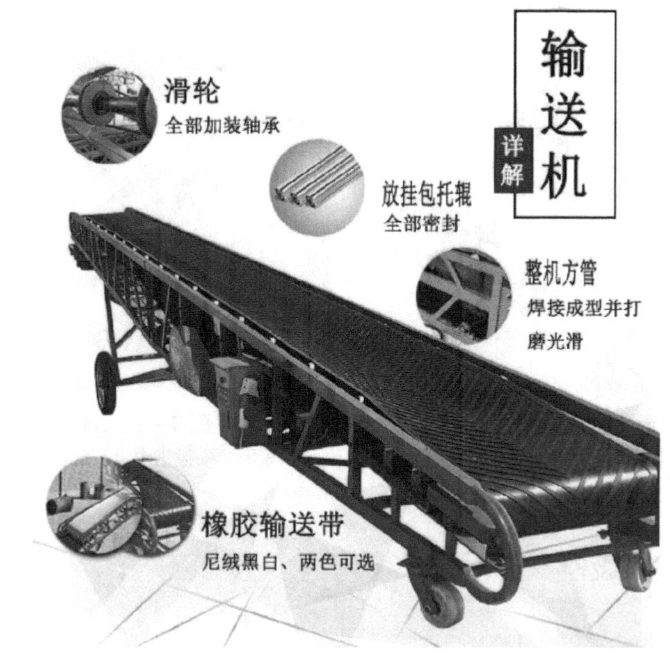

图 2-14　带式输送机

资料来源：衡水市鑫鼎输送机械有限公司

图 2-15　转向输送机

资料来源：河北占伟机械

便、能多点加料和多点卸料等优点，能降低环境污染的程度。埋刮板输送机，如图 2-16 所示。

3. 翼轮式扒粮机

翼轮式扒粮机，是一种散粮机械式取料设备，前端两个旋转的翼轮将粮食从地面粮堆扒到本机的皮带上，通过本机皮带输送到后续的输送设备中。实现粮食仓库中的粮食出仓、打包、装车、倒仓等作业的取料操作。翼轮式扒粮机，如图 2 – 17 所示。

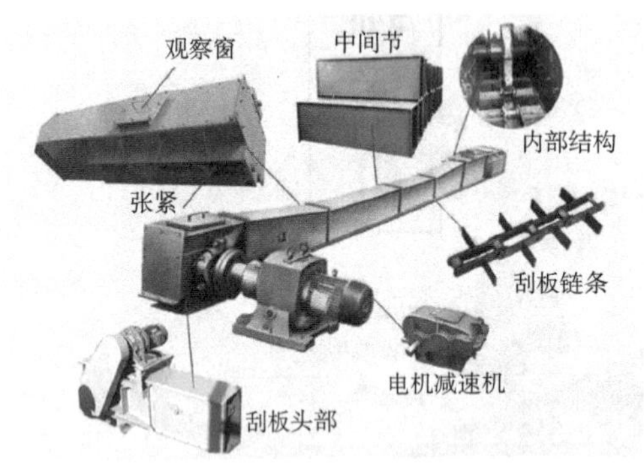

图 2 – 16　埋刮板输送机
资料来源：环球粮机网

图 2 – 17　翼轮式扒粮机
资料来源：安徽华中机械配套工程有限公司

三、粮食储检设备

1. 扦样器

对于包装粮，一般是人工扦样，使用的是包装扦样器（如图 2 – 18 所示）；对于散装粮，使用的是智能扦样器（如图 2 – 19 所示）。

图 2 – 18　包装扦样器
资料来源：粮油储藏科技

图 2 – 19　智能扦样器
资料来源：环球粮机网

智能扦样器能对立筒仓、房式仓、地下仓的散存谷物（小麦、玉米、高粱、稻谷等）在 0 ~ 20 米范围内随意扦样、埋设测量电缆和药剂投放。

2. 重量计量设备

台秤，是称量 50 ~ 1000 千克的杠杆式机械秤，承重装置为矩形台面，通常在地面使用。按结构原理可分为机械台秤（如图2－20所示）和电子台秤（如图2－21所示）两类。

图2－20　机械台秤

资料来源：青岛加斯特衡器

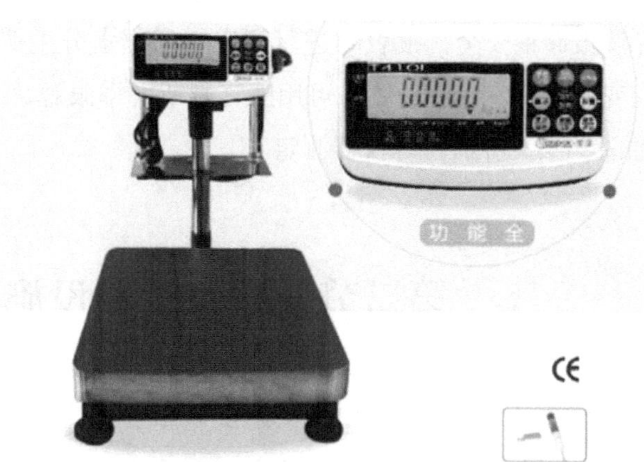

图2－21　电子台秤

资料来源：亚津电子秤

3. 温度检测设备

对粮温的检查，可采取分层定点与机动取点相结合、仪器检测与感官鉴定相结合的办法，定时定点测温，便于前后对比和分析掌握储粮的变化规律。

检查粮温时，一般凭检查人员的感觉器官检查或通过数字微机测温仪（如图2－22所示）检测。

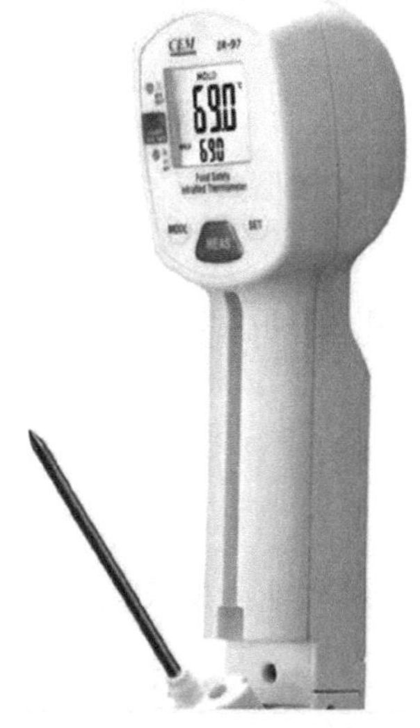

图2－22　食品测温仪

资料来源：食品580

图2－23　粮食测水仪

资料来源：粮商

4. **水分检测设备**

水分检测，分为化验平均水分和检验局部水分两种方法。平均水分一般在接收、普查、填报储粮安全月报表时进行测定；局部水分主要用于分析仓内某层、某点局部水分的变化情况。水分检测，可用感官判断（即眼观、手捏、牙咬），也可用电子测水仪（如图 2－23 所示）等仪器测定。

第二节　粮食运输设施与设备

粮食运输，是保证粮食供需的重要环节。在生产环节，农户将收获的粮食移向堆场、储存点，要靠运输来完成；在流通环节，产区收纳粮库将收到的粮食经过储存、加工移向销区粮库、加工厂，再移向销售网点和用户，要靠运输来完成。

粮食的运输，根据运输工具不同，分为公路运输、铁路运输、水路运输；根据包装状态不同，主要包括袋装粮运输、散粮运输、集装箱运输三种方式。

一、粮食公路运输设施与设备

公路运输，是一种在公路上进行运输活动的运输方式，是一种能实现“门到门”的便捷的运输方式。

1. **货车**

货车，按其规格，可分为重型货车、中型货车、轻型货车、微型货车、三轮汽车、低速货车等。

货车，按其结构，可分为普通货车、厢式货车、罐式货车、平板货车、集装箱车、自卸货车、特殊结构货车、半挂牵引车、全挂牵引车等。

2. **搬送车辆**

叉车，是指对成件托盘货物进行装卸、堆垛和短距离运输作业的轮式搬运车辆，如图 2－24 所示。

图 2－24　叉车

资料来源：智汇职校

图 2－25　地牛

资料来源：叉车大全

地牛，是将承载的货物插入托盘孔内，由人力驱动液压系统来实现托盘货物的起升和下降，并由人力拉动完成搬送作业，如图 2－25 所示。

登车桥，是叉车与货车之间的搭桥设备，方便装卸货物。一般分为移动式登车桥（如图 2－26 所示）和固定式登车桥（如图 2－27 所示）。

图 2－26　移动式登车桥

资料来源：力鑫机械

图 2－27　固定式登车桥

资料来源：力鑫机械

装载机，又称铲车，主要用于铲装土壤、砂石、石灰、煤炭等散状物料，也可用于粮食的翻铲、装车等作业，如图 2－28 所示。

二、粮食铁路运输设施与设备

铁路运输，是指一种沿铁路轨道运行，以达到运送旅客或货物目的的运输方式，受自然环境影响小。

图 2－28　装载机
资料来源：中首重工 ZHONGSHOU

图 2－29　棚车
资料来源：e 车网轨道交通资讯

1. 铁路货运车辆

粮食铁路运输主要采用棚车、敞车、罐车和集装箱平车。

棚车，车体有地板、顶棚、车墙及门窗，主要用于装运粮食、日用品及仪器等贵重以及怕日晒、雨淋、雪浸的货物，适用叉车等机械化装卸作业，如图 2－29 所示。

敞车，车体无顶棚，有固定的车墙，可装运煤炭、矿石、钢材等不怕日晒雨淋的货物，如图 2－30 所示。

图 2－30　敞车
资料来源：e 车网轨道交通资讯

图 2－31　罐车
资料来源：e 车网轨道交通资讯

罐车，车体呈罐形的运输车辆，用于装运各种液体、液化气体和粉末状货物等，如图 2－31 所示。

平车，车体为一平板或设有可翻下的活动侧，可装运体积或重量较大的货物，如图 2－32 所示。

集装箱平车，专门用于运送集装箱，无车底板和车墙板。车底架上设固定式、翻转式锁闭装置和门止挡，如图 2－33 所示。

图 2－32　平车
资料来源：e 车网轨道交通资讯

图 2－33　集装箱平车
资料来源：e 车网轨道交通资讯

2. 铁路专用线

铁路专用线，是由企业或者其他单位与国家铁路或其他铁路线路接轨的岔线。铁路运输的大宗物资基本是在铁路专用线装车。铁路专用线的管理方式为“谁投资谁管理”，如果投资单位为粮库，则管理单位就为粮库。铁路专用线，如图 2－34 所示。

图 2－34　铁路专用线
资料来源：兰州日报

图 2－35　干散货船
资料来源：中远海运散运

三、粮食水路运输设施与设备

水路运输，是以船舶为主要运输工具，以港口或港站为运输基地，以水域（包括海洋、河流和湖泊）为运输活动范围的一种运输方式，载重量大、成本低，适合大宗、低值等货物的中长距离运输。

1. 货船

货船是以载运货物为主、载客 12 人以下的船舶。其大部分舱位是用于堆贮货物的货舱。货船的船型很多，排水量可从数百吨至数十万吨。

干散货船，又称散装货船，是装载无包装的大宗货物（煤炭、矿砂、谷物等）的船舶，如图 2－35 所示。杂货船是干散货船的一种，它是装载一般包装、袋装、箱装和桶装的普通货物船；杂货船在运输船中占有较大的比重。

集装箱船，又称箱装船、货柜船或货箱船，是一种专门载运集装箱的船舶，它全部或大部分船舱用来装载集装箱，甲板或舱盖上也会堆放集装箱，如图 2－36 所示。

图 2－36　集装箱船

资料来源：航运交易公报

图 2－37　粮食码头

资料来源：中粮饲料华南大区

2. 粮食码头

我国粮食码头主要有大连港、天津港、秦皇岛港、连云港港、上海港、宁波（舟山）港、广州港、湛江港等。粮食码头，如图 2－37 所示。

四、粮食四散化运输设施与设备

发达国家粮食物流成本低、效率高的一个最根本原因就是“四散化”（散储、散运、散装、散卸）程度高，广泛使用散运工具和配套的散粮装卸设施，粮食的装卸储运基本实现散化操作。

1. 公路粮食四散化运输设施与设备

（1）社会通用货车的散粮运输

通用货车，可以广泛利用社会上的运输力量。主要车型有普通货车、液压自卸车。

粮食散运对车厢密闭性要求较高，一般要对汽车采用一些防护措施：如内部临时铺衬，防止漏粮和粮食污染，装粮后粮堆上面一般要有防雨措施。

装车方式：通用货车的装车方式比较简单易行，由于装车时车上部全敞开，可以采用专用或简单通用的输送设备。

卸车方式：液压自卸车卸车自动化程度较高，可以直接向接粮坑、输送设备卸料，人工干涉少，不受固定卸料点限制。

通用货车的卸车主要有专用卸粮坑、皮带机加接料斗两种方式。其中，专用卸粮坑，配备有专用的液压翻板和除尘、输送设备；皮带机加接料斗，一般适用于没有汽车散粮接收设施的企业，通过对通用的皮带机进行改进或增加一些辅助性设施，实现散粮汽车的接收。

（2）专用散粮汽车运输

罐式车，专用性很强，配置成本较高，一般分为自流卸料和气力输送装卸料两种。其中，自流卸料：卫生、密闭性好，效率高、卸粮速度快，需要有专用卸料坑和接收设施，适用于设施好、运量足的大型企业；气力输送装卸料：罐体内物料通过压缩空气压出，对卸料点要求不高，可以在一定高度范围内灵活地调整卸料点，自动化程度高，但卸料量小、动耗大、适用范围小。专用散粮罐式车，如图 2－38 所示。

图 2－38　专用散粮罐式车

资料来源：LNG 行业信息

图 2－39　专用散粮厢式车

资料来源：方得网

厢式货车，可以分为自流卸料式厢式车和液压自卸式厢式车。专用散粮厢式车，如图 2－39 所示。

（3）铁路粮食四散化运输设施与设备

散粮专列，专门用于粮食运输的全程封闭式列车，装卸均采用机械化控制。一列装有 60 吨包装粮的列车需要 20 名工人卸载约 20 个小时，而散粮专列仅需几分钟就能完成。散粮罐装火车，如图 2－40 所示。

图 2－40　散粮罐装火车

资料来源：象屿农产

图 2－41　连续式散粮装船机

资料来源：港口机械圈

（4）水路粮食四散化运输设施与设备

北粮南运和粮食进出口的运输大多通过水路进行，散粮的港口运输主要有散粮的装船和卸船。

连续式散粮装船机，是用于大宗散粮装卸船作业的一种连续式装船机械，装船能力能达到 1200 吨/小时。按是否可以移动，连续式散粮装船机可分为固定式和移动式两类，其中，连续式散粮装船机，如图 2－41 所示。

连续式散粮卸船机，与其他卸船机的区别主要在于卸船机的垂直取料和水平输送两部分，俯仰、旋转、行走、电控等其他性能基本相同或相近。连续式散粮卸船机，如图 2－42 所示。

图 2－42　连续式散粮卸船机

资料来源：港口机械圈

图 2－43　集装箱装车输送机

资料来源：衡水市鑫鼎输送机械有限公司

五、粮食集装箱运输设施与设备

粮食集装箱运输，是指直接把集装箱作为粮食运输的一个运输单元，将粮食装入集装箱后再进行的运输。采用集装箱运输散粮已经越来越广泛，尤其是散粮流通设施不发达的国家。

1. 移动式集装箱散粮装车输送机

移动式集装箱散粮装车输送机，适合于作业场地较宽敞的地方使用，对不同规格集装箱的散粮装箱时间为30分钟左右。移动式集装箱散粮装车输送机，如图2-43所示。

2. 移动式集装箱抛粮机

移动式集装箱抛粮机，将集装箱和粮食散运结合在一起的另一种运输方式，如图2-44所示。

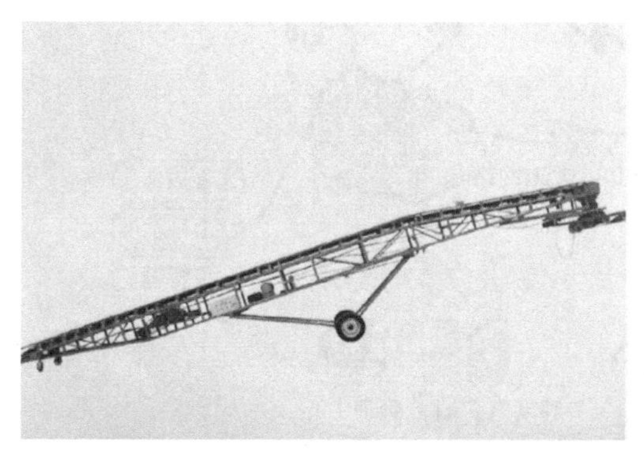

图2-44　集装箱抛粮输送机

资料来源：环球粮机网

图2-45　轮式移动式吸粮机

资料来源：湘粮机械

3. 移动式吸粮机

对于存放于低处、深处（如船舱、散粮火车、集装箱等）的粮食，一般的粮食输送机械难以完成作业，往往需要使用移动式吸粮机，如图2-45所示。

第三节　粮食信息化设施与设备

粮食物流信息化，是采用信息技术对传统的粮食物流业务进行整合、优化，达到降低成本、提高服务水平的目的。如果上升到粮食供应链的层面，粮食物流信息化就是利用现代信息技术、信息平台和信息装备等，对粮食的采购、运输、仓储、加工、配送等过程进行信息采集、交换、传输和处理，实现粮食供应方、需求方、配送方、

储存方的有效协同，打造高质量的粮食物流供应链。

一、智能化粮库管理平台

智能化粮库涵盖智能仓储作业、智能安防监管等粮库业务管理。智能化粮库的建设，可以提高粮食储备作业效率，提升粮食储备科技水平，改善粮食存储生态环境，降低粮食储备风险，加强粮食储备安全。智慧粮库管理系统，如图 2－46 所示。

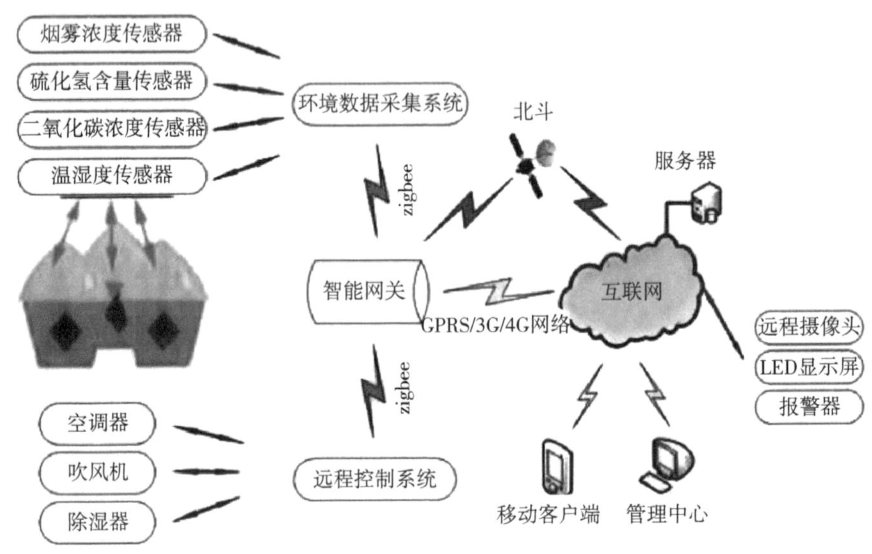

图 2－46　智慧粮库管理系统

资料来源：盛道农业物联网

1. 智能仓储作业系统

智能仓储作业系统，通过计算机自动管理，降低劳动强度，提高管理效率，实现粮食出入库、干燥、清理、储藏管理等仓储作业。它不仅包括智能通风，干燥、制冷、粮食出入库等作业自动化系统，还包括粮情测控系统、粮食品质检测系统等。

2. 智能安防监控系统

智能安防监控系统，集成整合视频监控、智能消防、门禁管理等功能，运用多媒体视频技术、计算机网络技术和工业控制技术，实现视频、音频信号的数字化、网络化传输。

3. 远程监管系统

远程监管系统包括粮情远程监管、油情远程监管、安防远程监控。其中，粮情远程监管，实时检测储库点粮情变化情况，空仓预警；油情远程监管，实时监测油罐内粮油的液位、温度、体积、重量；安防远程监控，对远程安防系统进行操作，对安防人员协同指挥调度。

4. 办公自动化信息系统

智能粮库信息系统平台中的办公自动化（Office Automation，OA）系统，是根据粮库日常管理的需要，将管理工作凝聚划分，实现数据实时共享和精确统计。

5. 业务管理系统

智能化业务管理系统，通过实时的信息采集、分享、统计、查询和上报，实现经营管理、生产管理等业务管理信息化及账目电子化。

二、粮食物流公共信息平台

粮食物流公共信息平台，提供粮食物流信息发布与共享功能，连接粮食仓储企业、粮食物流企业、粮食物流运作设施以及政府管理部门与相关职能部门的公共信息系统，是物流信息资源的汇集中心，实现对粮源收购、组配加工、库存和运输优化等物流环节的有效控制和全程管理，实现从生产到消费的集成化无缝衔接。粮食物流公共信息平台，如图 2－47 所示。

第四节　节点内与节点间粮食物流装备

一、节点内物流装备

节点内物流装备主要分为三类：清理装备、输送装备、进出仓装备。其中，清理装备主要用于平房仓、浅圆仓/立筒仓内的清理；输送的方式主要包括固定水平输送、固定垂直输送、移动式输送；进出仓方式主要包括平房仓进出仓、浅圆仓/立筒仓进

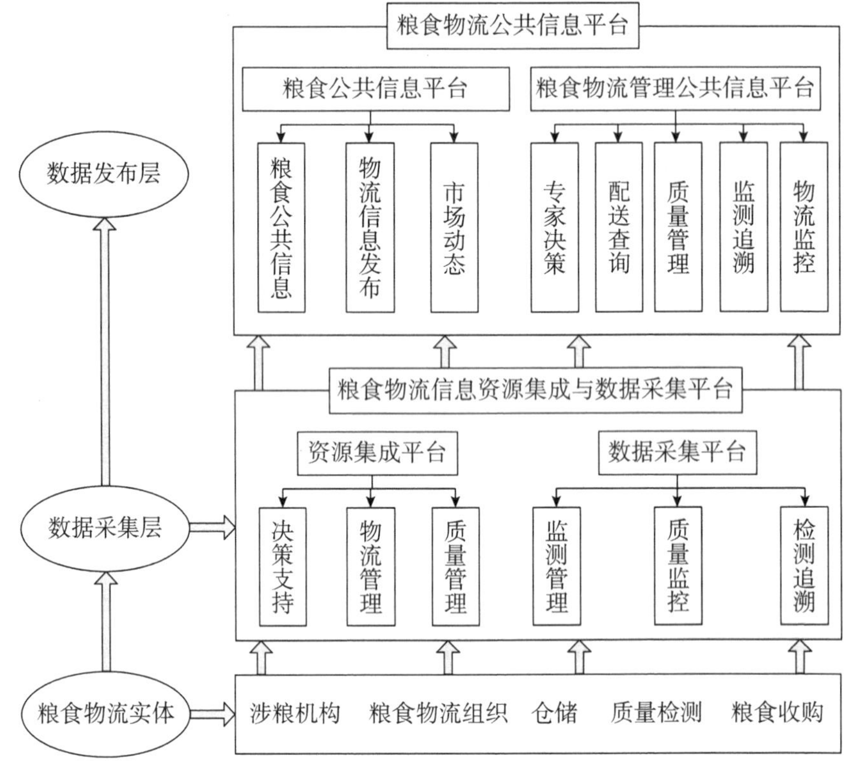

图 2－47　粮食物流公共信息平台

资料来源：根据《粮食物流管理实务》整理

出仓。

分别取三类装备中的平房仓、移动式输送、平房仓进出仓为例，平房仓进出仓装置，主要由刮平机、行车系统、吊轨及吊轨支撑装置和控制系统等组成，如图 2－48 所示。

其中，刮平机主要组成结构包括头端轴组件、头端框架、链条组件、轨道组件、中间段框架、尾端框架、尾端轴组件，如图 2－49 所示。

进仓系统采用托辊皮带机、移动小车卸料装置和抛粮装置，通过控制抛料点实现 360°周边范围（0～18 米）任意点抛料，省去了人工或机械平仓，实现进仓平仓一气呵成。如图 2－50 所示。

1. 接卸设备

移动式汽车卸粮机，粮食从汽车卸粮口自流到卸粮机上，粮食自流完后需要人工扒粮，如图 2－51 所示。

移动式散粮侧卸机，采用刮板结构直接从汽车上扒粮输送到搭接皮带机上，能够升高和旋转 ±80°，能减轻工人劳动强度。

图 2-48　平房仓进出仓装置

资料来源：国粮工程

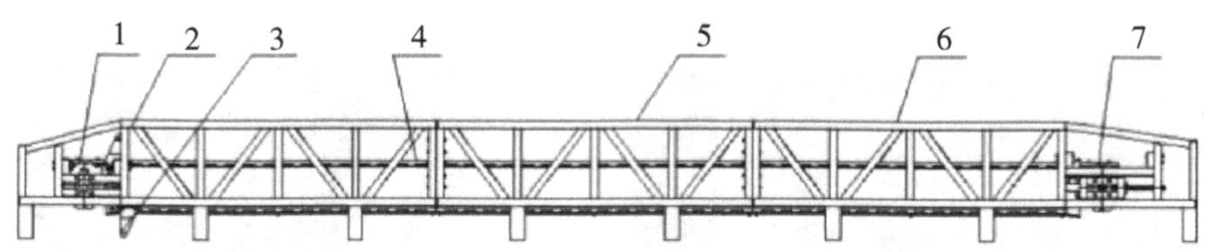

1.头端轴组件　2.头端框架　3.链条组件　4.轨道组件
5.中间段框架　6.尾端框架　7.尾端轴组件

图 2-49　刮平机

资料来源：国粮工程

图 2-50　进仓系统

资料来源：国粮工程

图 2-51　移动式汽车卸粮机

资料来源：环球粮机网

2. 出仓设备

出仓设备，主要包括出仓机、扒谷机。其中，智能化出仓机，如图 2-52 所示；移动式多功能转向扒谷机，如图 2-53 所示。

图 2 –52　智能化出仓机

资料来源：储粮科技

图 2 –53　移动式多功能转向扒谷机

资料来源：环球粮机网

3. 清理设备

清理设备，主要包括圆筒清粮机（如图 2 –54 所示）、移动式环保振动筛（如图 2 –55 所示）、组合式清理筛（如图 2 –56 所示）、移动式粮食风选机（如图 2 –57 所示）、移动式环保清理筛（如图 2 –58 所示）。

图 2 –54　圆筒清粮机

资料来源：环球粮机网

图 2 –55　移动式环保振动筛

资料来源：环球粮机网

图 2 –56　组合式清理筛

资料来源：环球粮机网

图 2 –57　移动式粮食风选机

资料来源：环球粮机网

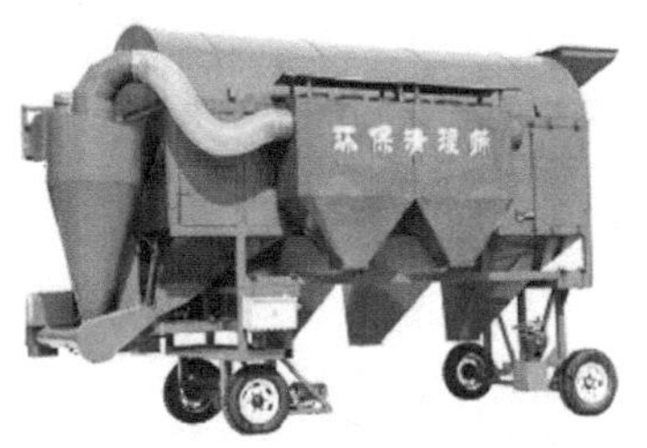

图 2－58　移动式环保清理筛
资料来源：环球粮机网

图 2－59　伸缩转向装仓机
资料来源：环球粮机网

4. 平房仓装仓设备

平房仓装仓设备，主要包括伸缩转向装仓机（如图 2－59 所示）、液压升降补仓机（如图 2－60 所示）。

图 2－60　液压升降补仓机
资料来源：环球粮机网

图 2－61　散粮集装箱高效装粮站
资料来源：港口圈

二、节点间物流装备

节点间物流装备主要分为四类：公路运输装备、铁路运输装备、水路运输装备、集装单元化装备。其中，公路运输装备主要包括农用车、普通车、散粮车；铁路运输装备主要包括普通车、专用车；水路运输装备主要包括海轮、内河船；集装单元化装备主要包括集装箱、集装袋。

集装单元化装备中，集装箱的装备主要有散粮集装箱高效装粮站（如图 2－61 所示）、移动式集装箱双向翻转机（如图 2－62 所示）。其中，散粮集装箱高效装粮站可与固定出粮生产线相连，实现集装箱装粮的机械化作业，装箱效率高，产量可达 200 吨/小时；移动式集装箱双向翻转机设备可双向翻转，可避免汽车进入工位时，集装箱

箱门朝向不合适需要汽车调头的问题。

图 2-62　移动式集装箱双向翻转机
资料来源：现代饲料工程与机械

图 2-63　集装袋运粮
资料来源：今日海运

粮食集装箱成为北粮南运的重要内容。借鉴国外经验，散粮集装箱成为东北五大港口至广东、福建各港口的重要应用，每年以15%的比例递增；在东北的海运散粮输出比例已经接近40%，输出量在1000万吨。集装袋运粮及装卸，如图2-63所示。

第三章

粮食物流与粮食物流体系

第一节　粮食物流的重要性

“国以民为本，民以食为天，食以粮为源”，粮食，不仅作为人类生存需要的植物性食物，同样也是一种重要的工业原料，关系着国计民生。粮食自身的价格虽然低但它的社会价值很高，不能完全以粮食流通或销售的价格、利润等来衡量粮食物流建设的必要性。

我国在 2001 年 12 月加入世界贸易组织（World Trade Organization，WTO）之后，随着关税的减让和非关税措施的逐步取消，中国粮食产业站在了更具竞争性的平台上，其发展面临着更为严峻的市场竞争压力。国外廉价粮食大量进入中国，国际粮食市场波动会直接传入国内，影响国内粮食安全与经济稳定。因此，如何提高粮食行业各个业务环节的效率，增强粮食供应链协同管理的能力成为我国粮食行业应对国际竞争与稳定发展的当务之急。粮食物流可以提高粮食流通的效率，能够在有限的时间内把粮食运送到需要的地方，缩短粮食流通的周期，保证粮食战略物资的供应，提高国民经济的安全性。人们只有满足了食物需求，才能从事各项活动。

我国是一个粮食生产与消费大国，粮食产量和消费量均居世界前列。但我国粮食生产多为农户分散经营，粮食物流发展水平较低，我国粮食行业至今仍未建立起覆盖全行业的供应链体系，主要表现为：粮食生产基地、原辅料加工商、工业企业、商业企业和零售商等粮食供应链上各节点之间信息传递不通畅、工商库存较大、交易成本较高，制约了资源的合理配置。比如，北粮南运有时需要 20~30 天，为发达国家同等运距运输时间的 2 倍以上；粮食从产区到销区的物流成本占粮食销售价格的 20%~30%，比发达国家高出 1 倍左右；运输装卸方式的落后，使粮食损失量约为 800 万吨/年；粮食信息的收集与传递渠道不畅；粮食的分类、分级与分等的主观性强，包装从材料到

管理标准不一，不便粮食存储、加工与运输。

因此，如何利用先进的现代物流技术及理念改造我国传统的粮食物流体系，发展粮食现代物流，实现粮食散储、散运、散装、散卸（即“四散化”）的变革，加强粮食物流系统中各节点的有机协调与配合，提高粮食流通自动化、系统化和设施现代化水平，对提高粮食流通效率，降低粮食流通成本，保障国家粮食安全具有重要意义。

第二节　粮食安全与现代物流

一、粮食安全的含义

1. 粮食安全概念的发展

20 世纪 70 年代发生的世界范围内的粮食危机，使粮食安全问题成为世人关注和研究的焦点。粮食安全问题的实质是人与粮食之间的矛盾。当人对粮食的需求大于粮食的供给时，就会产生粮食安全问题。

1974 年联合国粮食及农业组织（Food and Agriculture Organization of the United Nations，FAO）提出粮食安全是“保证任何人在任何地方都能得到为了生存和健康所需要的足够粮食”。1983 年，FAO 指出粮食安全的目标为“确保所有人在任何时候既能买得到又能买得起所需要的基本食品”。随着人们生活水平的提高，对粮食总量的需求渐渐为营养需求所取代，1996 年《世界粮食安全罗马宣言》和《世界粮食首脑会议行动计划》中重新论述了粮食安全的内涵，即“只有当所有人在任何时候都能够在物质和经济上获得足够、安全和营养的食物来满足其积极和健康生活的膳食需要及喜好时，才实现了粮食安全”。

2. 粮食安全的含义

粮食安全，既包括粮食生产方面的安全，也包括粮食流通领域的安全。粮食生产方面的安全是指一个国家在充分利用国内自然资源的基础上，能持续、稳定地提高粮食的生产量，基本稳定地满足国内粮食需求的基本状况；粮食流通领域的安全是指通过流通环节，能保证粮食的稳定供应，使需要粮食的人们在任何时候、用较短的时间能买得到并且能买得起所需要的粮食。流通安全涉及粮食流通体制、粮食价格体制、粮食储备体系、粮食进出口贸易政策、粮食补贴制度和粮食市场体系等方面的问题。

粮食安全不仅要关注粮食数量上的安全，也要关注粮食质量的安全。数量层面上的粮食安全指粮食产量、种类、级别齐全，即从数量角度，要求粮食供应、需求、购买力三者平衡，只有这样，粮食物流体系才有运作的意义，物流体系的建设才能根据粮食产出情况进行安排布置；质量层面上的粮食安全指粮食要符合生产标准，营养结构合理、产品品质优良、食用卫生健康等。

实现粮食安全，为粮食现代物流提供充足的物流货源、安全的物流环境、快速的反应机制，通过先进的科学和信息技术，以达到物流成本最小化、效益最大化的目标。

二、粮食安全与粮食物流的关系

联合国粮食及农业组织将粮食安全的标准定为：“让所有人在任何时候都能享受充足的粮食，过上健康富有朝气的生活。”这既是世界粮食安全的标准，也是我国粮食安全的标准。在市场经济条件下，粮食安全与粮食物流是密不可分的。粮食安全是保障国家稳定、社会和谐、人民生活改善的大环境，影响着粮食有效供给储备规模、粮食市场价格。只有确保了粮食质和量的安全，才能为粮食现代物流体系的建立打好基础。

第三节　粮食现代物流

一、粮食物流的概念

1. 物流的含义

物流，是指为满足客户的需求，以最低的成本，通过合适的运输、保管与配送等方式，实现原材料、半成品或产成品由产地到消费地的全过程。

我国在《中华人民共和国国家标准物流术语》（GB/T18354—2001）对物流的定义：“物品从供应地向接收他的实体流动过程。根据实际需要，将运输、储存、装卸、包装、流通加工、配送、信息处理等基本功能实施有机结合。”它是一种具体行为，通过多项活动联合来产生时间价值和空间价值，实现原材料获取、产品销售、售后服务和废物回收处理等全过程。

2. 粮食物流的含义

粮食物流，是指粮食从生产者或所有者手中经历包装、运输、储藏、装卸和加工的过程，最终发送到需求者手中这一过程。它涵盖了粮食仓储、粮食加工、粮食包装、粮食装卸、粮食运输、粮食配送和信息应用。从供应链的角度来分析，粮食物流包括粮食供应物流、粮食生产物流和粮食销售物流。

粮食物流通过选择最佳的运输路线和工具，按照不同的市场需求，以粮食空间和时间上的移动来实现经济效益与社会效益，它是现代物流的重要组成部分，对国民经济的发展和整个社会的稳定具有重要的意义。

粮食现代物流的发展是以市场化、产业化、国际化为导向，充分利用信息网络、管理技术，实现粮食“从田地到餐桌”，包括粮食采购、加工、装卸、存储、包装、运输、配送和信息管理等一系列客户服务的全过程。

二、粮食物流的特点

1. 粮食物流客体的特殊性

粮食物流的对象是粮食及其产品。与其他一般商品相比，粮食的消费需求弹性小，是其他商品和资源所不能替代的；粮食的生产受土地、气候和季节等因素的影响，供给弹性小；粮食，尤其是原粮，难以存储。

2. 粮食物流过程非均衡性

产销时间非平衡性，主要表现为：粮食的生产是有季节性的，但粮食的消费是常年性的。

产销地区非均衡性，主要表现为：粮食供大于求集中在东北地区（黑龙江、辽宁、吉林、内蒙古）、黄淮海平原地区（河南、河北、山东）、长江中下游地区（江苏、安徽、江西、湖南、湖北、四川）；粮食供给不足集中在东南沿海地区（浙江、广东、福建、海南）、西南地区（广西、云南、贵州、重庆）、三大直辖市（北京、上海、天津）；粮食供需基本平衡的是西北地区（山西、陕西、宁夏、青海、甘肃、新疆、西藏）。

3. 粮食物流运作的独立性

粮食物流运作的相对独立性，主要体现在基础设施、仓储条件、技术手段和质量、品质保证等方面，比如，粮食的“四散化”（散储、散运、散装、散卸），要求专门的散粮专运车和专门的装卸设施等；粮食须在保质期内才能实现其价值，这对仓储、技术等手段提出了更高的要求。

4. 粮食物流流向的复杂性

粮食流通，往往是从分散到集中，再从集中到分散，涉及的粮食运输与库存量大、粮食周转期长。科学规划和制定粮食流向，能规避倒流、对流、返回等不合理现象。

5. 粮食物流加工的困难性

分散的加工网点不利于粮食储存和运输，不仅增加了粮食物流的成本，也影响了粮食物流的合理组织。

第四节　粮食现代物流体系

一、粮食物流体系

粮食物流体系是在粮食物流的基本概念基础之上，采用现代的供应链管理技术和信息技术，通过计划活动与控制过程，以系统的管理方法，将粮食资源从生产地到销售地进行转换，将粮食仓储、包装、装卸、运输、配送、加工和信息应用等环节有机结合，达到效益的最大化目标。

建立粮食物流体系要发挥粮食批发企业及储运企业的作用，建立物流中心、配送中心、区域批发市场，将粮食的流通分配到各个环节，缓解仓储压力，充分利用资源，优化粮食物流、资金流、信息流、商流。粮食物流体系的结构，如图 3 - 1 所示。

二、粮食物流体系的特点

粮食物流体系的运作，涉及生产、流通、消费三个不同领域的物资资源。粮食地区的供给、需求不平衡，决定了粮食物流体系大的地域空间跨度。粮食物流体系，涵盖众多生产企业和用户，体系内部主体的属性和行为会随着渠道、价格等因素的变化而变化。因此，粮食物流体系具有整体性、目的性、关联性和环境适应性，同时，它

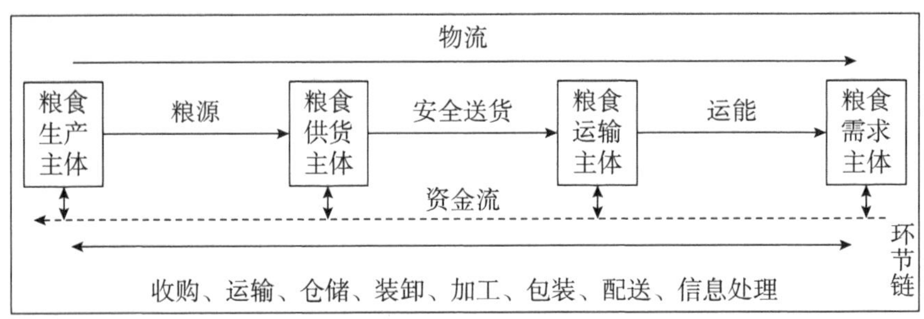

图 3－1　粮食物流体系结构图

资料来源：根据《基于国家粮食安全战略视角下的粮食物流体系的完善》整理

和其他规模大、结构复杂的系统一样，是个多目标、动态的复合系统。

三、粮食物流体系的构成

粮食物流体系的构成要素，主要包括一般的粮食物流要素、粮食物流的物质基础要素、粮食物流的功能要素、粮食物流的支撑要素。其中，一般的粮食物流要素是指人、财、物。粮食物流的物质基础要素包括硬件、软件两个部分，硬件部分是指粮食物流基础设施与装备、粮食物流的工具等，软件部分是指粮食物流中心、粮食配送中心、粮食运输设施等。粮食物流的功能要素是指粮食储存保管、粮食包装、粮食装卸搬运、粮食流通加工、粮食运输、粮食配送、粮食物流信息服务等。粮食物流的支撑要素指的是体制、制度、法规、标准化系统等。

四、粮食物流体系的目标

按照粮食现代物流理念和发展模式，重点建设主要粮食生产基地，建立以市场需求为导向，以大型粮食企业为主体，以现代化管理技术、信息技术为支撑，整合优化粮食物流的相关资源，建设粮食物流的主要通道并实现“四散化”运输，完善粮食物流网络的设计，实现整个粮食流通环节的供应链管理，保障粮食安全。

五、粮食物流体系的作用

粮食物流体系，是粮食物流存在和发展的基础，它能保障粮食物流良性运转。因此，粮食物流体系的建设，可以提升粮食流通的效率，对实现粮食物流科学化、合理化至关重要。

1. 粮食物流体系建设有利于提高效益

粮食物流与其他工商业物流相比，具有数量大、流通费用高、涵盖面广等特点。因此，构建粮食现代物流体系，有利于物流系统成本的优化。

在粮食主产区和粮食主销区间搭建粮食流通通道，能促进粮食生产和粮食流通的良性发展，能有效地解决主产区卖粮难、储粮难和运粮难等问题。因此，构建粮食现代物流体系，有助于实现粮食产销一体化。

我国人口多，耕地少，人均粮食占有量低，粮食品种与分布出现局部的相对过剩，粮食市场体系不够完善。因此，构建粮食现代物流体系，有利于搞活粮食物流的商流，实现粮食市场的规范化。

伴随“公铁水”多式联运的改革，粮食班列、粮食班轮等运输方式的使用，既可以提高设施设备的使用效率，又能缩短运输的周期。因此，构建粮食现代物流体系，有助于提高粮食的周转率。

2. 粮食物流体系建设有利于促进粮食行业结构优化

构建粮食物流体系，有助于合理规划粮食物流的仓、厂、站的布局，既能促进粮食物流各环节的协同运作，也能促使粮食企业加大技术引进和产品开发，在粮食深加工、精加工和综合利用上采取切实措施，提高粮食加工增值的水平，满足人们生活需求。

3. 粮食物流体系建设有利于保障粮食安全

我国粮食物流发展速度在各物流产业发展中处于落后地位，粮食产后损失率占粮食总产量的12%~15%（全球每年从生产到零售全环节损失约占世界粮食产量的13.9%，如果损失降低1个百分点，相当于增产2700多万吨粮食，够7000万人吃1年；每年我国粮食产后，储藏、运输、加工等环节损失浪费总量达3500万吨以上）。造成这一问题的主要原因是粮食物流体系规划发展严重滞后。因此，建立高效率、低成本的粮食现代物流体系是提高粮食流通能力的重要举措，是用市场经济方式保证粮食安全的重要手段，是加强国家对粮食市场宏观调控的客观要求。

4. 粮食物流体系建设有利于构建和谐社会

粮食物流体系的有效运作可以整合既有粮库资源，提高粮食中转率，节约粮食储

运费用开支，从而降低整个流通成本，减轻国家的建设投资和补贴负担（中央财政对种粮农民补贴约200亿元/年）。良好的粮食物流体系有利于粮食及其加工产品的绿色、安全，实现运输需求的随机性转变为规律性，保障社会秩序稳定、人民安居乐业。

第五节　国内外粮食物流研究综述

一、国外对粮食物流的研究

Mighell R L，Jones L A（1963）认为农产品供应链是一种纵向协调的组织创新模式，包括了原材料生产、加工、存储、运输、销售等一系列活动。Vollmers A C（1980）分析了物流系统的组织对美国密歇根拇指地区粮食市场的费用产生的影响。Chow M H（1984）研究出口小麦从不同物流体系出口的经济影响，研究地点包括美国堪萨斯州西北部的12个县，出口目的地在太平洋沿岸的港口和墨西哥湾，得出的结论是物流系统对铁路费用的变动高度敏感，铁路费用的增加改善了商用卡车和驳船运输的竞争地位。Barkema，Alan（1993）从消费需求变化的角度强调食品行业需要通过纵向合作快速了解顾客需求变化，认为契约和整合的出现创造了一种新的交流方式。Kliebenstein J B，Lawrence J D（1995）指出，农业供应链的协调活动包括所有权的整合及各种契约协议，所有的协调活动是为了推进产业中参与者的竞争地位。Gary P. Moynihan，Pravin S. Raj，Jay U. Sterling，William G. Nichols（1995）将地理信息系统（Geographic Information System，GIS）与决策支持系统（Decision Support System，DSS）集成后应用在粮食物流管理中，研究了粮食调拨、粮食产后的决策支持系统和粮食物流信息系统。Mcvey M J（1996）分析了从基于商品的物流体系向质量差异化物流体系转变的经济影响。Priewe S R（1997）在推进粮食商品的运输服务保障的基础上，研究了管理粮食物流托运人新的战略工具，构建随机模拟模型评估在航运战略的不确定性的关键因素的影响，得出结论：混合策略可以减少风险的预期收益水平。承包和交货计划也可能导致风险大幅减少。Yang H，Bell M（1998）从国际化视角对粮食物流运输网络构建现状进行研究，从宏观层面给出优化对策与建议。Jessup E L（1998）构建了物流和地理信息系统相结合的运输系统模型，分配粮食运往特定的公路、铁路设施和驳船设施。Jennings N R，Wooldridge M J（1998）把智能代理视为软件应用开发的新范式，他们认为系统可以对信息管理、电子商务和商业过程管理着手，构建基于移动 Agent 的现代粮食物流系统。日本学者岸根卓郎（2000）首次提出了“库存流通 + 情报流通”即“库存情报流通”思想，认为在粮食生产中，除了生产需要较长的时间外，产地及消费地分散在全国各地；粮食生产在自然的恩惠下才得以可能，随着自然现象的变化，不断重复丰收及歉收；粮食生产结构表现为由多数小规模生产者形成的竞争性结构，因此，为了控制其流向，调整最佳供需，库存流通是必要的。Dong M，Yong H（2001）介绍了粮食产后系统的智能决策支持系统的研制开发，该系统为粮食生产经营和管理部门对粮食产量的预测、产后处理模式评估和优化、产后作业方式和作业机具的选型配备等问题的决策提供了有效的辅助决策工具。Mckinnon A，Ge Y，Leuchars D（2003）对信息技术在涉农食品供应链中的运用进行了研究。Mruss，Kerrin L P（2004）探讨了在交通运输应用区域货运预测的重要性，构建货运预测模型，包括货物的产生、货物配送、货物的转让三个步骤，并用于估计在加拿大马尼托巴省农村公路网的粮食运动。Kilima，Mlyavidoga F T（2004）根据农产品仓储和运输的成本效益确定仓库设施的最佳数量水平。Berruto R（2004）通过系统仿真方法研究物流作业点接收装置和作业策略，认为批处理队列管理优于“先进先出”。Yu T H（2005）关于对美国密西西比河上游和伊利诺伊州航道拥塞的几个问题展开分析，探讨了海运费对粮食价格变化的影响，发现上游驳船运输在短期内需求无弹性；对粮食在伊利诺伊州河驳船需求的价格始终缺乏弹性；冬季和洪水对密西西比河上的需求产生负面影响，而在伊利诺伊河的驳船在冬季需求增加。Dong L，D Kehoe，Drake P（2006）指出通过 RFID（无线射频识别技术）能优化粮食从供应商到批发商和零售商的配置情况，减少粮食产品价值的损失，增加供应链合作者的整体利润。Liu Chun Xiao（2007）评估了公路破坏造成的损失归因于美国堪萨斯州西南部的肉类（牛肉）及相关行业的卡车交通。研究人员开发了一个系统的路面损坏的预测程序，选定美国道奇城路段 50/400 路段进行路面数据采集分析。Aziz N，Moin N H（2008）以运输成本、库存成本最小化为目标函数，对不确定性粮食运输路径优化问题进行建模求解。Ahumada O，Villalobos J（2009）通过对粮食供应链相关文献的详细综述发现，对于供应链协调的研究是有必要的，且有必要识别供应链协作活动是否由供应链参与者为供应链的整体利益而进行。Nikolai，Reynolds，Christian（2009）对德国食品供应链进行了研究，发现买方和供应商之间有效的沟通、联系和协同可增强可持续性。Lejeune M A，Margot F（2010）针对考虑装卸时间约束的干散货运输路径优化问题，建立混合整数规划模型并求解，确定多货种运输路径优化方案。Macharia J，Collins R，Sun T（2013）对肯尼亚的新鲜水果和蔬菜零售店进行了调查，发现客户导向可以产生供应链绩效改善。Jraisat L，Gotsi M（2013）通过对约旦食品加工企业进行访谈研究，发现协同计划是信息共享的重要驱动力。食品加工企业共享市场预测信息，供应商在收获前和收获过程中分享作物状况信息，这些信息的共享对供需双方都有较大帮助。而协同计划有助于供应链成员企业更好地理解供应链的动态变化、分配供应链协同创造的潜在收益。因此，协同计划有利于构建企业间的信任和承诺。Eksoz C，Mansouri S A，Bourlakis M（2014）通过对粮食供应链协同预测文献的系统梳理，发现企业间有效的预测信息的共享对季节性和短生命周期的产品至关重要。Aziz N，Rancourt，Marie－Eve，Watkins（2015）考虑粮食危机的粮食应急物流网络，建立基于基建投资、运输、仓储等因素的应急配送中心选址模型，求解并确定最终的方案。Tomislav，Sudarevic，Predrag（2015）对不同规模的塞尔维亚粮食企业进行了调查研究，发现企业规模在企业战略实施方面存在较大差异。总之，我国粮食供应链存在基础设施不完善、技术水平较落后、主观认知较粗浅等问题，而国外粮食供应链的研究更多着眼于客户导向、企业间沟通协调等方面。An K，Ouyang Y（2016）对美国伊利诺伊州和巴西两地粮食物流产业进行调研总结，提出了一种双层模型，追求粮食物流经济收益最大化。Steiner Neto，Pedro José，Datta D，Steiner M（2017）针对巴西南部的巴拉那州粮食仓储设施数量不足的问题，建立数学模型，采用遗传算法求解并确定粮食仓储设施的建设数量和位置。Mogale D G，Kumar M，Kumar S K（2018）对粮食物流网络仓储设施选址布局问题进行研究，建立多目标、多周期的数学模型，求解并确定合理的仓储设施选址方案。Maiyar L M，Thakkar J J（2019）利用启发式算法和粒子群优化算法，对一个考虑粮食浪费的多目标粮食物流网络模型进行求解，并确定粮食物流枢纽节点的选址、最优运输策略等。Olorunfemi B J，Kayode S E（2021）以粮食供应链物流成本最小化为目标，建立了一个考虑粮食损失的数学模型，通过求解确定基础设施选址，提出通过运力扩容等方式的优化运输路径，确定粮食物流网络构建的最优方案。

二、国内对粮食物流的研究

张莉（2003）、慕艳芬（2005）、高铁生（2009）、任新平（2009）等研究了粮食物流对于国家粮食安全的重要意义。张国云等（2006）、丁建吾（2007）将国外粮食物流成功经验进行分析。鹿应荣等（2008）运用非线性组合预测模型进行粮食物流需求预测，付晶（2009）建立了粮食物流需求预测的系统动力学方程，侯立军（2002）强调粮食物流要科学化运作，程国强（2006）针对大豆行业分析了饲料供求问题；肖国安（2002）、刘晓俊（2006）、朱玲玲（2014）等分析了我国粮食需求相关问题；李志斌（2007）从分析粮食生产安全角度试图建立粮食安全预警机制；王志刚（2004）认为，粮食供应链由消费者、粮食使用企业、粮食购销企业和粮食生产者构成，且产业化农业企业是粮食供应链的核心，订单农业是农民在粮食供应链中存在的主要形式；洪涛、王群（2004）指出，解决中国粮食物流信息化问题的途径是创新物流组织主体，构建粮食物流中心；李小化、陈莲（2005）从粮食供应链角度对粮食物流体系的主体进行解析；刘兴信（2005）对粮食物流企业信息化在探索中取得的成果进行了总结，认为企业中的现代物流信息化工作主要从基础信息化、流程设计的信息化和供应链的形成和管理作用的提升 3 个层面进行推进。张兴满；王留声（2005）指出，区域性粮食物流中心应成为发展粮食物流的平台和载体，物流中心必须由政府统一规划、统一管理，粮食物流中心、物流项目的建设必须坚持政府主导、市场运作，实行投资主体和经营主体两个多元化。姜建华（2006）提出了建设现代粮食物流的“四三三”模式，即坚持产业化、规模化、信息化、国际化，突出基础设施建设、培育大型粮食物流配送中心、促进粮食物流一体化发展，建设现代粮食物流与振兴“三农”结合、建设现代粮食物流与深化粮改结合、建设现代粮食物流与完善粮食市场体系结合。崔晓迪（2006）认为粮食供应链是指围绕粮食核心企业，通过对产业的物流、信息流和资金流的控制，将粮食及其产品生产和流通中涉及的农户、粮食收储中心、粮食加工企业、粮食配送中心、零售商以及最终消费者连成一体的功能网络结构模式。赵艳、冀亚丽、许德刚（2007）提出了基于移动 Agent 的粮食物流决策支持系统的模型结构，并对系统内信息的处理过程、多 Agent 之间的协商通信机制进行探讨，并阐明了系统存在的优势和面临的技术挑战。邱爽（2007）从产业集群理论视角，分析了粮食物流园区的内涵与特征，并进一步运用产业集群知识创新理论，系统分析了粮食物流园区知识创新机制：知识创新的要素、知识创新的过程和知识创新规律。鹿应荣、杨印生（2008）以地理信息系统（GIS）为开发平台，以区域电子地图为基础，对基于 GIS 的粮食物流决策支持系统进行了总体结构设计和功能设计，建立了数据库和模型库，实现了订单管理、库存管理、客户管理、车辆管理和模型库管理。通过实证研究，构建了粮食物流中心配送车辆路径优化问题的有时间限制的 VRP 问题模型，研究了车辆路径优化问题，实现了最优路径的可视化。丁华、高詹（2008）指出国际大粮商构建的大豆产业链对中国大豆进口具有重大影响。孙小平、欧阳超、吴刚（2009）指出信息采集最有效的解决方案仍然是自动识别技术，尤其是条形码技术和 RFID 技术。刘波、张海洲、王诚珣（2009）通过业务流程分析、数据流图及 ER 图等详细阐述了粮食物流生产管理信息系统的开发步骤和方法，以及在系统中所体现出的实时收集生产过程数据、管理系统与控制系统自动进行数据交换等特点。傅岚（2009）指出，农产品物流信息系统包括系统管理子系统、基础信息管理子系统、订单处理子系统、仓储管理子系统、配送管理子系统、成本管理子系统、绩效管理子系统共7个子系统，通过电子商务平台可与供需双方的信息系统进行数据对接，实现信息共享。洪岚、安玉发（2009）认为我国粮食供应链整合困难的主要原因包括主观认知、技术水平等因素，主观认知指业界对粮食供应链的认知尚处在初期探索阶段，企业对供应链管理理解粗浅；技术水平主要是指物流基础设施与信息技术水平落后。孙宏岭、张大利（2009）认为虚拟物流就是通过信息技术和计算机网络技术整合物流服务的供给资源和需求信息，加强信用管理的产物；探讨了虚拟物流的要素，重点分析了粮食物流市场运行体系中"虚拟物流"理念的应用，为客户提供了一体化的供应链解决方案，降低了物流成本。孙宏岭、王莉莉（2009）研究了粮食物流市场体系一体化运行模式，通过粮食物流各功能的有机结合实现粮食物流自身一体化；通过粮食物流上下游企业之间、同业及异业企业之间以及第三方物流企业之间的战略联盟实现粮食微观物流一体化；通过构筑粮食物流通道以及粮食物流园区、粮食物流中心、粮食仓库等粮食物流据点实现粮食宏观物流一体化，最终实现粮食物流市场体系的一体化运行。曹伟（2010）提出基于电子商务平台，采用现代信息技术构建粮食物流信息管理系统的设计方案，实现对粮源收购、组配加工、库存和运输优化等物流环节进行有效管理和全程监控，使粮食物流各阶段的工作绩效达到最大化。孙宏岭、周行（2010）通过分析我国目前粮食物流网络体系存在的制约因素，提出在粮食物流合理化的基础上，通过设置收纳库、粮食集并物流中心到销区粮食物流中心及因地制宜的"战略装车点"和"战略卸车点"，构建经由农户到用户的科学合理的粮食物流网络体系，以高效快捷运行的粮食物流网络体系，促进粮食物流现代化市场运行体系的稳步发展。张海洲、李堑、刘波（2010）以一个现代粮食物流企业为对象，在ExtendSim仿真平台上建立包括运输模型和库存模型的粮食物流仿真模型，对车队、库容、定单、服务等方面进行仿真分析和优化。陈明星（2011）认为粮食安全应着眼于粮食产业各环节，适应当前粮食产业发展趋势，综合利用国内外资源，着力打造涵盖粮食产业全体系、各环节、全方位的粮食安全；吴志华、胡非凡（2011）基于供应链理论，以江苏省常州市粮食现代物流中心为研究样本，提出了"省级调控中心－各级国有粮库"、"粮食经销商－农户"共同化粮食物流运输配送体系，完善我国粮食物流供应链；周行、孙宏岭（2011）结合不同产业不同区域粮食生产的实际状况，分析粮食供应链体系的特点；李凤廷、侯云先（2014）针对轴辐式粮食物流网络的构成及特点，提出我国应建设以驱动因素为动力来源，以竞合演化为协同路径，以高效、顺畅、节约为协同目标的轴辐式粮食物流网络；邵开丽等（2015）分别将RFID及数据融合等信息技术应用于粮食供应链研究中，证实信息技术的合理应用有助于粮食供应链的监控和管理，从而保障粮食安全；赵予新、邵赛娜（2015）运用层次分析法分别从粮食的生产、收储、运输、加工和销售5个方面研究粮食供应链整合的影响因素。认为粮食生产环节中的资源保障、生产条件和农资供应分别位列前三大因素。从加强粮食生产环节的建设、加快粮食物流建设和加强政府在粮食供应链中的宏观调控作用3个方面提出相关政策建议；童玉峨、徐明（2016）指出，粮食物流体系的健康发展不仅关系到国家的粮食安全，也是确保国民经济平稳健康发展的基本保障；通过分析美国粮食物流体系的发展经验，反观中国粮食物流体系现状，提出了思考和建议；白世贞、毕玮、牟维哲（2016）运用定性的方法分析粮食物流网络的各个主体之间对信息的需求，并通过定量的方法对信息共享模型进行实证研究，选取黑龙江省为例，对粮食物流网络上下游企业之间的供求信息共享以及利润获得进行分析，提出粮食需求预测、订单分享、共同决策、激励等信息共享机制；李凤廷、侯云先、邵开丽（2016）从演化与发展的视角诠释物流如何更好地保障粮食安全，提出了突发事件下粮食物流的概念并将其功能与活动进行了细分，最后提炼了突发事件下中国储备粮紧急调运决策框架：以情景构建为决策先导，以物流准备为决策保障，以信息系统为决策支撑，以情景理解、方案设计和行动执行为决策步骤，寻求时间性、经济性与可靠性等多目标决策的协调统一，以确保突发事件下的粮食安全；姜岩（2018）通过对国内外粮食物流体系现状和盘锦粮食物流发展现状比较分析，提出盘锦粮食物流发展存在粮食物流企业发展滞后、“四散化”使用率较低、信息化程度不高及物流专业人才严重缺乏等问题，提出加大资金投入与政策支持力度培养龙头企业、提高“四散化”效率、降低产业成本、建立和完善盘锦粮食物流管理体系、建设并完善盘锦粮食物流信息平台及强化盘锦物流专业人才队伍建设等对策意见；许晶（2020）从吉林省粮食物流业现状入手，分析其存在的问题，并提出合理化建议，以促进吉林省粮食物流业快速发展；王丹（2021）指出，为了解决传统地区粮食仓储物流存在的输送效率低，劳动强度大等问题，设计了基于路径规划的自动化粮食仓储物流智能输送控制系统；杨海红（2022）指出，为了满足传统食品物流仓储发展的需要，利用大数据技术将所有的粮食仓储实现万物互联、信息共享和线下同步，形成快速、高效、节能、绿色的粮食物流仓储模式将成为必然趋势；钱煜昊、王晨、王金秋（2022）基于对现阶段中国粮食物流体系的全面调研，详细分析了我国粮食物流体系现代化建设的发展现状、存在问题和面临形势，并提出推进粮食物流体系现代化的策略。

第四章

我国粮食物流的发展历程

第一节　我国古代粮食物流设施建设

我国古代仓储体系包括正仓、转运仓、太仓、军仓、常平仓、义仓。其中，正仓萌芽于先秦时代，发展于秦汉时代，主要职能是收租、发放官禄、赈灾等。《史记》记载的陈留之仓、《后汉书》记载的成都秦仓都是正仓。

随着秦统一六国，中央集权的建立，开始建立转运仓（又称“转搬仓”），规模一般较大，主要职能为集并中转各地正仓存储的粮食，并将粮食转运到太仓和军仓。

太仓属于中央政府，大部分建在都城附近，主要职能是为皇室和中央政府提供粮食。太仓设有专门的管理机构和管理制度，详细记载粮食来源、品种、性质、储存时间、领用人员等信息；动用太仓储存的粮食必须得到批准。

随着经济社会的发展，又陆续建立了军仓（负责军粮供应）、常平仓（负责调剂市场）、社仓（负责赈灾，主要方式是春借秋还）、义仓（负责赈灾，一般为无偿发放）。

在不断完善粮食收储体系的同时，为了解决粮食运输问题，我国古代先民开凿了运河。大运河是其中最著名的工程。大运河始建于公元前 486 年，包括隋唐大运河、京杭大运河和浙东大运河三部分，全长 2700 千米，地跨北京、天津、河北、山东、河南、安徽、江苏、浙江 8 个省、直辖市，通达海河、黄河、淮河、长江、钱塘江五大水系，是中国古代南北交通的大动脉，至今大运河历史延续已 2500 余年。

围绕利用运河组织好粮食运输，古代先民创造了漕运制度，对如何“调配、收缴、发送、押运、下卸、进仓储备”粮食做了详细规定。如唐朝宰相裴耀卿改直达运输法为分段运输法，水通则漕运，水浅则储仓，设粮仓于运河沿岸；唐后期在分段运输法的基础上创造转搬法分段接运，改民运为官运，改散运为标准麻袋盛装，船只编组等；发达的漕运体系，把南方的粮食大量运往都城和北方边境地区，维系了国家统一和繁荣。

第二节　我国粮食流通体制改革进程

我国粮食物流的发展由计划经济时期的粮食统购统销逐渐向市场经济过渡，加入世界贸易组织（World Trade Organization，WTO）后，粮食物流市场进一步开放，并逐渐和国际接轨，粮食物流已成为全社会物流的重要组成部分。纵观粮食流通、粮食物流的发展，我国粮食流通体制改革进程大体分为六个阶段。

一、粮食自由购销阶段（1949—1953 年）

1949 年中华人民共和国成立后开展土地改革，农民分到了土地，政府也加大了农业基础设施的建设。这一时期，粮食产量增幅明显，但供给与需求之间的缺口很大，粮食市场比较混乱、不稳定，究其原因，是由于公有制经济刚起步，非公有制的粮食企业投机经营、囤积等行为比较严重。为此，1950 年成立了粮食管理总局；1952 年成立了中华人民共和国粮食部，统一负责全国粮食的收购、分配、供应等工作。

二、粮食统购统销时期（1953—1978 年）

1953 年开始的重工业发展，增加了很多城镇人口，商品粮的需求猛增，供给不足。1953 年发布《关于粮食统购统销的决议》《关于实行粮食的计划收购和计划供应的命令》，近 30 年的粮食统购统销正式拉开帷幕。这一时期，粮食流通只是实现分配的功能，粮食产量的波动主要由生产引起，人民公社制度在一定程度上降低了农业生产的效率、减少了粮食的产量，存在种粮没粮吃的现象。

三、粮食转轨初期（1978—1993 年）

这一时期，实行了家庭联产承包责任制，土地所有权与经营权的分离，使农民成为真正意义上的生产主体。农民在上交了国家合同定购的粮食后，剩余的可自由进行交易，极大地调动了农民粮食生产的积极性。这一时期，粮食市场以农村初级市场为主，跨区粮食流通很少，不存在严格意义上的粮食大市场。

四、粮食转轨中期（1993—1998 年）

1993 年国务院发布《关于加快粮食流通体制改革的通知》，主要目的是稳定粮食的销售价格，这一变革，意味着粮食供应票证退出了历史的舞台。1994 年国务院发布了《关于深化粮食流通体制改革的通知》，强调国有粮食部门必须收购社会商品粮的 70% 以上。从中可以看出，保障粮食安全和提升粮食流通效率如果无法同时实现，首要目标是粮食安全保障，1995 年“米袋子”省长负责制的提出，实现了中央与地方粮权的分开。

五、粮食转轨末期（1998—2004 年）

1998 年国务院下发《关于进一步深化粮食流通体制改革的决定》，主要是为了严控收购领域，加快改革销售领域，但分割开的粮食销售市场和粮食收购市场，在一定程度上扭曲了市场机制的作用。2001 年着重对粮食收购领域进行改革，提升了粮食流通的效率。这一时期，目标仍然是保障粮食安全与提升粮食流通效率。

六、粮食市场化时期（2004 年至今）

2004 年全面放开粮食收购市场，充分发挥粮食市场机制的基础性配置作用。中央政府连续多年的托市政策导致粮食价格不断上涨，最终导致市场上原粮流通的数量减少，粮食企业的利润空间被大大压缩。为此，“市场化收购” + “补贴”的新机制应运而生。2017 年国务院下发的《关于深入推进农业供给侧结构性改革　加快培育农业农村发展新动能的若干意见》的文件，全面部署推进了农业供给侧结构性改革。

第三节　我国粮食物流发展关键时期

一、计划经济时期的粮食物流（1949—1984 年）

中华人民共和国成立初期，为了解决粮食短缺问题，我国实行了统购统销政策，粮食的生产、收购、运输、保管和销售由中央集中统一管理，地方没有自主权，除国有粮食企业外，任何单位和个人都不能经营粮食。粮食部门为了节约国家运力和费用，积极开展了粮食的合理运输，构建了我国粮食物流的雏形。

当时的粮食物流是在计划经济体制下，根据粮食产销情况和交通条件划分经济区域，制定商品粮食的合理流向，选择最合理的运输路线、最廉价的运输工具，将商品粮从库存地运到需求地，在确保按时完成任务的同时，达到节约社会劳力、运力和费用的目的。具体表现为以下 4 种情况：

20 世纪 50 年代初期在铁路干线推行粮食合理运输。为了避免地区与地区之间在运输粮食时发生同一品种对流、迂回等不合理运输，按行政区划实行分组管理，在铁路干线开展汇聚、转运、分流等有效措施，加快了粮食运输速度，降低了运输费用开支。

在全国实行分区产销平衡的粮食合理运输。在全国粮食产销平衡基础上，规定每种粮食的产销区及其流向和流动范围，限制过远、对流、重复等不合理运输。从 1956 年 3 月开始，在全国范围内的主要交通干线试行十个品种的粮食分区产销平衡合理运输，为粮食合理运输的全面开展奠定了基础。

开展基层粮食合理运输，包括农村粮食征购入库合理分布和市镇粮食合理运输两部分。农村粮食征购入库，贯彻“按计划当地供应的留下来，运入/运出按流向执行”的原则，做到入库后减少再次集并；市镇则是按照计划做到就车站、码头直拨直运，仓、厂、站、店之间固定调拨对象，定点定线运输。

按经济区域组织粮食商品流通。商品粮食往往以一个城镇、一个地区的消费为中心或以一个交通枢纽点为集散中心，形成一个不受行政区划限制的经济区域。粮食企业按照这种自然形成的经济区域设置经营机构，并按合理流向，进行粮食购销和调拨、运输等业务活动，即按经济区域组织粮食商品流通。这对促进国民经济健康稳定发展曾起到了积极的作用。

这一阶段，我国粮食仓储物流设施经历了 4 次大规模建设：

第一，中华人民共和国成立初期的 1950—1952 年，新增仓储能力 2956 万吨，基本满足粮食收储运输的需要。其中：改造祠堂庙宇和民房，新增仓容 537. 5 万吨；发展货场露天储粮，新增仓储能力 1077 万吨；租用交通等部门仓容 828 万吨，新建仓容 513. 5 万吨。

第二，1953—1959 年期间，新建仓容 3922 万吨，粮仓总量和建设水平均得到改善。这一时期，建设布局要求是“面向城市、照顾农村、集中为主、分散为辅”。建设仓型上主要学习苏联的技术，开始建设“苏式仓”，采用标准图纸，全国统一仓型。

第三，1969—1977 年，这一时期主要推广黑龙江明水县的经验，要求各地“自力更生，因地制宜，就地取材”，建造“土圆仓”。据统计，到1977年，共组织建设“土圆仓”1300多万吨仓容。

第四，1983—1984年组织三库建设。从1983年冬起，用4年时间，计划建设仓容3500万吨，实际完成2870万吨。建设的原则是按经济区域，全面规划，合理布局，充分发挥投资效益；建设的重点是产粮区、调粮区的中转储备库和解决农民卖粮难问题的收纳库；储备库、中转库，应布局在铁路沿线、沿海港口、长江等江河湖区。

二、计划经济向市场经济过渡时期的粮食物流（1985—1997年）

十一届三中全会后，我国实行改革开放政策，逐步引入市场机制，不断扩大市场调节的范围，到1985年，国家改统购统销为合同订购。粮食物流先后经历了计划调拨与市场调节相结合的“双轨制”，即政策性经营和商业性经营相结合的“两线运行”，粮食商品化、经营市场化、放开市场、放开价格、放开经营的“两化三放开”等购销体制。这一时期粮食物流的特点如下：

国家对粮食物流的调控职能与以企业为主体的粮食物流并存，但粮食主管部门对粮食物流的调控逐步被削弱，在管理上比较混乱，国家和企业对粮食物流都存在一个重新认识和探讨的过程。

以企业为主体的粮食物流开始显现，但规模较小，社会效益不突出。

只注重实物的移动，没有从粮食的产、购、销、加工、电子商务方面来统一进行考虑。

这一时期的粮食物流是多头的、无序的，原来的粮食物流定式被打破，新的物流模式处于开始起步探索的阶段。

这一阶段，我国粮食仓储物流设施经历2次大规模建设：

第一，1985—1987年组织三库建设。

第二，“八五”期间粮库建设。“八五”期间，国务院批准建设规模4100万吨，实际安排3300万吨。其中，国家粮食储备库500万吨，机械化骨干粮库100万吨，简易仓1500万吨，世界银行贷款建设项目700万吨。“八五”期间粮库建设一个突出特点是在解决仓容不足的同时，开始重视粮食物流问题。1991年5月，国务院第144次总理办公会议研究决定“在交通便利的地方再建设一批现代化的大型骨干粮库”，决定建设18个机械化骨干粮库，建设仓容100万吨。

三、市场经济条件下的粮食物流（1998—2001 年）

这一时期粮食体制是以“四分开、一完善”为改革原则，即实行政企分开、中央和地方责任分开、储备与经营分开、新老财务账目分开，完善粮食价格机制，以“按保护价敞开收购农民余粮、粮食收储企业实行顺价销售、粮食收购资金封闭运行、加快国有粮食企业自身改革”的三项政策和一项改革为主要内容。粮食企业的市场职能进一步得到发挥，国家的具体调控职能进一步弱化。

为了加快流通、减少费用、降低成本，国家和企业都在探索粮食大物流的模式，并采取了一系列措施：

明确国家扶持的粮食品种按保护价收购，推动粮食种植结构调整，为粮食物流提供优质粮源保证；加大投资力度，新建一批新型仓房，配备先进技术设备和管理手段，同时对旧仓房进行了必要的改造，使物流作业衔接、配套，提高粮食储运环节的机械化和自动化水平；通过东北、长江、西南、京津四大走廊实现了公路、水铁运输方式一体化，直接提高了粮食物流效率；通过改制对粮食工业企业资源进行重组，淘汰落后的生产能力，使资源发挥最大的效率；在继续推广深加工、精加工的基础上，加大对副产品的综合利用和新产品的开发研究。

这时期，国外一些先进的物流理念和实践经验得到了推广应用，突破了企业单一以实物移动为主体的物流模式，而向产、购、销、加工、电子商务为一体的物流转变，开始探索第三方物流模式。

这一阶段，我国粮食仓储物流设施建设主要经历的是 1998—2000 年三批国债项目（上）。计划建设仓容 4500 万吨，实际安排中央投资 343 亿元，建设项目 1114 个，完成仓容 5255 万吨；由国家出台统一的仓房施工图、统一委派监理、统一组织通用设备的采购；项目普遍采用机械通风、环流熏蒸、谷物冷却、粮情测控“四合一”技术。

四、加入 WTO 后的粮食物流（2001 年至今）

加入 WTO 后，我国粮食行业迎来了新的发展机遇，也遇到了前所未有的挑战。所谓机遇，就是有利于扩大农业的对外开放，吸引更多的国外资金、技术和管理经验进入粮食生产领域；有利于调整种植产业结构和粮食产品结构；有利于改善农产品出口环境，享受世贸组织成员国的无歧视贸易待遇，利用有关机制解决贸易争端等。所谓的挑战，主要是逐步降低农产品进口关税，取消非关税措施等，农产品市场逐步开放。

目前，中国已成为世界上农产品关税总水平最低的国家之一。农业面临市场开放的风险，将不可避免地对农业发展产生极大的冲击。为适应新形势，尽快从封闭、半封闭走向全面的开放，从自给、半自给实现发展壮大，参与更加激烈的国际竞争，粮食行业开始实行粮食市场化改革，除国家掌握的中央储备粮源和地方政府掌握的地方储备粮源外，订购粮食逐步放开，并最终完全走向市场，形成了以市场为主导的粮食物流和粮食物流体系。

这一阶段，我国粮食仓储物流设施经历3次大规模建设：

第一，2001—2005年三批国债项目。

第二，5000万吨粮库建设。2014年国务院第52次常务会议决定新建5000万吨仓容。实际累计安排中央补助投资近200亿元，建设仓容8000多万吨，大幅提升了粮食收储能力，在粮食连年丰收情况下为粮食收储奠定了坚实基础，有效防止发生农民“卖粮难”。

第三，开展“危仓老库”维修改造工作。2013—2016年，按照统一规划、全省推进、全覆盖的原则，财政部和国家粮食局全面启动“危仓老库”维修改造工作。中央财政共安排94亿元，带动地方和企业投入约300亿元，共维修改造仓容约1.23亿吨。

第四节　我国散粮运输的发展情况

一、快速发展的第一阶段（20世纪50—70年代）

因麻袋供给不足，20世纪50年代，东北地区开始探索以散粮的形式通过火车运输粮食；因进口粮食快速增长，20世纪60年代，采取疏港散粮火车运输；20世纪70年代，东北地区和京津两市大量发展“土圆仓”，南方地区（江苏等）粮食仓储机械发展较快，为进一步发展散装粮食运输创造了条件；20世纪80年代初期，粮食散运量约占总运量的15%。

1979年，铁路部门研制并生产了数百辆K－17型散粮专用车，投入港口到北京、天津、内蒙古一线的粮食运输；散粮汽车也得到了发展，有些城市大米、面粉散运比例已占到销售量的70%～80%。

这一阶段散粮运输的特点为：需求推动，1961年我国共进口粮食580多万吨，进口散粮要求快速接卸转运；资源约束推动，麻袋等包装物供给不足；行政命令推动；

政策推动，国家将散粮运输作为重点工作进行推动，要求形成工作合力。

二、调整阶段的第二阶段（20 世纪 80—90 年代）

散运比例大幅下降，散粮运输发展处于调整退步期。主要的原因是：铁路运力紧张；港口接卸和疏运能力提高；麻袋等物资供给充足；粮库、加工企业配套设施不完善，没有形成散粮运输的生态环境，散粮运输内生动力不足。

三、稳步发展的第三阶段（1991 年至今）

散粮运输有高效率、低成本、低损耗、对粮食品质影响小的特点，是粮食运输的发展方向。因此，从国家层面、产业层面、专家层面均大力推进散粮运输。

第一，1991 年启动了“机械化骨干粮库项目”建设，建设 18 个机械化骨干粮库，建设仓容 100 万吨。第一次以全局的视角研究解决粮食物流问题，第一次系统提出物流节点建设技术指标，第一次全面解决进出仓系统设备技术问题，讨论研究平房仓纳入现代粮食物流体系。

第二，启动了“利用世界银行贷款改善中国粮食流通项目”。这是我国首次在国际粮食物流专家指导下，实施的真正意义上的粮食物流系统建设项目。项目计划总投资 82. 85 亿元，其中世行贷款 4. 9 亿美元，在东北、京津、长江沿线和西南地区建成了 282 个港口库、中转库、收纳库、码头和船舶等，项目的目标是建设仓容 484. 4 万吨，形成了一个连接 15 个省市、自治区的现代化散粮运输网络，年中转能力 1800 万吨，占当时全国粮食流通量（跨省区）的 50%。其中，东北流出通道的规划，参照的是美国中部粮食经铁路运至西部港口的模式；长江流出通道规划方案，参照的是美国通过密西西比河将粮食从中部主产区运至南部港出口的做法。

第五章

国外粮食市场和粮食物流体系

第一节　世界粮食市场的总体概况

长期以来，美国、加拿大、澳大利亚、欧盟等主要产粮国对粮食物流高度重视，已建立“国内粮食产地—出口港口—国际市场”相对完善的粮食物流体系。伴随机械化、自动化及信息技术在粮食供应链中的应用，主要粮食贸易国均建立全国性粮食物流协调组织，形成布局合理的粮食物流网络节点、稳定流向和流量的物流网络通道，研发相对完善的粮食物流设施设备、关键技术、粮食物流方案设计和粮食物流信息管理系统等。

一、世界粮食生产的总体格局

从耕地面积看，全世界可耕地面积大约有 42 亿公顷，已开发的耕地面积约 15 亿公顷，其中，用于粮食生产的耕地面积约 7 亿公顷，约占已开发的耕地面积 47%。

从粮食产量看，随着农业科技进步的加快、种子改良和栽培技术的改进、农业现代化的发展，世界粮食单产平均每年约增 3%。因此，即使粮食作物播种面积不变，仅靠单产增加也基本可以满足世界粮食消费增长的需要。

二、世界粮食生产和分布情况

南北美洲每年共生产粮食约 5 亿吨，人均粮食 625 千克；欧洲年产粮食约 4 亿吨，人均 570 千克；大洋洲年产粮食约 3000 万吨，人均粮食超过 1000 千克；亚洲年产粮食约 10 亿吨，人均粮食 330 千克，与世界人均粮食持平；非洲是人多粮少的地区，人均粮食不到 200 千克。

三、世界粮食贸易和运输

世界粮食贸易量 5.3 亿吨，海运量约 4.3 亿吨。世界上最大的散货船 36.5 万吨，但由于国外进口粮食，特别是油料有自热效应、板结等特点，加之国外粮食港口能力限制，国外一般不使用超大规模散货船装粮。目前我国接卸的最大的散粮船是载重 8.05 万吨的巴西大豆船，如下图所示。

巴西大豆船

资料来源：海事服务网 CNSS

中国远洋海运是中国主要粮食运输力量，每年国际运输粮食 2000 万吨，国内运输 600 万吨。进口粮食运输能力多在四大粮商（美国 ADM、美国邦吉、美国嘉吉、法国路易达孚）、日本的丸红、全农手中，如美国嘉吉有 550 艘干货船。

国内沿海航线主要使用 0.5 万吨至 5 万吨散粮船，以 5 万吨为多，最大载重船型 5.7 万吨，5 千吨级主要用于东北港口至山东，长江口至广东；3.5 至 5 万吨级主要用于东北港口至广东、广西港口的班轮航线。内河航线使用的船型 500 吨至 3000 吨不等。

第二节　国外粮食物流的发展现状

一、美国的粮食物流

美国是世界上最大的粮食出口国，其出口量占世界粮食出口总量的一半。美国粮食生产大国和出口大国的地位很大程度得益于其高度发达和高效的粮食物流体系。

美国地域广、人口少、资源丰富，是世界上粮食生产、深加工、出口的大国。美国农业产值约占 GDP 的 1%，农业人口占全国总劳动力的 0.7%，人均粮食消费是印度的 6 倍，粮食出口以小麦和玉米为主，出口量占世界粮食市场总量的 40%，粮食自给率一直保持在 135% 以上，是世界上粮食安全保障程度最高的国家之一。

1. 美国粮食物流的流量与流向

美国传统农产品的出口途径是经密西西比河等内河，使用驳船运至墨西哥湾。近年来，由于北美和南美国家对亚洲农产品出口的增加，导致巴拿马运河拥挤滞留，内河船运价增高，运力饱和，美国中部和北部主产区的农产品有相当的比重改为通过西海岸出口。

美国粮食产量 5 亿吨，出口量 1.3 亿吨，其中大豆 5000 万吨，玉米 5000 万吨，小麦 2500 万吨。美湾、美西、东海岸、五大湖地区是主要粮食出口节点，散粮船和集装箱是两种出口模式，集装箱出口量占比约 10%。

美国粮食物流的主要流向，一是从北部大湖区周围的主产区通过铁路和伊利诺伊河、密西西比河等内河运往南方的主要畜牧业集中地区和出口港口，其中约 58% 是通过水运至墨西哥湾出口；二是从北部大湖区周围的主产区通过铁路和哥伦比亚河等运往西部太平洋地区出口，其中约 25% 是通过铁路运至西海岸的波特兰等港口。

2. 粮食仓储

美国粮食储备主要由政府储备、农场主的自有储备、政府和私人共同参与的缓冲储备、正常储备（粮食生产商和粮食加工商用来确保正常经营的周转性库存）等几种方式组成。近年来，随着美国政府不断压缩财政开支，政府储粮的数量不断减少，民间储备的规模不断扩大。美国的私有粮食储备主要是由农场主进行的，为了提高农场主储粮的数量和质量，美国政府通过向参与粮食储备计划的农场主提供仓储设施贷款等措施，在美国建立了大规模的现代化大型仓储设施。美国先进的仓储设施在保证粮食储备质量的同时也为粮食的进一步流通提供了便利。

美国的粮食仓储能力约6.3亿吨，其中农场仓储能力约3.5亿吨，仓储节点约9000个，有政府公共牌照的公司的仓储能力约1.3亿吨。前十名的大公司拥有仓储约0.59亿吨。公路是美国粮食运输的主流，占比约60%，运量约3亿吨。粮仓多为立筒库，便于机械化作业，粮食的储存绝大多数为散装，仓库设有中央控制室，掌握粮食进出库、仓内粮温和水分情况。美国鼓励私人储粮，仓库多为私人公司或农场主所有，国家不经营仓储设施，联邦储粮数量很少。国家储备粮食常寄存于私人储粮机构，按储备量向农场主支付仓管费和低息贷款，当粮价上涨时，国家要求农场主归还贷款，迫使农场主抛售粮食，市场作用显著。

3. 粮食物流高度信息化、网络化

政府建立先进的、免费的、资料齐全的粮食信息网络系统，以服务大众、保护市场、稳定价格为宗旨。系统采集信息，定期发布信息，指导农民和粮食相关企业的生产和贸易活动。在公共信息平台的基础上，粮食物流相关环节的企业信息共享，协调控制粮食的生产、加工、仓储、运输等各个环节，达到合理运输、降低成本、提高效率、控制风险、增强竞争力的目的。公平的信息共享系统和公正的质量控制系统是控制市场稳定的基础。平台系统定期向粮食物流中相关环节的人员及相关企业发布信息，协调各环节合理运作。

4. 组织化程度高

美国粮食生产以家庭农场为主，农场规模在700～800公顷，粮食生产品种相对单一，质量均匀，品质稳定。美国的阿彻丹尼尔斯米德兰（ADM）、邦吉（Bunge）、嘉吉（Cargill）和法国的路易达孚（Louis Dreyfus）四大粮商是粮食物流的实施主体，其粮食贸易量占美国的80%以上，控制着国际谷物80%的市场份额。这些粮商都承担着从粮食收购、仓储、运输、进出口到加工等各个物流环节的组织运作，实现了物流上下游、产销间的有效衔接。

5. 先进的运输方式、统一的运输标准

美国粮食物流主要采用公路、水路、铁路的多式联运方式进行综合标准化运输。各运输方式相互协调配合，紧密衔接。粮食从生产到消费（出口）集并运输的基本路

线为：农场筒仓—内河或铁路中转库—加工厂或港口终端库。从农场筒仓到内河中转库主要依靠卡车运输；从中转库到加工厂或终端库，主要依靠铁路和驳船运输；出口主要是5万吨级以上的大型散装或集装箱船运输。

组成美国粮食运输系统的无缝网络体系包含4个关键方式：卡车、火车、驳船以及远洋货轮。基本流程为：卡车将粮食从田间运到粮食仓库，然后用火车将粮食从仓库运往密西西比河边的仓库，之后通过水运的方式顺密西西比河运往新奥尔良市，最后在新奥尔良港口将粮食装在远洋货轮上运往其他国家和地区。每一种运输方式在整个粮食物流体系中都发挥了重要作用，但是各种运输方式之间的顺畅衔接是美国粮食物流发达的关键。各环节采用统一的、标准的运输工具和装卸作业工具，相同规格的集装箱，各种运输方式之间的转换无须换装货物，可直接转换。铁路公司通过价格作用机制控制粮食的流量与流向，以使供需平衡，避免浪费。

6. 美国粮食物流发展的保障要素

发达的信息平台支撑。美国政府部门（如美国农业部、运输部等）通过建立系统而全面的粮食统计信息网络，随时采集数据，定期无偿发布，农场主可以随时随地了解粮食市场价格、粮食资讯以及天气情况等信息，还可以在网上进行粮食交易，通过网络将粮食生产者、粮食收购商和粮食销售商联系起来，实现信息资源共享。

健全的法律法规保障。美国健全的法律法规体系是保障其粮食物流市场迅速有序发展的制度基础。在美国，与粮食物流相关的法律法规非常明确，涉及粮食物流的整个供应链，粮食的生产、加工、配送、装卸、搬运等各个物流环节几乎都有相应的法律法规和制度进行规范和约束。

行业协会和粮食企业的支持。美国粮食行业的各类协会在粮食物流中发挥着重要作用，同时美国各大粮食企业在粮食生产、收购、加工和运输中承担着重要作用，在避免重复运输和恶意竞争方面发挥作用，为美国粮食物流高效有序的运行提供保障。

二、加拿大的粮食物流

加拿大仅有67.8万平方千米耕地，不足国土面积的7%，对粮食生产并不利，但注重粮食质量管理和物流体系建设，在粮食处理和运输系统等方面建立了动态系统，实现以客户需求为导向，提供高效的物流和便捷的服务，有效地弥补了自然条件的不足，实现了粮食年产量超过5000万吨的业绩。加拿大是世界重要的谷物生产与出口国之一，60%以上的粮食用于出口，其谷物出口量位列世界第三位，仅次于美国和欧盟。

加拿大的粮食物流体系比较完善，其“四散化”（散装、散运、散卸、散储）已有100多年的历史，已经形成较为完备的销售、储存、运输及质量控制等整套粮食物流体系。

1. 粮食物流管理体制

加拿大建立了全国统一的流通管理体制，其粮食物流管理采取的是由谷物委员会（Canadian Grain Commission，CGC）和小麦局（Canadian Wheat Board，CWB）等多个部门共同管理的模式，这些机构均按照《加拿大谷物法》《加拿大小麦局法》等粮食物流政策法规规定的职责，既分工又密切配合，共同管理粮食物流。

加拿大谷物委员会是政府直属机构，是政府在粮食生产、质量控制、检验检疫等方面的管理主体，根据《加拿大谷物法》实施粮食的收购、储存、销售和出口等全过程的质量管理，为粮食企业提供从“田间”到“市场”的“一条龙”服务。《加拿大谷物法》对谷物委员会的工作职能、业务范围及收费标准等以法律的形式予以确定，并对经营谷物尤其是经营谷仓的谷物公司制定了严格的审批条件，严格控制了谷物质量。加拿大特别重视出口粮食质量，从农场到装船出口的全过程都有严格的质量控制制度，谷物委员会派出的分支机构或检验官依法对检验的谷物出具权威证明，并要求出口粮食必须经过除杂处理，确保出口的粮食都是清洁的，最终对每一批出口的粮食签发出口质量、数量证书。

加拿大小麦局属于半官方非营利组织，是一个以农民为主、政府参与经营的实体，其董事会成员由农民直接选举产生，董事会成员的1/3是政府委派的代表，2/3是农民代表，其主要负责粮食销售及流通渠道的组织实施和宏观调控，统一经营和销售国内食用消费和出口的主产区小麦和大麦。小麦局不拥有任何仓储、港口、加工厂等设施。《加拿大小麦局法》规定，加拿大用于国内食用消费和出口的主产区小麦和大麦，由加拿大小麦局统一经营（垄断经营）。每年要求进行小麦经营的农民向加拿大小麦局申请，小麦局进行资格鉴定，实行许可证管理，与符合资格的农民签订收购合同，确定送交小麦、大麦的具体时间和数量。粮食由经营谷物仓的基层粮食转运站代表小麦局，并按照小麦局提供的合同向农民收购。

2. 仓储体系

加拿大的粮食供应远大于国内需求，因此，国家不会专门储备粮食。农场主和粮商储存暂时销不出的粮食，政府也不给予补贴。通常，加拿大农民和粮商存粮时间一般不超过两年，几乎没有粮食劣变问题。

加拿大长期的粮食外销形成了高效的物流体系。从仓容的角度看，加拿大粮食总

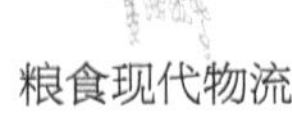

仓容略多于粮食产量，约6000万吨，其中11.8万个农场拥有仓容4500万吨，农村收纳仓容约700万吨，终点库和中转库的仓容约500万吨。从粮库的性质看，加拿大的粮食仓库大体有5类：

（1）农场粮库。农场主自己的粮库，主要用于粮食收获后、出售前的整理和短期储存。在农场向第二级储运的初级转运站交送谷物时，可用自备的散粮运输汽车或租用专业公司的散粮运输汽车。一辆散粮汽车可装20吨，再加一个拖挂车，合计可达40吨。每年有200万辆卡车将11.8万个农场的散装谷物运至初级转运站。

（2）收纳库。主要分布在加拿大中、西部农场周围和交通沿线，负责接收农民运来的粮食。在加拿大谷物委员会的指导下，进行粮食的分级、定等、称重、清理、储存和转运。

（3）中转仓库。分布在加拿大东部沿圣劳伦斯河流城、海边和哈里法克斯港，主要功能是接收西部粮食并通过水路集运到出口港。加拿大全国共有30个中转仓库。

（4）终点库。位于温哥华港、鲁伯特太子港、丘吉尔港和雷州湾，接收各中转仓库运来的粮食，进行出口前的清理、称重、检验、害虫及有害生物的检疫和处理等。

（5）加工厂仓库。包括面粉厂、榨油厂和酿酒厂的原料库。

3. 强有力的粮食运输组织网络

加拿大的粮食集散主要依托85万千米的公路和7万多千米的铁路，出口主要采取海运方式。粮食先由农场粮库经公路运至初级站，经铁路运至港口库内，再经海运出口世界上70多个国家和地区。加拿大的粮食运输工具主要是散粮火车、汽车和船舶，包括集装箱等辅助运输工具。国内粮食调拨以散粮火车运输为主，汽车与火车粮食运输量的比例是1∶6。小麦出口典型的运输方式是使用散粮船运，船只的载重吨位为4万吨，出口粮食采取离岸交货或到岸交货方式。粮食经营由小麦局负责运输业务安排（包括火车皮运输计划），具体业务一般委托专门的粮食运输公司（粮食物流企业）承担。

加拿大粮食的“四散”物流已形成比较完善的体系。粮食从收购、中转到储运的各个环节都采用散装方式，系统配套、技术先进、经济合理。粮库作业采用智能化管理。每个中转库和港口库都配备了完善的散粮设施以及计算机管理信息系统，科学合理的配套设施大大降低了粮食物流成本。

加拿大是世界上集装箱运输发展最快的国家之一。目前，粮食集装箱运输量占粮食总运量的10%左右，加拿大曼尼托巴大学运输研究所的调查显示：用集装箱运输，21天可将加拿大刚收获的粮食运到目的地，而同样的距离，散粮运输需要90天的时间。为适应粮食用户的新要求，加拿大的粮食集装箱运输发展很快。加拿大积极开展储粮技术、仓储管理技术的研究与推广应用，其绿色生态储粮新技术已经走在世界前列。

三、澳大利亚的粮食物流

澳大利亚是世界上主要的粮食生产和出口大国，年产粮食约3500万吨，其中80%以上用于出口，出口量占世界粮食贸易总量的10%~15%，在美国、欧盟、加拿大之后，列于第四位。澳大利亚政府实行了开放的农业政策，农民的市场观念、竞争意识和自我发展能力较强，主动适应国际国内市场需求，合理安排粮食作物的种植。政府只在市场动态、信息反馈、提高出口产品质量上加以引导和服务。澳大利亚的粮食物流基本采用散粮方式，散粮物流量占全国总量的99%。目前，澳大利亚全国已形成了配套齐全的高效的散粮收购、运输和储存设施网络体系。

1. 粮食物流的组织管理

澳大利亚生产的主要谷物是小麦，分布在新州、维州、昆州中部、南澳南部及西澳西南等地，遍布澳大利亚各州各市。粮食从农户手中收购后，经汽车运输至中转库，再经火车运输至沿海的港口库，出口至国外。粮食物流主体主要由农民合作经营组织、政府粮食经营机构和其他经营实体三大类构成。其中，农民合作经营组织主要是指5个散粮流通公司，负责本州的粮食收购、仓储、装卸、运输及检验等业务；政府粮食经营机构主要由小麦局和大麦局构成，负责对全国谷物的生产、仓储、运输、出口等工作进行规范化管理，代表着国家的整体利益和农户的个人利益。

2. 先进的信息化建设

澳大利亚散粮物流系统具有较高的自动化和机械化水平，具备高效的散粮收纳能力和装卸能力。特别是港口库，在粮食接收、粮食装卸以及粮食装船过程中都实现了计算机管理，大大提高了粮食库存管理的效率。此外，全国收购点都与澳大利亚的质量监督体系进行了联网操作，应用先进的分检测技术，对从粮食收购到装船出口的全过程进行严格的粮食检验，按照客户订货要求提供优质粮食，所有的收购数据均汇总在澳大利亚的质量监督体系中，保证了粮食质量。此外，澳大利亚也是发展集装箱粮食运输最早的国家之一。20世纪90年代中期亚洲经济危机之后，澳大利亚发往亚洲的集装箱运粮船只明显增加，依托先进的物流信息化技术，与其他国家建立了相对完善

的粮食物流贸易信息系统，实现了世界粮食市场的进一步开拓。

3. 高效的“四散”网络

澳大利亚从1930年开始实行“四散”，即散装、散运、散卸、散储，已形成一套成熟完善的“四散”系统。具有发达的散装粮食运输系统，配有散装铁路运输车皮和散装汽车等设施，在水路运输条件较好的港口，建设了粮食专用码头，并配备粮食散装散运系统，利用铁路、公路和水路的配套设施，澳大利亚整个粮食运输系统实行散装散运，粮食运输配送效率较高。目前约70%的粮食通过火车专用车辆运输，剩余30%左右的粮食由公路运输。大约99%的粮食是散运，只有不足1%的粮食是包装的。澳大利亚粮食收购站和港口中转站完全按照粮食种植区域和粮食的流向，通过铁路、公路连接乡村收购站和港口中转站形成网络。澳大利亚国内粮食物流从农场到收纳库，或直接由农场运到国内加工厂，按固定的包装和型号加工成面粉送到需求者手中。

四、英国的粮食物流

1. 实施欧盟共同粮食生产政策

英国种植的农产品主要有小麦、大麦、油菜籽、马铃薯和甜菜，生产和出口的农产品以小麦、大麦为主，进口部分优质小麦和饲料粮。不同品种的粮食产品，其生产、消费及进出口情况不尽相同，部分粮食品种出口大于进口，而有些粮食主要依靠进口。英国粮食政策执行欧盟共同农业政策，政府利用合理的经济和法律手段，调整粮食生产结构，干预粮食购销价格，以此来弥补市场机制的缺陷和不足。同时，建立工业自动化控制系统（Industrial Automatic Control System，IACS），对农民进行补贴，包括农业基础建设补贴、农产品津贴、农产品价格补贴，对从欧盟外进口的农产品实施强制性关税，保护本国农民利益，利用较高的粮食价格来促进粮食生产的发展。

2. 强化政府对粮食物流的主导作用

英国环境、食品和农村事务部与中介组织和合作组织一起，主管粮食生产流通方面的事务。政府负责本国粮食政策的协调，对粮食流通进行管理，落实欧盟共同农业政策和农业补贴。谷物及饲料协会等中介组织受政府和会员共同资助，向有关部门和欧盟提出相关建议并争取政策。

英国粮食流通的主体是农村合作社组织，其功能相当于加拿大的农场和谷物转运站。合作社将分散的粮食生产者联合起来，提供产前、产中和产后服务，供给农业生产资料，提供种植技术和信息服务，统一收集粮食，统一配运和销售，形成规模优势，降低成本。

在粮食购销批发方面，英国实行自由的粮食政策，政府不过多干涉。英国的粮食检测设备先进，收购企业、加工企业和农业合作社都拥有先进的粮食质量检测设备，如快速检测水分、蛋白质、杂质和容量的红外检测仪以及菌落数值检测仪器等。英国粮食加工业生产集中度较高，如面粉加工业，主要由两家大公司生产，占市场份额的50%以上，与大型面包厂实行一体化经营。

3. 依托港口构筑粮食物流基地

依托港口构筑粮食物流基地是英国粮食融入欧盟一体化市场、构筑粮食物流体系的关键。英国粮食流通的港口中转体系发达，具有代表性的是利物浦港。利物浦港务局作为英国第二大港务集团，是英国最为重要的港口粮食中转基地，其基础设施建设、粮食中转流程运作与管理均达到了国际领先水平。利物浦港口建立了完善的自动化管理体系，粮食中转管理人员少、机械设备自动化程度高，1个粮食中转立筒库容量管理达到16万吨，粮食年中转量达150万吨，年周转次数近10次，效率很高。1个粮食接卸中转泊位，拥有两台可在轨道移动的卸船机，每台有1000吨/小时斗提机和150吨/小时的吸粉机，配有两幢房式仓（跨度均为50米，长度均为220米，中间15米的通道设有罩棚），并在通道的相邻位置各设一台可双向运行的皮带机，皮带机的两端轮处各设一台“人”字形的埋刮板机（底部开了若干卸料机口），用来把散粮卸入房仓；同时，粮食中转库的出仓采用装载机直接装车，极大地提高了自动化水平。

五、日本的粮食物流

1. 高度的粮食意识及专业的物流人才

日本人口多，土地少，粮食自给率低，主要靠进口粮食来保持正常稳定的生产生活。政府对粮食流通、运输、储存高度关注，不断改进管制方法，以满足不同时期的需求。因此，虽然日本大部分粮食靠进口，但粮食价格却很稳定。此外，国家和企业层面都非常重视培养专业的物流人才，保证了整个物流系统及供应链的合理、稳定。

2. 政府支持和法律保护

日本政府对粮食高度重视和大力支持，投入了大量资金扶持农民进行农业生产，

对农民进行各种补助。同时，采取措施阻止外国粮食进入，保护本国农民利益，加大农民的生产热情。政府对粮食需求提供预测、指导生产，帮助农民改善种植结构、增加收入，对农民在害虫疾病控制、检验、公共存储费用、结构性调整、市场准入等粮食生产方面的支出给予补贴。

3. 日本完善的粮食储备和先进的物流设施设备及处理系统

为了稳定粮食价格，保证粮食供应，政府实行粮食储备制度。政府根据每年的粮食收成情况，对不同粮食确定不同的储存量，并储存于农林水产省的先进储备库，同时也在符合存储条件的企业储存库中进行储存，拥有先进的设施设备和控制系统，由专门人员进行管理。政府参与到粮食物流中，深入每一个环节，控制粮食市场，调节供需，减少流通环节，市场和价格由政府控制。其先进的设施、发达的网络、现代化的控制手段，既提高了效率，保证了粮食安全和品质，又保证了粮食市场的稳定。

4. 先进的粮食深加工技术

日本的粮食加工设备技术和管理水平十分先进，稻谷、小麦从加工到包装环节在很多年前就全部采用了计算机管理：日本精米厂家通过计算机管理系统，能够实现从原料到成品的追踪管理，直至每个生产农户，产品的包装袋上都注有原料生产年限、产地、品质和制造信息等标识。另外，粮食的加工转化率高，日本大米加工转化涉及生物制药、健康美容等多个领域，仅通过深加工做成的化妆品就达 30 多个品种。

第三节　国外粮食物流体系的建设

通过研究美国、加拿大、澳大利亚等发达国家粮食物流体系建设情况，可以看出粮食现代物流所需的资本、交通、信息等条件日趋完善，建立了以信息技术为核心，以运输技术、配送技术、仓储技术、装卸搬运技术、库存控制技术、包装技术等专业技术为支撑的粮食物流体系，粮食物流作业基本实现了机械化、自动化和计算机化，形成节点布局合理、流向和流量稳定的粮食物流网络。

一、加强粮食物流体系规划研究

粮食物流体系的规划研究，能指导粮食物流基础设施建设、运作和管理，对提升粮食物流体系运作水平、降低粮食物流成本、提高粮食物流效率具有重要促进作用。发达的市场经济国家往往通过经济、法律和行政手段对粮食流通进行管理，如加拿大小麦局积极介入粮食物流的立法和管理，保证粮食进出口的质量。

二、粮食物流各节点布局合理

发达国家的粮食物流体系发展过程经历了粮仓建设（以粮食的大量存储为目标）、选择合理的运输方式和工具、确定稳定流向和流量的粮食物流通道、形成汇聚转运与分流的运输网络体系，强调粮食供应链节点合理布局和线路有效连接，追求系统整体效率最优、综合成本最低。因此，系统化设计粮食物流网络是粮食现代物流发展的关键。

三、粮食物流设施配套齐全

粮食储运设施的建设是粮食物流运作的基础和前提，它能减少粮食在储存、运输等环节的损失和停留的时间，降低流通成本。高度的机械化、自动化和信息化是其明显的特征，形成了以信息技术、运输技术、装卸搬运技术、自动化仓储技术、配送技术、包装技术、库存控制技术等为支撑的现代物流技术格局。

四、推进粮食物流“四散化”的发展

发达国家的粮食物流成本低、效率高的一个根本原因就是“四散化”程度高，广泛使用散运工具和相应的散粮装卸配套设施，粮食装卸储运基本实现散化操作。

1. 散存

发达国家粮食的储存，无论是农场仓库、收纳库，还是港口终端库，基本是散存。粮食储存设施齐全，设备标准化、专用化、系列化、自动化程度高。粮库作业采用智能化管理，收纳库、中转库、终端库都配有完善的散粮储存和管理信息网络。粮仓建设一般是选择适合散粮进出的立筒仓、浅圆仓和钢板仓等。

2. 散装、散卸

发达国家粮食的装卸，无论是接收还是发送，基本是散装。卡车运粮至收纳库，卡车底部有卸料口（没有的一般用起重机抬起车厢，从后部卸下）。粮食落入地坑的栅栏口，由刮板输送机送到斗式提升机的地坑，经斗式提升机提升后入仓。收纳库发送粮食一般采用铁路运输，把装料口调到火车车厢的顶部，粮食从仓内自然流出；经称重后进入斗式提升机的后入料口，提升到仓顶；经过分配器、装料口进入车厢。

3. 散运

发达国家粮食的运输，基本采用公、铁、水多式联运模式，其中，公路运输主要承担生产者仓库与收纳库之间的运输，主要运输工具是散粮汽车（标准化的专用卡车）；铁路运输主要承担从收纳库到港口终端库之间的运输，主要运输工具是专用的散粮火车车厢；水路运输主要承担从中转库到港口终端库之间、出口的运输。

五、“集装箱”储运方式成为主流

散装运输粮食，容易招致虫害，也容易造成粮食颗粒因碰撞运输工具而损坏，降低粮食等级。为减轻或避免这些问题，有效地保护粮食品质，加上发达国家对粮食分离管理、粮食附加值产品的需求增加，粮食集装箱运输以其装载迅速（5～7 分钟就可装卸容纳 20 吨粮食的标准集装箱）、运输灵活、运量较大等优势逐渐得到市场的认可；同时，集装箱运输船舶大型化的趋势，也为粮食集装箱运输创造了条件。目前发达国家国际粮食贸易中集装箱运输所占比重越来越大，如加拿大全国已有 5% 的粮食通过集装箱装运出口，2025 年将达到 10%，集装箱运输地位将与“四散化”运输同等重要。

六、粮食物流信息化程度高

粮食物流信息化是指采用信息技术对传统的粮食物流进行整合和优化。发达国家采用信息化网络实现从农场收购到最终消费全过程的粮食品质控制跟踪管理。通过数字化媒体发布粮食生产、运输、仓储、贸易、消费等信息，建立企业网上交易平台，缩短粮食交易时间和空间距离，促使粮食企业准确获取粮食生产经营情况，合理进行采购、库存、运输和品质监控，提高现代化管理水平与决策能力，为粮食产业快速发展奠定基础。

七、产业化是粮食物流的发展方向

粮食物流企业向集约化、协同化、全球化方向发展，主要表现在两个方面：一是建设专业粮食物流园区，二是粮食物流企业兼并与合作。很多西方国家以大型粮食企业为主导，建立粮食物流上下游的粮食现代物流体系，美国五大粮商在粮食物流体系中，都承担从粮食收购、集并、仓储、运输、进出口到加工等环节的组织运作，实现物流上下游、产销加工的有效衔接。

第六章

我国粮食市场和粮食物流体系

第一节　我国粮食生产与分品种流向分析

我国是世界上的粮食生产大国、粮食进口大国，每年有 7 亿吨的粮食需要从生产者和进口商那里送到加工商手中。建造了包括粮食码头、仓库在内的大量的物流仓储设施，配置了散粮火车、船只、汽车等运载工具，广泛使用各类散粮接卸工具，打造了一批粮食物流节点，形成了若干粮食物流线路，众多的粮食经营企业、加工企业和贸易商从事粮食物流工作。

国家统计局公布的全国粮食生产数据显示，2021 年全国粮食播种面积 11760 万公顷，比上年增加 86. 3 万公顷，同比增长 0. 7%，连续两年实现增长；全国粮食总产量 68285 万吨，比上年增加 1335 万吨，同比增长 2%，全年粮食产量再创新高，连续 7 年保持在 65000 万吨以上。

其中，小麦播种面积 2360 万公顷，比上年增加 18. 87 万公顷，同比增长 0. 8%，产量 13695 万吨，比上年增加 270 万吨，同比增长 2%；稻谷播种面积 2993. 33 万公顷，比上年减少 15. 4 万公顷，同比下降 0. 5%，产量 21285 万吨，比上年增加 100 万吨，同比增长 0. 5%；玉米播种面积达 15. 4 万公顷，比上年增加 206 万公顷，同比增长 5%，玉米产量 27255 万吨，比上年增加 1190 万吨，同比增长 4. 6%。

分季节看，夏粮、早稻、秋粮均实现增产。其中，夏粮产量 14595 万吨，比上年增加 310 万吨，增长 2. 2%；早稻产量 2800 万吨，增加 70 万吨，增长 2. 7%；秋粮产量 50890 万吨，增加 955 万吨，增长 1. 9%。

分品种看，稻谷、小麦、玉米增产，大豆减产。2021 年，全国谷物产量 63275 万吨，比上年增加 1600 万吨，增长 2. 6%。其中，稻谷产量 21285 万吨，增加 100 万吨，增长 0. 5%；小麦产量 13695 万吨，增加 270 万吨，增长 2. 0%；玉米产量 27255 万吨，增加 1190 万吨，增长 4.6%。全国薯类产量 3045 万吨，比上年增加 55 万吨，增长 1.9%。主要受播种面积下降影响，全国豆类产量 1965 万吨，比上年减少 320 万吨，下降 14.1%。其中，大豆产量 1640 万吨，减少 320 万吨，下降 16.4%。

回顾历史，我国粮食生产经历了中华人民共和国成立后 28 年（1949—1977 年）低起点快速发展和改革开放以来高起点波动发展两个阶段。

1949—1977 年低起点快速发展时期，粮食播种面积从 11000 万公顷扩大到 12066.67 万公顷，总产量先后跃上 1500 亿千克、2000 亿千克、2500 亿千克 3 个台阶，粮食单产从 69 千克提高到 157 千克，增长 1.28 倍。物质装备和科技水平逐步提高，有效灌溉面积由 1952 年的 1993.33 万公顷扩大到 1977 年的 4500 万公顷，增长了 1.26 倍；杂交水稻等新品种培育取得重大突破；现代化生产要素投入增加，化肥施用量（折纯）由 7.8 万吨增加到 648 万吨，增加了 82 倍。但由于这一时期我国人口增长较快，粮食人均占有量仅从 209 千克提高到 298 千克，仍然处于较低水平，温饱问题仍未得到根本解决。

改革开放以来高起点波动发展时期，我国粮食总产量在 3000 亿千克起点基础上，先后跨上 3500 亿千克、4000 亿千克、4500 亿千克和 5000 亿千克 4 个新台阶，截至 2021 年，连续七年保持在 65000 万吨以上，实现了粮食生产十八年连续丰收，口粮完全自给；人均粮食占有量 470 千克以上，远远高出国际 400 千克的平均水平。取得这些成就：一是得益于家庭联产承包责任制的实行，极大地调动了农民生产积极性，解放和发展了农村生产力；二是得益于粮食流通体制改革的不断深化，以市场为导向，取消粮食统购统销制度，全面放开粮食购销市场，实行重点粮食品种最低收购价政策，构建市场与调控相结合的国家粮食宏观调控体系；三是得益于农田水利基础设施建设和粮食新品种、先进适用技术的推广，农业抗灾能力不断增强，杂交水稻和杂交玉米品种大面积应用，单产大幅度提高；四是得益于中央财政对粮食生产的扶持政策，先后实施了商品粮基地县、大型商品粮基地、农业综合开发、优粮工程、种子工程、植保工程等项目建设，取消了农业税，建立了对种粮农民的“四项补贴”（种粮直补、良种补贴、农机具购置补贴、农资综合补贴）制度，粮食生产能力得到提高，种粮农民得到实惠。

多年来，我们粮食市场供应充裕、不脱销、不断档，即使在新冠肺炎疫情流行的时候，我国的粮食市场供应也是货足价稳、百姓米面无忧。国家粮食库存储备数量充足，在稳定中央储备规模的同时，按照产区 3 个月、销区 6 个月、产销平衡区 4.5 个月的市场需求量增加地方粮食的储备规模。最低收购价、临时收储政策等形成的政策性库存数量也非常可观：稻谷、小麦库存量能够满足一年以上的市场消费需求，36 个大中城市米面成品粮有15天以上的市场需求量储备。国家还建立了粮食应急网络体系，目前有5448家粮油应急加工企业，2777个应急配送中心，3741家应急储运企业，43573个应急供应网点，组成了粮食应急供应的保障网络；粮油市场的信息监测点方面，国家层面有1072个、地方层面有9206个，密切跟踪市场的供应以及价格变动情况。

按照我国现行的统计口径，我国粮食主要包括谷物、豆类和薯类三种，其中，谷物所占比重最大（我国谷物产量稳居世界第一位）。谷物包括稻谷、小麦、玉米、谷子、高粱和其他谷物（水稻、玉米和小麦总产量约占粮食总产量的90.4%）；按品种来看，稻谷始终是我国粮食的第一大品种，玉米和小麦的产量相差不大，进入21世纪，玉米产量超过小麦产量，成为我国粮食的第二大主要品种。

一、稻米市场流通

水稻的产区主要集中在秦岭至淮河以南的东部平原、丘陵地区；川、滇、苏、沪等13个省（市），种植面积占全国的93%。中国稻谷生产总量居前10位的省分别是湖南、江苏、四川、湖北、江西、广东、安徽、广西、浙江、黑龙江。考虑人均粮食占有水平，稻谷的流通自湖南、湖北、江西三省和江苏、安徽部分地区流向周边的华东、华南、西南，少量流向西北；东北稻谷在流向西北地区的同时，也大量销往南方市场。京、津、沪三大直辖市是稻米、特别是北方粳米的主要消费区域。

未来10年稻谷生产总体将保持稳定态势，播种面积稳中略降，单产水平逐步提高，稻谷产量稳定在2.1亿吨以上。随着居民食物消费不断升级，稻谷消费呈稳中略降趋势，消费量总体仍将保持在约2.1亿吨；其中口粮消费继续下降，但占稻谷消费比重保持在69%以上，饲用消费将随着畜牧业发展及饲料成本价格变化呈先减后增趋势。稻谷供求关系总体处于宽松态势，大米进口主要是满足品种调剂需求。

二、玉米市场流通

玉米及杂粮（高粱、谷子、薯类、大豆等作物）的生产地区分布相当广泛，播种面积和产量在粮食作物中占很大比重。在东北、华北和西北地区，杂粮多是秋收作物，在全年粮食总产量中占2/3左右。我国玉米产量已超过1亿吨，仅次于美国，占世界玉米产量的21%。从全国玉米供求总量看，由于玉米近年产量稳定，库存量较大，因此全国玉米仍是供过于求。从区域范围来看，能够提供商品玉米的是北方几个省，玉米严重短缺的是南方 8 个省（区），呈现由北向南的流向。

东北玉米主产区，物流主要的输送方式是：一是通过辽宁港口海运到长江三角洲、珠江三角洲；二是通过山海关经铁路运输到四川、重庆等西南地区和广东、广西部分地区。另外，西北玉米也部分流向南方市场，其中 90% 销往西南地区的四川、云南、贵州三省。

从玉米流通流向来分析：当前，我国玉米销售流通格局正在发生着重大调整和变化，北玉米出口和南运的流通格局变为北玉米南运与北出南进相结合的流通格局。

未来几年，玉米播种面积先降后增，展望末期有望稳定在 6.5 亿亩（4333.3 万公顷）；随着玉米种植模式不断优化、育种技术和田间管理技术推广应用，单产水平稳步提升，预计年均增长 1.7%；产量增长主要来自单产贡献，预计 2031 年玉米产量将达到 32393 万吨，年均增长 2.0%。由于玉米饲用消费继续增长但增速放缓、工业消费需求依然强劲，玉米消费量保持刚性增长，预计 2031 年玉米消费量为 32821 万吨，年均增长 1.5%。玉米供求关系将由偏紧逐步向基本平衡格局转变，进口量下降后趋于稳定，预计 2031 年进口量降至 757 万吨。

三、小麦市场流通

冬小麦在长城以南、青藏高原以东地区种植广泛，集中产区则以秦岭至淮河以北，黄河中下游的河南、山东、河北、陕西和山西 5 个省为主，其次是长江中下游的安徽、四川和江苏等省份。春小麦分布在长城以北及青藏高原以北地区。我国小麦生产总量居前 10 的省（区）分别是河南、山东、河北、江苏、安徽、四川、新疆维吾尔自治区、陕西、甘肃、湖北。山东是优质小麦的主要产区，占该省小麦产量的 40%，占全国优质小麦总产量的 27.8%；河南优质小麦产量占该省小麦产量的 22.4%，占全国产量的 24%；河北优质小麦产量占该省小麦产量的 28%，占全国优质小麦产量的 14.7%。

小麦由黄淮海主产区呈扇形辐射状流向。向北辐射东北地区、京津地区，向东辐射东南沿海地区，向西辐射西南地区和西北部分地区。新疆维吾尔自治区小麦产区主要流向西北、西南其他部分省市。

未来几年，小麦生产区域布局和品质结构将不断优化，播种面积将稳定在 2333.33 万公顷左右，单产水平不断提高，产量稳步增长，2031 年达到 14471 万吨。随着玉米产量逐步增长，小麦与玉米比价将保持在合理区间，小麦饲料消费将回落至常年水平，但工业消费增长空间仍较大，小麦消费整体先降后增。中国仍将进口部分专用小麦用于品种调剂需求，但随着国内优质小麦生产水平不断提高，优质专用小麦进口需求将下降。

第二节　我国粮食产销区位和流通通道

由于粮食生产和消费地不同，除农民自用外，部分粮食变成了商品（商品粮约占粮食总产量的1/3）；全国有粮库6万多个，库存粮食超过2.5亿吨；粮食加工企业约2.1万家，年生产能力超过1.88亿吨。我国已经成为小麦和大米消费第一大国、玉米消费第二大国，以2020年为例，我国粮食消耗约5.54亿吨。但由于工业化和城市化的影响，中国的耕地面积却在以每年40万公顷的速度在减少。

随着我国粮食生产区域越来越集中，主产区与主销区之间的区域性粮食供给不平衡现象日益凸显。对黑龙江、吉林、辽宁、内蒙古自治区等主产区来说，面临的最大问题是如何把粮食卖出去，保障种粮农民收益；对北京、上海、广东、浙江、福建等主销区来说，则要保障本地粮食稳定供给。

一、粮食主产区

粮食主产区，是指主要输出粮食的15个省（区），一是包括黑龙江、吉林、辽宁、内蒙古自治区等4省（区）在内的中国黄金玉米带地区；二是包括冀、鲁、豫、苏、皖5省的黄淮海地区小麦、玉米及水稻的主产区；三是包括赣、鄂、湘3省的中部水稻主产区；四是包括川、新、宁3省（区）的西部粮食集中产区。其中，吉林省粮食富裕，人均占有量高达962.6千克。具体情况如下：

东北三省和内蒙古自治区东部地区是我国粮食主产区，粮食主要运往东南沿海及京津等主销区。从品种上看，70%的玉米是水路运输，30%是铁路运输，稻谷和少量大豆几乎全是铁路运输。

黄淮海地区是我国小麦主产区，包括河南、河北、山东和安徽北部，输出的小麦主要通过铁路运往周边省份和华东、华南、西南、西北省区；或者通过青岛、日照、连云港等港口中转沿水路运往经济发达的长三角和珠三角地区。此外，每年还有一定量的进口粮流入，主要是进口大豆。

长江中下游地区是我国水稻主产区。从流向上看，主要流入东南沿海和西南地区；从运输方式上看，铁路、公路、水路分别占总运量的约60%、20%、20%，但省间差异较大，江西省以铁路运输为主，占该省总运量的80%，安徽省较少，占40%；而水路运输，江西省最低，占5%，而其他省占25%左右；从流量上看，安徽最多，湖南、湖北较少；从品种上看，除运出部分小麦外，主要是稻谷。此外，长江中下游地区还需从东北和华北地区调入玉米。

粮食生产的重心由南向北、由东向西转移，粮食生产进一步向中部粮食生产优势区域集中。但是，随着中央实行调整农业生产布局、优化农业生产结构的方针政策，使我国的粮食生产集中度不断下降。其中，江苏、浙江、广东的下降速度最快；中部地区粮食生产集中度呈上升趋势，该区域粮食产量约占全国的一半，特别是河南、黑龙江、吉林等省的上升幅度较大；西部地区粮食生产集中度变化则呈平稳波动状态，略呈下降趋势，较为突出的是四川省。

二、粮食主销区

粮食主销区，是指粮食的输入省（区、市），一是粮食自给率低的大城市，包括京、津、沪三个直辖市，其中上海市人均粮食只有162.7千克；二是不具有粮食生产优势的东南沿海地区，包括浙江、福建、广东、海南、广西壮族自治区5省（区）；三是耕地资源贫乏的中西部地区，包括云南、贵州和青海3省。具体情况如下：

东南沿海地区是我国的粮食主要流入地，包括上海、浙江、福建、广东、广西壮族自治区等。东北、黄淮海和长江中下游粮食产区经水路、铁路和公路运输的稻谷、玉米、小麦等，以及进口的粮食通过东南沿海各港口和铁路枢纽经内河或公路转运至东南沿海地区。

京津冀地区粮食主要来自东北和黄淮海粮食产区，东北地区的稻谷等粮食和黄淮海地区的小麦等粮食主要通过铁路和公路流入。

从消费形态看，粮食直接消费量在下降，食品加工和饲料用粮等间接消费量在增加。随着我国农业政策的调整，如西部地区“退耕还林”“退耕还草”工作的实施，对粮食供求产生了重大的影响，消费格局还将发生进一步变化。

消费的种类以口粮为主，居民消费口粮主要是大米、面粉，杂粮的消费量较少；饲料和工业用粮的增长速度较快，呈刚性增长趋势。消费品种结构矛盾突出，需要总量调剂和品种调剂，对粮食物流提出了更高的要求。

三、粮食产销平衡区

粮食产销平衡地区，包含山西、重庆、西藏自治区、陕西和甘肃5省（市、区）。这些地区粮食余缺量较少，近年人均占有粮食340～400千克，基本实现自给。产销平衡区相对较少，全国呈现出“北粮南运”的粮食物流流通格局。

四、我国外贸进口粮食物流的运输格局

我国粮食进口主要来源于美洲国家，粮食进口主要集中于江苏、广东、山东等省份，主要通过广东、山东、广西壮族自治区、江苏、辽宁等省（区）港口完成水路外贸粮食进港量。

2021年，中国进口粮食16453.9万吨，占粮食总产量（68285万吨）的24.1%。其中，玉米进口量较前一年增长近两倍，达到2835万吨，创下纪录新高；玉米及替代品进口也创历史新高，全年累计进口5025万吨。小麦进口量亦创下纪录新高，达到977万吨，较2020年的838万吨增长16.6%，也超出配额进口量。稻谷及大米进口量496万吨，同比增加68.7%。高粱、大麦作为玉米的替代品种，进口数量也有明显的增长，进口高粱942万吨，同比增长95.6%；进口大麦1248万吨，同比增长54.5%。大豆进口量较2020年10031.5万吨减少379.7万吨，下降3.8%。

第三节　我国粮食物流的现状

以2016年为例：我国粮食产量为6.2亿吨，进入流通领域的粮食为4.65亿吨（进口粮1亿吨，进口量呈逐年增加趋势；国产粮3.65亿吨）。其中，进入流通领域的3.65亿吨国产粮，省内流通量约2亿吨，跨省流通量约1.65亿吨（成品粮约占30%）。

我国粮食运输中，约68%由公路来完成，海运占比约为23%，铁路占比约为6%，内河运输占比约为3%。粮食省内流通，路程短、环节少，以汽车运输为主，少部分采用水运的方式。粮食跨省流通，路程长、环节多、批量大，主要有东北流出、黄淮海流出、长江流入流出、华东流入、华南流入、京津流入、西南流入、西北流入八大通道。农民自留的粮食大部分在农村流通，农村粮食物流主要以家庭为单位、按市场化

方式运营。

粮食总产量已不是制约我国粮食安全的主要问题，而如何建立连接产区与销区的高效率低成本的粮食物流体系，对于国家有效调控粮食市场、保障粮食安全至关重要。

一、粮食物流模式

我国是粮食生产、消费、贸易、加工和物流大国。粮食物流划分为收获集并物流阶段、原粮物流阶段、加工及成品粮物流阶段三个阶段。

1. 收获集并物流阶段

从粮食收获开始，到收纳库截止。主要由农民、粮食经纪人完成，市场化程度高，从业人员不稳定，运输距离在100千米之内，通过汽车和公路运输，散粮运输比例较高，季节性强、主要流向收纳库、加工厂和农户。此阶段粮食物流对粮食质量有较大影响，主要问题是：

参与物流主体多，缺乏粮食物流知识和技能，容易造成源头上的粮食混存，降低了粮食的商品价值；物流设施设备种类多，条件差、水平低，容易发生因管理不当造成的粮食污染、霉变、撒漏等问题；从业人员与下游企业联系不紧密，未形成稳定的利益联结机制。为此，可以采取的措施有：

积极引导土地流转和合作社等新型经营组织发展，从根本上提高粮食生产集约、规模经营；加强农户和经纪人培训，提高他们的专业技能水平；尽快完善粮食产后服务体系，为农户提供基本的粮食产后服务；组织科研攻关，为农户提供经济、便捷、适用的粮食仓储、清理、运输装备；利用信息技术，开发针对农民售粮需求的APP，为农户提供交易、运输等信息服务。

2. 成品粮物流阶段

从粮食加工企业开始，到下游企业或消费者截止。直接到消费者的成品粮物流，主要以中小包装方式展现，应融入社会大物流系统。直接到下游企业的成品粮，一部分以中小包装方式展现，进入社会大物流；一部分以大包装或散装方式出现，有较强的专业性，特别是油脂、面粉等产品，应鼓励通过散装方式运输。另外，应急保供物流体系承载的主要是成品粮。

3. 原粮物流阶段

此阶段为粮食物流的主体阶段。从粮食收购开始，到加工企业截止。这一阶段粮食物流时间长、距离远、涉及主体多、运输方式复杂，物流成本占总物流成本比例也比较高，是粮食现代物流体系建设的重点和难点。

粮食省内流通是指粮食被收购后，一般由粮食经纪人采用散装模式（少部分采用包装模式）运输至收纳库或中转库。粮食从收纳库进入产区中转库后，要么流入本省粮食加工厂、批发市场（省内粮食物流），要么跨省流入主销区省份（跨省粮食物流）。

由产区中转库到销区中转库的跨省粮食物流，50%~60%采用铁路运输方式，90%为原粮和成品粮的包装模式，10%为散装模式；20%~25%采用铁水联运方式，主要包括散粮船和集装箱船两种方式的散装模式；10%~15%采用公路运输方式，其中，原粮为散装运送模式，成品粮为包装运送模式；10%~15%采用水路运输方式，多为散装模式。

进口粮，批量大，多以散装模式流入，其中，80%的进口粮食是通过海运在各沿海港口入境，20%是通过陆域入境的。大部分的进口粮流向港口周边的加工厂，类似于省内粮食物流；小部分的进口粮流向内陆的加工厂，类似于跨省粮食物流。

二、粮食物流设施的现状

从装备上看，我国和西方发达国家的散粮码头、筒仓、运输车辆、集装箱的装备水平和装卸方式十分相似。我国的物流发展水平已经实现了现代化；发达国家物流装备的物流使用效率高于我国筒仓中转效率。

新的信息技术不断涌现，我国粮食物流设施设备不断完善（如：现代化的港口中转设施），保证了东北粮食流向东南沿海的铁路、水路联运任务，也能高效地完成进口粮食的接卸任务；随着我国粮食仓储技术水平日益提高，粮食仓容量增加明显（既包含流出的东北等地的粮食立筒仓仓容，也包含流入的东南沿海等地的粮食立筒仓仓容），总仓容趋于饱和。

三、粮食物流节点建设

粮食储备仓容的企业约29600家，其中有10~50万吨仓容的企业约1400家，50万吨以上仓容的企业约57家；形成了一批粮食调运和调出城市节点，在300个城市中，约有180个城市拥有完善的粮食储备、加工和物流体系。

为有效地解决粮食收割后的存储、中转问题，在粮食主产区，建设了充足的粮食收储、粮食中转的节点；在粮食主销区，新建了许多用于满足粮食接卸和消费储备需求的粮食物流节点。粮食储备是我国粮食安全重大战略方针中的一环，做好储备粮仓储管理工作，对保障国家粮食安全、实施粮食宏观调控、平衡粮食供应、确保社会稳定、促进国家经济持续发展具有重大作用。

1. 粮仓仓容

粮仓设计仓容为按照标准小麦容重750千克/立方米算出的理论计算值，实际储粮时粮食容重有所不同，一般由粮仓设计单位确定。因粮仓建设年代久远等无法取得设计资料的，可按以下方法计算（粮食密度统一按750千克/立方米）：

散装平房仓的仓容＝建筑面积×装粮高度×粮食密度×93%。

包装平房仓的仓容＝建筑面积×堆包高度×粮食密度×70%。

筒状粮仓的仓容＝［3.14×内径半径^2×装粮高度＋漏斗锥体体积］×粮食密度。

星仓仓容可按每4个星仓相当于1个筒仓的仓容计算。

储存稻谷时，考虑其密度较小，可适当超过设计装粮线，以充分利用仓容，但粮面上部作业空间高度不得小于1.8米。

2. 专仓储存

为了确保储备常储常新，不同品种、年份、等级、性质、权属的粮食，应采用独立仓廒分开储存，不得在同一个仓房分货位储存。洞库、地下仓例外，可分货位储存；企业因管理需要可以自主选择倒仓，但在储粮周期不能出现储备粮不动、仓号擅自变动的情况。

第四节　我国粮食物流体系的现状

我国大多数粮食流通行业是由国有粮食企业转变过来的，粮食运输设备陈旧、技术落后、机械化、自动化程度低。虽然我国粮库总数较多，但规模较小，且以平房仓为主，需要加强仓房改进和升级。从粮食流通方式看，世界上大部分国家以“不落地”的散装流通方式为主；而我国主要的包粮运输流通环节多，工作效率低，需要大量的包装材料和人力（散粮运输在流通比例中占比仅有15%，即使在主产地东北地区也仅占总量的40%左右；包粮运输装卸作业在时间上是散粮作业的5倍以上）。粮食物流水平不高，建立现代化的粮食物流体系是粮食发展的必然要求。

目前，我国粮食物流发展速度相对滞后，物流成本高、效率低、损耗大的问题仍比较突出；在布局规模、设施的机械化程度以及智能化管理等方面还存在许多问题；缺乏正确的市场规范和引导，市场服务意识欠缺；农民市场意识淡薄，核心理解力较弱；外资品牌的竞争冲击等，在一定程度上已经影响到我国粮食加工业的规模、档次和水平，制约着粮食生产、加工和流通的经济效益。

一、我国的粮食物流体系

2008 年，国家发展和改革委员会发布了《粮食现代物流发展规划》，确定指导思想是：以市场为导向，以企业为主体，以现代科技为支撑，通过深化改革、创新体制、整合资源、统筹规划、突出重点、合理布局，建立粮食现代物流体系，实现粮食流通现代化，以降低粮食流通成本，提高粮食流通效率，提高应对粮食市场波动的调控能力，保障国家粮食安全。

1. 物流主体

我国粮食物流主体包括以农户为主的生产者、贩销户、农民合作组织、加工企业和各种性质的中间商以及各种类型的零售终端。

2. 物流通道

我国粮食的物流通道主要包括：农户→城市集贸市场；农户→产地批发商→销地批发商→零售终端（各类）；农户→贩销户→零售终端（主要是城市集贸市场、集团购买者）；农户→贩销户→销地批发商→零售终端（各类）；农户→合作组织→销地批发商→零售终端（各类）；农户→合作组织→零售终端（连锁超市、便利店、集团购买者）；农户→加工企业→零售终端（连锁超市、便利店、各类食品店）；农户→合作组织→加工企业零售终端（连锁超市、便利店、各类食品店）；农户→加工企业→销地批发商→零售终端（连锁超市、便利店、各类食品店）；农户→合作组织→加工企业→销地批发商→零售终端（连锁超市、便利店、各类食品店）等。

东北地区粮食物流通道包括公路粮食运输通道、水路粮食运输通道、铁路粮食运输通道。其中，公路粮食运输通道，是指东北地区粮食主产区通过公路集装箱运输，将粮食运至主要铁路沿线中转站或者辽宁沿海港口，通过公—铁—海、公—海联运实现粮食外运，主要为短途中转集结运输。水路粮食运输通道，是指东北地区正在形成

“东中西”三条粮食外运通道：中路，以哈大铁路连接大连港、营口港、盘锦港；东路，以东北东部铁路连接丹东港；西路，使蒙东/辽西等地的粮食，通过铁路和公路，进入锦州港、盘锦港、秦皇岛港入海，再经海运到东部沿海港口，并与京津、陇海等粮食陆路运输通道，长江、珠江等水路运输通道相连接。铁路粮食运输通道，是指东北地区已经开通东北曲家店—岳阳北班列，通过京哈、京广铁路将粮食运出，这标志着我国铁路散粮车已在东北粮食产区与关内销区间实现常态化运营；东北至华北、华东、华中、西南（东北—成都铁路散粮集装箱运输）等地更多入关线路，大幅提高了东北铁路入关散粮运输比例，在内陆市场推广普及“四散化”运输方式。

二、粮食物流体系存在的问题

地区之间接卸能力不均衡。我国粮食储运“四散化”虽然有了快速发展，但地区之间发展不均衡，制约粮食的顺畅流动。我国专用散粮接收设施能力约为9.3万吨/小时，专用散粮发放设施能力约为10.1万吨/小时。其中，东北地区占20.5%，华北地区占28.8%，东南地区占13.2%，中南地区占5.4%，西南地区占11.4%，西北地区占0.8%。粮食专用码头装卸能力：东北地区主要粮食外运专用码头装卸能力约为8600吨/小时，南方地区沿江沿海的主要粮食专用码头装卸能力约为4100吨/小时。

储存、运输、包装、装卸的能力发展不均衡，物流各环节无法有效衔接。我国粮库的仓型以平房仓为主，一般而言，只有浅圆仓、立筒仓的粮库才配有火车、汽车装卸粮装置。因此，平房仓的粮库，虽然达到了散储，由于缺少散粮装卸设施，无法实现机械化、自动化的散粮装卸作业，也无法进行散运（粮食汽车运输以短途包装运输为主，铁路运输除东北地区散运比例较高外，其他地区的铁路运输仍以包粮运输为主）。

粮食物流组织效率低，成本高，浪费严重。现行粮食物流体系中一体化的物流组织方式使粮食商流过程与物流过程无法彻底分离。随着商流过程中农产品被不断买卖，商品所有权不断发生转变，粮食物流过程也被人为分割成若干阶段。粮食从生产者（农户）或生产者合作组织（农民合作社）售出，经产地批发商、销地批发商、零售商等，最后送达消费者手中，粮食被多次装卸、仓储、运输，不仅增加了物流成本，也造成大量的损失和浪费。

我国目前的粮食物流体系中，多元化的物流主体和物流通道的多样性，使物流主体的选择性很强，导致特定两个交易主体间交易频率低以及交易的不确定性，使得物

流主体缺乏对物流专用性资产投资的积极性，造成我国现行粮食物流体系中专用性资产不足。

第五节 我国粮食物流业存在的问题

近年来，我国粮食总产量连续稳定在6.5亿吨以上，人均粮食占有量远高于国际粮食安全标准线，库存消费比远高于联合国粮农组织提出的警戒线，稻谷、小麦库存量能满足中国居民一年以上的消费需求。粮食出口方面，2021年我国粮食出口量较2020年有所缩减，全年出口粮食331万吨，同比减少4.6%。

仓储现代化水平明显提高。2021年全国标准粮食仓房仓容达到6.8亿吨，较“十二五”末增加1.2亿吨。规划建设了一批现代化新粮仓，维修改造了一批老粮库，仓容规模进一步增加，设施功能不断完善，安全储粮能力持续增强，总体达到了世界较先进水平。

粮食物流能力大幅提升。粮食物流骨干通道全部打通，公路、铁路、水路多式联运格局基本形成，原粮散粮运输、成品粮集装化运输比重大幅提高，粮食物流效率稳步提升。

粮食科技水平显著提升。国家大力推进以“互联网+粮食”特色的信息化建设，加快智能化粮库科技投入，大力推广绿色科技储粮，打造新发展阶段优质粮食工程升级版，加快建设为粮食安全保障提供更加有力支撑的现代化粮食产业体系，粮食产业从此迈入数字化、智能化时代。

从中长期看，我国粮食产需仍将长期处于紧平衡态势，存在粮食供给结构性矛盾突出、粮食进口量居高不下、增产边际成本增加、库存设施水平不高、收储及加工方式不精细等问题。

一、我国粮食产量面临的问题

耕地资源面临着严峻的形势。我国耕地偏少，在全国土地总面积中的比重仅为10%，美国为20%，多山的日本为12%，印度为56%。中国是用全世界7%的耕地，养活了全世界22%的人口。目前全国人均耕地仅0.8公顷，不足世界人均耕地的1/3。

气候变化对粮食产量的不利影响。尽管我国农业部公布中国粮食年产量连续增产，但报告预警，当全国平均温度升高2.5℃~3℃，水稻、小麦和玉米的产量将持续下滑。

到2050年，温度升高、农业用水减少和耕地面积下降等因素更会使中国的粮食总生产水平下降，预计可达23%。

农民的种粮积极性有所下降。在比较利益的驱动下，目前农民的种粮积极性不高。主要化肥用料国产尿素、磷酸二铵平均零售价格约为2403元/吨、4638元/吨，不计劳动力成本，小麦的成本约500元/亩、纯利润500～800元/亩，农民种粮积极性不高。

二、粮食物流体系运行欠缺系统性

粮食物流，是粮食从产地收购后，经过储存、中转、配送，最后到消费的过程，它是系统性很强、环环相扣的物流链体系。

我国粮食运输体系主要包括铁路运输、公路运输、水路运输和各种多式联运，运输工具主要是汽车、火车和船舶，其中铁路运输和水路运输为主要运输方式，合计约占跨省运量的90%。具体而言，铁路运输方面，担负着绝大部分500千米以上距离的粮食陆路运输，目前东北等部分地区使用铁路专用散装漏斗车进行散粮铁路运输，其他很多地区的散粮铁路运输仍然是采用通用棚车和敞车进行包粮铁路运输。公路运输方面，主要以短途、包装运输为主，大部分采用普通货运卡车进行包粮公路运输。水路运输方面，包括粮食海上运输和粮食内河运输，主要采用散粮船舶进行散粮水路运输。

铁路发展散粮运输存在诸多不利的因素：一是地处非铁路沿线的粮食收纳仓库没有专用大吨位散粮汽车进行集运，影响了粮食流通环节及时、有效的衔接；二是粮食散运专用车皮数量不足，社会上专用散粮汽车数量较少，这样就增加了不必要的装卸、倒袋等作业量，影响整体经济效益。即使利用社会现有各种可用散运车辆，但是因车辆达不到防爆、安全等要求，势必存在粮食库区安全问题隐患和粮食质量受损等问题；三是散装粮食专用车购置成本高，利用率低，运转周期长，使散粮专用车的使用效率低，沉重打击了铁路部门积极性；四是较高的公路和铁路运费也抑制了粮食企业采用散粮作业的积极性，铁路部门收取较高“空驶费”的政策、公路部门收取的过路费等皆不利于发展散粮运输。

目前，粮食物流设施建设，主要以粮食物流节点建设为主，当有新节点加入粮食物流网络时，很难实现节点与节点间的协同性；在粮食物流运行过程中，很多企业从自身角度出发，只完成特定几个环节的业务，基本不会从全链条考虑粮食物流系统优化的问题。这种割裂分段运行的粮食物流，必然造成物流过程间的不协调，既影响效率，又增加成本。

三、粮食物流组织集约化程度不高

我国的主要粮食主产区和重要的商品粮基地，受传统计划经济体制及国家粮食政策的影响，粮食物流体系主体还主要是由购销主体来完成，以国有骨干粮库为主，除中储等大型国有企业外，还有许多大大小小的粮库、个体经销商及民营企业等，很难形成有效的、专业化的物流市场供给主体。

目前，粮食物流组织还存在不符合粮食现代物流专业化、集约化和社会化的要求，不能适应市场搞好粮食物流的要求。如物流组织者资源分散，物流企业单体规模偏小，档次较低，设施简陋，功能不全面；很多粮食批发交易市场仍停留在提供经营场地、出租摊位、自由成交和收取管理费的初级市场阶段，这种状况难以使粮食物流形成规模，也造成了物流的高成本（据有关部门的调查显示，我国粮食物流成本为每吨300~400元，而发达国家粮食物流成本一般为每吨8~12美元）；与大型加工厂、大型储备库相比，中小型粮食加工贸易企业往往都有其个性化需求，但在物流业务组织方面，缺乏将中小型的个性化需求量，通过集约化的运作方式，最终形成规模化的流通量手段；粮食物流相关的设施设备，对中小型粮食加工贸易企业需求的适应性也不够，影响了设施设备的使用效率。在企业规模、集约化程度、技术设备等方面的整体水平落后于发达国家15~20年。

四、业务流程不科学，信息技术应用不足

大部分粮库粮食入仓的主要流程是火车包粮→包粮卸车→倒散→入仓，粮食出仓的主要流程是散粮灌包—装车。粮食收购环节采用塑料编织袋包装，仓储环节采用拆包散储，中转和运输环节又转为包装形态，整个流通环节需要经过多次灌包、拆包，耗材大，损失多，掺杂现象普遍。据统计，我国每年粮食产后损失占粮食总产量的12%~15%，我国粮食流通的费用占销售总成本的35%左右，而撒漏损失一般占流通费用的3%~5%，而欧美国家最高流通费用率不超过25%，撒漏损失不超过1%。如能挽回此项损失的50%，则可供2000万人口消费4年。

目前，粮食物流的业务流程仍以传统模式为主：业务经理根据交通运输信息、内部设施资源，提出每笔订单的业务流程。除此之外，信息技术在粮食物流企业的应用程度不高，主要还停留在业务统计、办公信息化等方面。虽然有的粮食仓库已做到智能管理（智慧粮库），但尚未应用大数据和智能决策等信息技术来优化物流业务流程，难以

实现多模式、多环节的无缝连接。信息系统反应不及时，缺少科学的超前分析预测，使粮食经营企业无所适从，掌握不住经营的最佳时机，粮食流通带有很大的盲目性。

五、粮食加工的经营方式不合理，效益低下

加工环节基本功能是增加粮食产品附加值，扩增粮食经济利润空间。通过深加工及精加工，一方面可以提高粮食食品附加值，增加农民收入，促进农村经济稳定发展；另一方面可以不断提高城乡人民生活水平，满足城乡居民不同消费层次的需要。目前，我国粮食加工环节主要是分拣、包装及原粮脱壳等过程的简单加工，粮食深加工及粮食食品工业总体发展水平还比较低。

资源利用率低。我国的粮食并没有改变粮食初级原材料的属性，优势农业资源特别是无污染无公害的杂粮资源没有得到充分利用，而是由农民作为口粮自然消费，或者作为原粮投入市场，使大量的粮食资源被浪费，丰富的资源优势没有转化为商品优势和经济优势。

经营方式不合理。目前粮食企业初级产品居多，高科技产品较少，新产品开发投入不够，结构性矛盾突出。整体作业环节科技含量偏低，除少数大企业实现了集约化经营，大部分仍沿用传统粗放型经营方式。大众化、粗放型加工产品多。由于精品、高档次加工产品品种少，使粮食产品市场竞争差，特别是在国际市场的占有率比较低。

产品结构不合理。粮食深加工是粮食流通的重要环节，它可以使粮食增值，但我国众多产品仍以粗加工为主，科技含量低，雷同化现象严重，仅靠低售价维持竞争，基本无竞争优势可言。据专家测算：价值 1 元的初级粮食，经过加工处理后，在美国、日本、中国分别可增加 3. 72 元、2. 2 元和 0. 38 元。发达国家的粮食加工产值与农业产值之比大多在 2：1 以上，而我国只有 0. 43：1。

我国粮食加工副产品的综合利用水平与发达国家的差距也很明显：在美国和日本，在米糠的综合利用方面已开发出米糖油、植酸、维生素 E、谷维素等十几种食用、药用产品，使米糠增值 60 多倍，相比较而言，以粗加工为主、科技含量低且雷同化的粮食产品格局成为我国粮食工业企业在竞争中难以取得竞争优势的重要根源所在。

六、粮食物流成本较高

我国粮食生产大多是以农户分散经营为主，难以实现粮食的规模生产与经营。由于粮食分散生产、分散经营存在严重的信息不对称，导致物流成本过高，物流设施利

用率低，生产要素的供应时间长而不稳定。

据调查，国内粮食从生产区运到销售区的流通费用，占销售总成本35%左右（国外流通费用率最高不超过25%）。东北地区粮食南运，主要依靠铁路和水路运输，但原粮铁路运输仍多是采用包装模式，约占80%，而这种模式下的许多作业都需要人工完成，这大大增加了粮食物流的成本，运费高、效率低、损耗大（超过国外1%的撒漏损失率）。

在生产环节，一是粮食生产总量不稳定，技术与耕地现状难以支撑粮食高产量的形成；二是农民的收益不稳定，难以产生种粮的积极性；三是粮食收储涉及的环节比较多，本应惠农的最低收购价也按金字塔的级别分解给了利益相关方。

在存储环节，一些小的仓储企业还没有真正融入市场经济中，还没有走向市场和向市场要效益的意识。他们的经济来源主要靠政府给的有限的储备粮承储指标，地方储备粮的计划、管理、轮换运作均由政府统一操作，缺乏效率和效益，导致达不到储备粮"常储常新"的要求，甚至出现陈化粮现象，大大降低了粮食食用品质和经济价值。同时，集中出库和集中采购，对产区粮食市场和销区粮食市场的价格也会造成一定冲击，影响市场的稳定。

在流通环节，作为粮食市场终端的城市成品粮油批发零售市场体系还不完善。流通成本偏高（高于国外10%以上）、运输方式落后、配套设施不完善、浪费严重（平均损耗12%~15%）。近些年来国家投入大量资金用于基础设施与设备建设，但粮食物流初端的农村基础设施与设备的改善还有很长的路要走。

七、粮食流通储运系统亟待完善

粮食仓储与粮食现代物流的需求仍有很大差距，粮食物流基础设施的空间布局不完善对物流发展的制约作用日益凸显：一些粮食设施的建设缺乏科学化论证和有效的管理，导致了粮食仓库、粮食加工厂建设和布局不合理，影响了粮食物流的合理组织，阻碍了粮食物流的健康发展。部分地区，主要是粮食主销区出现了粮食供求偏紧的状况，这与粮食库存布局不合理有直接关系。中央储备粮70%以上在主产区，黑龙江、吉林和河南三省的库存占全国总库存的1/3。在粮食库存存在不均衡的情况下，如果运力方面再出现紧张局面，就更加剧了粮食储存的难度。

一般来说，粮食从主产区到主销区，需要经过多次中转与储存。如果储存与运输环节不能顺畅衔接，很容易拉长粮食的储存周期，导致静态的储存粮食比例增加、动态粮食储备比例降低，进而大幅度增加物流的成本。

不同区域的粮食物流设施发展不平衡。一些企业为了获取较高的收益，积极参与粮食物流设施，尤其是粮仓的建设。在他们看来，只要仓容足够，就能储存较多的粮食，就能按规定获得较为稳定的仓储保管费。正因如此，物流设施中的仓储设施比例很大，有的粮仓现已无粮可存，比如东北粮食流出通道的铁水联运方式，引起了渤海湾及东部沿海各大港口都积极参与粮食的设施建设；由于港口企业的过度竞争，东北港口中转仓容已显过剩。

八、粮食物流标准化程度低

我国相当部分粮食的分级、分等、分类，还是凭人工感觉操作，主观随意性较强，易造成误差；产品包装从材料到包装管理缺乏统一的标准，严重影响粮食物流活动质量、效率和效益的提高以及国际粮食物流的通畅，同时也给粮食的储存、运输和加工造成一定困难。粮食物流不畅已成为制约我国农村经济快速发展、现代农业建设以及实现农民增收的主要瓶颈。

九、粮食安全保障存在的问题

粮食产业内循环不畅。从生产端来看，由于不少耕地被用于种植经济作物，加之二、三产业对土地的占用，导致土地资源供给受限，进而使得粮食种植面积的提升空间有限；同时，我国现阶段人口老龄化加重，农村人口比例失衡，留守人口无法快速掌握现代化的农业生产技术，也无法适应现代化农业生产方式。从需求端来看，“碳达峰、碳中和”理念已深入人心，追求粮食和重要农产品的绿色低碳属性逐渐成为新的消费风尚，绿色低碳农业的发展有待进一步加强与完善。从流通端来看，仓储物流设施智能化、自动化程度有待提升，否则不利于缓解粮食供求结构性矛盾；粮食产业链各个环节都存在着不同程度的损失和浪费，“产、购、储、加、销”协同机制有待进一步加强与完善。

粮食产业外循环受阻。从国际贸易方面来看，受到新冠肺炎疫情、全球气候变化等因素影响以及贸易保护主义的冲击，部分粮食贸易出口国优先考虑本国利益，主动采取措施限制粮食贸易，导致国际粮食供给总量减少，市场价格上升明显。从技术方面来看，我国粮食产业的“芯片”（种子）发展同样面临短板，不少发达国家已在种业领域注册申请了大量专利，构建了技术壁垒。从交流方面来看，发达国家采取的单边主义、贸易保护主义对国际农产品贸易、粮食领域科技人才的交流与合作造成了严重损害。

第七章

优化粮食行业结构

第一节　粮食行业结构的重要性

粮食行业结构是粮食企业生产经营的基础和前提条件，是实现粮食商品流通的重要保证。合理的粮食行业结构格局、完善的粮食行业结构体系可以促进粮食企业经营管理的科学、规范，也有助于提高粮食物流和整个粮食商品流通的效率和效益。近年来，我国粮食行业面临的市场环境日趋复杂，所承受的竞争压力越来越大，粮食企业也受到了较大的冲击和影响。要摆脱这种境况，变市场环境威胁为环境机会，就必须在重视体制转换和机制创新的同时，采取积极措施加快调整目前不合理的粮食行业结构，构筑体现行业特征和适应新时期粮食经济发展要求的粮食行业结构模式，推动粮食商品流通和整个粮食工作在新的平台上高效运行。

粮食行业结构与粮食流通和粮食安全之间存在密切的相互依存的关系，粮食流通效率与粮食行业结构优化程度呈很强的正相关关系，而粮食流通效率又直接关系到粮食安全能否得到保证。粮食行业结构是粮食流通的基础和重要的运行依据，合理的粮食行业结构可以促进粮食流通的通畅、规范和流通效率的提高，使商品粮食能够无障碍地运达消费者手里，保证消费需要并实现整个社会财富的节约；不合理的粮食行业结构会对粮食流通特别是粮食物流形成压力，影响粮食物流协调运作，造成粮食供销的脱节和社会财富的浪费。

粮食流通的购、销、存、运和加工等业务环节的通畅运作，正是粮食行业业务结构的优化内容；业务环节的有机联系和密切衔接是粮食流通效率提高和粮食安全保障的重要实现途径；高效的粮食行业组织结构体系和良好的人员素质是粮食流通通畅运行和顺利循环的保证；提高粮油产品科技含量，不断开发适应消费者需要的新产品并提高粮油副产品综合利用和增值水平又是加快粮油产品市场实现速度，提高消费需要满足程度和粮食企业经济效益的前提条件。

科学、合理地组织粮食商品流通可以推动良好的粮食行业结构格局的形成，提升粮食行业结构水平，使资源得到更为有效的布局和利用，进而实现粮食供求安全；不健全、欠规范的粮食流通会阻碍粮食行业结构水平的提升，行业结构效率也会因流通的制约特别是物流的制约而降低，粮食安全也难以得到保证。因此，依据市场经济规律，在科学构筑与国情相适应的粮食行业结构的基础上，通过科学、合理地组织粮食商品流通，实现流通效率的提高、流通费用的节约和粮食供应的保障就显得十分重要。

粮食安全始终是关系国民经济发展、社会稳定和国家自立的全局性重大战略问题。从粮食产业链的整体看，粮食行业结构是粮食企业生产经营的基础和前提条件，也是实现粮食商品流通和粮食安全的重要保证。

第二节　我国粮食行业结构的现状

粮食行业结构是指粮食行业各主要构成要素之间内在的、有机的联系。包括粮食行业业务结构、粮食行业组织结构、粮食产品结构和粮食系统人员结构四个方面。粮食流通量大、点多、面广的特点和粮食商品自身的生化特性，要求与之相适应的粮食行业结构，以促进粮食流通与生产和消费的顺利对接，实现粮食流通的通畅运行。粮食行业结构优化与否并不仅仅涉及粮食流通自身的问题，它与粮食生产的发展和粮食消费保障之间也存在着密切的联系，是一种很强的正相关关系。

从粮食行业业务结构看，行业业务结构是指粮食商品流通中购、销、存、运、加工等业务环节的协调程度，包括粮食流通基础设施建设、各流通环节的衔接和流通运作方式等。

粮食流通基础设施的建设，改善了我国的粮食流通条件，促进了粮食流通环节的密切衔接，提高了粮食流通效率。粮食流通运作方式上，在过去长期实行承包经营、租赁经营、委托经营等基础上，近年来根据市场环境的变化和竞争的需要，又推行了订单收购、代购代销、洽谈展销、合资经营、合作经营、连锁经营、电子商务和联合经营等多种经营方式，推进了粮食产业化经营，对搞活粮食流通起到了推动作用。

从粮食行业组织结构看，我国过去长期实行的是从中央到地方的、单一的粮食垂直管理体制，无论是企业经营还是行业协调一律纳入行政管辖。粮食流通体制改革打破了粮食系统单一的、政企不分的体制，依据管理科学的原则，将业务经营职能从行政管理部门中剥离出来，成立粮食集团，实行企业化运作和市场化经营。粮食行业是

指从事粮食相关性质的生产、服务的单位或者个体组织结构体系的总称。粮食行业结构是指粮食行业各主要构成要素之间内在的、有机的联系，包括粮食行业内部结构、粮食行业组织结构、粮食产品结构和粮食企业人员结构等四个方面。粮食市场体系包括三部分：初级市场（粮食交易所和集贸市场）、中级市场（批发市场）、高级市场（期货市场）。

从粮食产品结构看，我国形成了米、面、油、饲料加工、食品生产、粮机制造为一体的粮食工业产业群，粮食工业科技成果得到了推广应用，粮食加工从传统的成品粮生产向专用成品粮生产转变。

从粮食系统人员结构看，由于粮食商品自身的生化特性强，储存、加工、装卸及粮食营销环节业务技术要求较高，从事粮食流通业务人员必须具有扎实的专业技术知识，否则无法适应现代粮食流通发展的需要。

第三节　不合理粮食行业结构的影响

从粮食流通、粮食安全与粮食行业结构之间的关系看，现行不合理的粮食行业结构对粮食流通的通畅运行形成了巨大的压力，影响了粮食流通各环节之间的协调运作和粮食流通“合力”作用的发挥，阻碍了粮食流通长期稳定的发展和粮食流通效率的提高，主要表现为以下几个方面：

一、不合理的粮食行业业务结构造成了一些地区粮食流通链脱节

粮食行业业务结构是指粮食行业购、销、存、运、加工等业务环节的有机联系和相互协调程度，粮食流通链是以粮食商品的购、销、存、运、加工作为其运行的内容，所以，行业业务结构出现任何问题，都会影响粮食流通环节间的协调运作。例如，计划经济、短缺经济条件下形成的粮食流通设施布局，造成了生产能力配置的严重不合理，许多库、厂分布在远离交通沿线的闭塞地区，粮食进出十分困难。同时，过剩的加工能力，除了造成资源的浪费，也给粮食物流带来了诸多不便，降低了设备利用效率和企业的经济效益。例如稻谷年加工能力约 3. 07 亿吨，而实际加工稻谷只有 1. 37 亿吨；小麦年处理能力 2. 03 亿吨，实际加工量只有 1. 3 亿吨；食用植物油加工业年油料处理能力 1. 61 亿吨，实际年处理油料仅 8494 万吨；形成了严重的产能过剩。

基础设施建设的制约，使粮食流通“四散化”作业的推广十分缓慢。“四散”技

术作为流通技术发展的重要体现，在发达国家早已普及。我国“四散”技术起步于20世纪七八十年代，但由于装运、接卸设施不配套，无缝化连接困难，粮食“四散”作业无法大范围地开展。以流通设施条件比较好的东北地区为例，散粮运输比重还不到80%。仓容分布不均，部分粮食主产区仓容不足对粮食流通也形成了制约，尤其是在东北等粮食产区，收购季节仓容只能满足粮食储量的70%还不到，大量的粮食露天存放，优质及高等级粮食品种更是无法做到分仓储存，造成霉变、虫害概率大，陈化速度加快。尤其是改制后的农村粮库，仓库维修资金投入不足，短期行为严重，储粮安全受到了很大影响。农民储粮条件简陋，农民本身又缺乏储粮知识和技术，鼠患、虫害现象严重，储粮损失达8%~10%，甚至超过15%。粮食行业业务结构的不合理，使粮食仓储运输等环节受到了直接的影响，在很大程度上影响了粮食流通的通畅性和粮食的流通效率，影响了粮食的安全。

二、不合理的粮食行业组织结构导致了粮食物流无序现象的大量存在

由于过去计划经济体制的长期束缚，粮食管理机构按行政区划设置，粮食经营机构也是按行政区域组建，导致的结果是粮食生产和流通上的本位主义及市场信息方面的相互封锁。在计划经济体制向市场经济体制转轨的过程中，这种弊病在一定范围内还比较突出，造成了粮食流通秩序的混乱、无序。表现在：

按行政区划设置粮食管理机构和经营机构，致使一些地区的粮食管理部门和粮食企业从自身利益出发，盲目建库、建厂，而根本不考虑整体利益，导致粮食过远、迂回、重复装卸等不合理运输现象的发生。

机构改革后，各地粮食部门的职能作了调整和重新划分，一些职能得到了强化，但粮食运输的管理等职能却被弱化，长期行之有效的粮食运输管理办法已不再强调，明显存在的粮食不合理运输现象缺乏管理和纠正，浪费大量的资金和运力。

按行政区划设置的粮食经营机构“小而散”，形成不了规模，且缺乏信息沟通，为了眼前的一点小利，相互恶性竞争，干扰了粮食流通秩序特别是粮食物流秩序。这种突发性大、计划性差的交易行为，在市镇和基层粮食经营活动中表现得尤为明显。

粮食企业改制后，农村基层粮库有许多改作他用，造成农民售粮的不便，不法粮贩却乘机大量囤购，在一定程度上干扰了正常的流通秩序。尤其是2010年发生在东北产粮区的外商与国内粮食企业抢购粮食的现象，在很大程度上暴露出国有粮食企业在农村市场上力量的薄弱，长期下去，势必会失去粮食流通的主渠道地位，影响国家的粮食安全。

一些地区粮食管理部门的不当合并、撤并，在一定程度上弱化了粮食的管理和调控职能，统计数据的精确性受到影响，行业协调作用的发挥受到限制，对粮食市场调控的能力和力度弱化；行业组织结构不合理，粮食商品无序流动现象就难以减少和避免。

三、不合理的粮食产品结构给粮食库存控制和加工增值带来了困难

我国粮食库存数量大、品种多、质量等级复杂，加上仓储条件的限制，收纳库的粮食库存经常是质量参差不齐、品种等级混杂，特别是适合深加工、精加工、特殊用途的优质、高等级粮食品种无法做到分仓储存，粮食库存控制难度很大。加之我国各地自然条件不同，相同粮食品种品质差异也较大，在一个地区推广单一的优质品种目前还无法做到，粮食库存控制的被动局面一时还难以改变。

产品结构的不合理也造成了粮食加工增值的困难。因为粮食深加工、精加工和综合利用是提高粮食产品在资本循环和物流中附加值的一个有效途径。由于技术“瓶颈”的制约和新产品开发投入不够，导致粮食加工环节初级产品居多，高附加值产品很少，加工增值难度很大，无法从品种结构上保障粮食安全。例如，国际上玉米的深加工已达4000多个品种，仅利用玉米的变性淀粉就能开发出上千种工业原料，有些方便面之所以有优良的质量、口感，就是添加了玉米变性淀粉的结果。而我国目前玉米深加工产品还十分有限，玉米大部分作饲料消费，其增值潜力远未得到充分发挥。

四、不合理的粮食系统人员结构制约了现代粮食流通的发展

现代粮食流通是与信息技术的发展和现代流通技术的创新相伴而行的。粮食流通的发展离不开专业技术人才和经营管理人才，无论是粮食商品价值转移还是实体运动都需要高素质的经营者和专业技术人才去把握，现代粮食企业的运转离不开具有战略眼光和发展意识的管理者。而现行不合理的人员结构在粮食营销、仓储、运输和加工等环节表现得尤为明显，严重影响了粮食流通的科学运作和粮食物流技术的创新。例如，现有的粮食职工中，高校毕业的专业人才很少且流失较多，这在县级粮食管理部门和基层粮食企业表现得尤为明显。雇佣的临时人员占有很大比例，企业在其培训方面投入很少，使其业务技术水平很难提高。

传统上对粮食流通管理的理解和业务操作方法已跟不上现代粮食流通发展的步伐，迫切需要适应新时期粮食经济发展特别是经济全球化要求的粮食流通技术和经营管理

人才，而目前粮食行业在这方面恰恰是薄弱的。一方面是人才本来就缺乏；另一方面是机构精简和企业改制中又流失了一部分人才尤其是高级专业人才，形成了制约现代粮食流通发展的最主要的因素和国家长期粮食安全的隐患。

五、不合理的粮食行业结构加大了粮食宏观调控的难度

必要的宏观调控是合理组织粮食流通，促进粮食流通规范、有序，实现国家粮食安全的重要保证。然而，由于现行粮食行业结构不合理等多方面原因，政府对商品粮源的掌控，尤其是对粮食物流的调控缺乏应有的力度，粮食物流的规划和组织以及整个粮食流通的通畅运行遇到了重重困难。表现在：

1. 不合理的粮食行业结构导致粮食流通中物流体系的内在联系被人为分割，物流体系中各组成部分之间缺乏直接的横向联系。粮食实体运动少，不但系统内部各环节间缺乏协调，粮食物流所涉及的铁路、交通等系统外部相关环节的协调配合更难控制和掌握，粮食物流中发生的纠纷得不到及时、公正的解决。

2. 不合理的粮食行业结构也造成粮食流通诸多方面的宏观管理被弱化，尤其是行业组织结构的不合理导致粮食流通管理的一些职能模糊不清、归属不定，粮食流通原有的一些规章制度未能根据形势的发展变化进行修改和补充，导致粮食流通中一些具体问题的解决无章可循。

3. 不合理的粮食行业结构也导致了粮食流通中对局部利益的过分强调和严重的短期行为。一些地区人为限制粮食外流，大搞地区封锁，使粮食生产者和经营者的利益严重受损。粮食行业结构的不合理除了导致对粮食宏观管理缺乏力度外，在一定程度上还容易导致市场失灵，形成与粮食安全保障要求的严重违背。

第四节　粮食行业结构优化的重点

粮食生产是粮食安全的物质基础，粮食流通是粮食安全的实现途径。粮食流通的通畅运行有赖于合理的行业结构、先进的经营理念和科学的管理体制。长期以来，人们对粮食流通的科学运作存在片面认识。粮食短缺时期，将收购视为重中之重，认为只要掌握了粮源，就掌握了流通；买方市场条件下，又将粮食促销视为流通工作的核心，认为只要将粮食销售出去、就能保证流通的效益。粮食流通的五大环节是一个有机的整体，任何一个环节出了问题都会直接影响到流通效率，只有做到各环节的密切

协调，才能实现整个流通的高效运行。

粮食行业结构是粮食流通的基础，粮食流通状况是粮食行业结构状态的表现形式，要实现粮食流通的高效运行，就必须强调形成合理的、规范的粮食行业结构格局。因此，我们必须充分认识到优化粮食行业结构对科学组织粮食流通和实现粮食安全的促进作用，加强对现行粮食行业结构进行优化调整，为实现粮食流通的科学化和粮食安全保障创造良好的条件。

一、优化粮食行业业务结构，加强粮食流通衔接与协调，提高粮食流通效率

调整、优化粮食行业业务结构就是依据市场经济和应对国际市场竞争的要求，从战略高度促进粮食流通各业务环节间的密切衔接，形成与粮食流通发展相适应的、运转灵活的行业业务结构模式。具体讲就是根据市场的需要，对现行不合理的粮食仓、厂、站、点的布局进行调整，加快粮仓和粮食中转、储运等流通基础设施建设，加大对过于分散、交通闭塞库点的调整力度。对已建成的粮食流通基础设施，如浅圆仓等，应进行技术设施配套，包括配备粮情监测、谷物冷却、环流熏蒸和机械通风设备，使其更大程度发挥功效。

粮食流通设施建设的重点应放在“四散”上，增加散粮自动接卸、计重设备和专用运输工具，做到从粮食散存、中转库接卸、车站码头进出一系列环节的设施配套，并适度提高集装箱运粮的比重。粮食加工环节也应重组资产、优化布局，淘汰落后的、高能耗的生产设备，研制和引进先进的设备，为粮食深加工、精加工和综合利用创造条件。同时。根据粮食流通发展和粮食安全保障的需要，鼓励企业灵活选择经营方式，及时修订产品检测和产品质量标准，及时出台新的管理措施和办法，使粮食流通运行做到有章可循。

只有优化了粮食行业业务结构，才能有效解决粮食流通中出现的问题，确保粮食流通各环节始终处于良好运作状态，实现粮食流通的安全、快捷、高效。

二、优化粮食行业组织结构，保证粮食商品流通运行和粮食安全

不合理的行业组织结构，使粮食流通管理在一定程度上被弱化。应在“精简、统一、高效”的总原则下，搞好职责划分，确定职能归属。构筑适应市场经济和参与国际市场竞争需要的、有助于提高粮食流通效率的粮食行业组织结构的新格局。也就是

在各级粮食主管部门内部明确粮食流通管理职责，对地区间、企业间粮食流通业务进行必要的协调和管理；按建立现代企业制度的要求，对目前“小而散”的粮食企业进行必要的改组、改制、兼并和调整，形成“大而强”“小而专”的粮食组织结构模式，组建具有一定规模的粮食企业集团，以增强在国内外粮食市场竞争的实力；对大型粮食企业相关职能部门所属的粮食仓储、运输等业务进行适度剥离，组建成自主经营的粮食企业，实行彻底的市场化运作。

改变目前按行政区划设置粮食管理机构和经营机构的做法，按粮食主产区设置粮食管理机构，统一管理区域内的粮食供求平衡和政策性业务，协调处理粮食流通中出现的问题，尤其是要增强农村一线粮库的实力，以便有效地掌握商品粮源，为粮食安全提供物质保证。非粮食主产区可将这个职能归口于发改委、商务厅（局），但不宜将其划归农业部门，因为农业部门侧重于生产，而粮食部门则侧重于流通。也可以单独设置粮食局，但应调整和明确其职能定位，在粮食销售环节打造实力。

按政企分开原则设置的管理机构和经营机构，由于打破了行政区划限制，有助于更有效地组织和管理粮食流通活动，减少或避免粮食流通中无序现象的发生和各自为政造成的对整体利益的损害，同时也有助于形成整体实力应对国际市场竞争。另外，由于集团股份公司统一对外经营，实行分购联销或统购分销方式，通过规划、协调，可避免物流上的重复、迂回现象，使粮食流通活动的运转健康、有序。

三、加大粮食产品结构的优化调整力度，提高粮食加工增值水平

合理的粮食产品结构可增大粮食产销平衡系数，提高粮食供给质量，从品种结构上保障粮食安全。粮食加工增值水平的提高，粮食新产品的不断涌现，反过来又可促进粮食产品结构的优化和完善。因此，应采取积极措施，除了在生产领域搞好粮食种植结构调整、增加优质原粮比重外，在粮食流通领域应加大实施技术创新和设备更新改造的力度，推动粮食企业重视技术引进和新产品开发及科技成果的转化、应用，调整和改造现有的以粗加工为主、科技含量低且雷同化的产品格局，淘汰落后的粗加工、高能耗的生产能力，增加粮油产品的科技含量，提高副产品的综合利用率。国内粮食工业企业应优化资源配置，注意资源的整合，形成合力以打破外资企业对某些环节、某些业务领域的垄断，在竞争中树立自己的品牌，在外资企业的合围中闯出一条生存和健康发展之路。

从世界范围看，我国在粮油新产品开发方面与美国、加拿大等发达国家还存在不小的差距。但是，只要我们合理规划，正确引导，做到引进与研究开发相结合，就一

定能够缩小差距，形成适合我国国情和消费特点的粮食产品结构。

四、优化粮食行业人员结构，培养适应新时期粮食工作需要的职工队伍

从粮食流通环节看，现代粮食流通是一个涉及多学科、多领域的系统，粮食流通人员自身的知识水平和业务能力对流通绩效有直接影响。因此，必须重视粮食行业人员结构的优化和粮食流通人才的培养。培养方式上，应侧重于岗位理论和业务培训，同时也应注意引进所需的人才，包括聘请国内外专家参与粮食企业的经营和管理，以迅速改变我国粮食流通某些环节的落后局面，加快我国粮食流通现代化的进程。政府部门加大对高校粮食方面的相关专业的扶持力度、促进其在技术研发、新产品开发和人才培养等方面的作用。

第八章

发展粮食现代物流业

第一节 我国粮食物流业发展的环境

粮食安全新战略的深入实施为粮食物流业发展带来新机遇。“十三五”时期，随着“以我为主、立足国内、确保产能、适度进口、科技支撑”的国家粮食安全新战略的进一步深入实施，粮食物流业将在进一步保障“北粮南运”等通道顺畅，统筹利用国内国际两个粮食市场，建设粮食物流进出口通道，促进国内供求平衡等方面面临新的机遇和挑战。

粮食市场化改革为粮食物流业发展注入新活力。“十三五”时期，“去产能、去库存、去杠杆、降成本、补短板”五大任务将全面展开，粮食行业面临粮食价格形成机制、粮食流通和收储体制机制改革。粮食工作将以供给侧结构性改革为主线，逐步加快玉米“去库存”，切实增加有效供给，加快构建与改革相适应的粮食宏观调控体系，为粮食物流业长远发展奠定良好基础。

粮食产业发展对粮食物流业发展提出新要求。“十三五”时期是全面建成小康社会决胜阶段，城乡居民收入快速增长，生活水平逐步提高，消费结构不断升级，对绿色优质粮油的需求日渐旺盛，将进一步促进粮油食品加工业加快产业结构调整、产业布局优化和产业集群发展。传统的粮食物流运作模式已不能适应新形势需要，迫切需要建立完善、便捷、高效、安全、绿色的粮食物流体系。

信息化发展为粮食物流业发展增添新动力。“十三五”时期，信息化与新型工业化、城镇化、农业现代化深度融合，物联网、云计算、大数据、移动互联等信息技术应用更加广泛。粮食行业将推动信息技术在粮食收购、仓储、物流、加工、贸易等领域的广泛应用，以信息化引领粮食从生产到流通的现代化，促进粮食物流业突破传统理念，改造传统物流模式，整合资源，发展粮食现代物流。

交通基础设施条件改善为粮食物流业发展创造新环境。“五纵五横”综合运输通道相继连通，快速铁路网、高速公路网加密拓展，铁路的区际快捷大能力通道和面向“一带一路”国际通道逐步形成；港口整体格局日益合理，江海直达和多式联运进一步推进，区域港口一体化发展成为趋势。交通基础设施的完善为粮食物流业发展提供了良好环境，必将促进粮食物流新格局的形成。

第二节　我国粮食物流业发展的要求

一、指导思想

围绕统筹推进“五位一体”总体布局和协调推进“四个全面”战略布局，牢固树立和贯彻落实新发展理念，以粮食物流系统化、一体化运作为方向，以提升物流节点和园区设施现代化水平为手段，以先进技术应用为支撑，以完善粮食物流通道为重点，进一步健全支持粮食物流业发展的政策体系，加快提升粮食物流业发展水平，着力提高粮食物流效率，降低粮食物流成本，深化产销衔接，促进粮食产业转型升级，更好地保障国家粮食安全。

二、基本原则

政府引导，市场主导。充分发挥市场在粮食资源配置中的决定性作用和更好发挥政府作用，遵循市场需求，强化企业的主体地位，政府做好规划设计，在政策、标准等方面给予引导扶持，共同促进粮食物流快速发展。

统一规划，突出重点。统筹生产与消费、近期与长远、中央与地方、产区与销区、国内与国际等关系，与国家“十三五”规划纲要等规划、政策相衔接。突出重点线路，建设重要节点，提高粮食物流信息化与标准化水平，切实提升粮食物流效率。

深化改革，完善体制。深化粮食流通领域相关改革，形成部门、地区、企业共同促进物流业发展的合力，建立有利于资源整合、优化配置的体制机制和政策环境，充分发挥大型粮食企业在粮食物流发展中的引领作用。

科技支撑，创新驱动。推进粮食物流科技创新突破，进一步推进产学研用相结合，坚持高标准、高起点，广泛采用物流新理论、新技术，注重用绿色、生态技术改造粮食物流业，大力提高粮食物流的科技含量。

多元筹资，加大投入。针对粮食物流设施建设基础性、战略性和公益性的特点，充分调动地方、企业和社会力量等各方面的投入积极性，根据需要由中央投资给予适当引导，多渠道筹集建设资金，提高资金使用效率。

第三节　我国粮食物流业发展的目标

着力打造产销区有机衔接、产业链深度融合、政策衔接配套、节点合理布局、物流相对集中、经济高效运行的粮食现代物流体系，实现粮食物流系统化、专业化、标准化、信息化协调发展。

系统化水平显著增强。设施网络化、运作一体化水平大幅提升，粮食物流高效率、低损耗、低成本运行，形成一批具有国际竞争力的大型综合粮食物流企业（园区）和粮食物流服务品牌，粮食物流集聚发展的效益进一步显现，对粮食产业经济发展的支撑进一步加强。

专业化水平明显提升。快速中转仓型、基于横向通风的平房仓配套快速进出仓技术、集装单元化新技术、专用运输工具和先进散粮接发设施等物流新装备、新技术、新工艺广泛应用。

标准化水平逐步提高。粮食物流设施及装备标准衔接匹配程度明显提高，铁水联运、公铁联运在标准匹配的基础上更加顺畅。粮食物流设施建设、运营管理、信息技术标准化与兼容水平逐渐提高，粮食物流标准体系基本建立，标准化水平大幅提升。

信息化水平跨越发展。完善基层企业的粮食物流信息管理系统，建设若干示范性企业物流信息管理系统，推动全国和区域性粮食物流公共信息平台建设，逐步实现公路、铁路、水路和航空运输的信息共享，促进粮食物流和电子商务融合发展，提高粮食物流运营水平和组织化程度。

围绕“三个一”总目标，重点实施“点对点散粮物流行动”“降本增效行动”“标准化建设行动”三大行动，促进粮食收购、仓储、运输、加工、销售一体化融合发展。

1. “三个一”总目标，是指“一个体系、一套标准和一个平台”

（1）“一个体系”，即促进“收储运加销”融合发展，打造产业链发展模式，形成一体化融合发展的粮食物流体系。在产业链的上游，发展粮食产后从田间到仓库的清理、干燥、运输、入库一体化连续作业的物流服务系统。在产业链中游，针对阶段性结构性收储矛盾，优化仓储设施布局，推广绿色储粮新技术；围绕“一带一路”建设、京津冀协同发展、长江经济带发展三大战略新格局，依托现有粮食物流通道及港口、公路、铁路交通骨干网络及枢纽，完善主要粮食物流节点及提升设施功能，全力打造跨区域“两横、六纵”粮食物流重点线路；发展信息化引领的新型物流组织模式，充分整合物流资源，发展多元化的运输方式，满足市场多层次需求，实现八大跨省通道的系统化协调发展。在产业链下游，促进与销售一体化发展，提高配送的规模化和协同化水平，加快“互联网＋物流”发展，建立快速便捷的城乡物流配送体系。

（2）“一套标准”，即重点推进粮食物流标准体系建设，建设和完善基础标准、通用标准和专用标准。重点建设粮食物流组织模式标准、粮食物流信息采集及交换标准、散粮接收发放设施配备标准、粮食集装箱装卸设施配备标准、粮食多式联运设备配备标准、粮食物流信息系统设计总体规范、粮食散装化运输服务标准及粮食集装化运输服务标准等急需编制的标准，并支持粮食物流装备企业研发标准化产品，为粮食物流的良性规范发展奠定基础。

（3）“一个平台”，即建立全国和区域粮食物流公共信息平台，形成物流信息化服务体系，提升粮食物流信息监管和共享水平，促进以市场为导向的资源整合和产销衔接，推进粮食物流供应链等高效的物流运营管理模式的发展。

2.“三大行动”，是指点对点散粮物流行动、降本增效行动和标准化建设行动

（1）“点对点散粮物流行动”，即重点在沿京哈线路、京沪线路、京广线路等粮食产销需求较大的地区，以大型粮食企业为主体，在发运点和接卸点改造或新建散粮火车发运和接卸设施，形成相对固定的散粮火车运输班列线路。重点在沿陇海线路、京昆线路上，选择主要功能为集中省外来粮并向省内各地区中转的节点，改造或新建散粮集装单元化接卸设施，实现公铁无缝联运，形成散粮集装单元化火车运输线路。

（2）“降本增效行动”，即坚持绿色发展理念，支持和鼓励企业在粮食物流节点选用占地少、机械化和自动化程度高的快速中转新仓型，采用标准化、高效低耗新装备，提高粮食中转效率，减少粮食中转和运输损失。

（3）“标准化建设行动”，指完善粮食物流标准体系框架及标准体系表，指导粮食物流标准更新、修订和制定，优先制修订粮食行业急需物流标准。以市场需求为导向，加强粮食物流标准基础研究，促进粮食物流模数、粮食物流信息、现代化粮食物流装备标准制定与技术研发的衔接互动。

第四节　我国粮食物流业发展的任务

围绕“一带一路”建设、京津冀协同发展、长江经济带发展三大战略，大力推进东北、黄淮海、长江中下游、华东沿海、华南沿海、京津、西南和西北八大粮食物流通道建设，突出大节点，强化主线路，重点完善和发展“两横、六纵”八条粮食物流重点线路，重点布局50个左右一级节点，110个左右二级节点，推动火车散粮运输系统工程、港口散粮运输提升工程建设，形成节点层次清晰、线路结构优化、通道发展平衡的粮食现代物流格局。

一、完善现有八大通道

建设充分整合利用八大通道现有资源，优化物流节点布局，推动粮食物流向主要线路和节点聚集，促进粮食物流规模化运营，实现公铁水多式联运和多种装卸方式的无缝衔接，提升接发效率，深化产区与销区的对接。

东北通道重点以东北港口群、战略装车点为支撑，依托重点线路和优势产区（含加工集聚区），完善散粮集并发运设施和集装单元化装卸设施，着力提升铁路散粮（含集装单元化）入关外运能力。对接华南、华东、长江中下游地区，主要发展铁水联运、公水联运和铁路直达运输；对接西南、西北地区，主要推进铁路集装单元化运输。

黄淮海通道重点发展散粮火车、铁路集装单元化运输，完善铁路接卸设施，弥补粮食铁路运输短板，进一步推进汽车散粮运输和面粉散装运输，适度发展内河散粮运输，加强大型粮食加工企业物流设施建设，形成多元化运输格局。提升承东启西、连南贯北能力。对接京津地区，发展汽车散粮（含集装单元化）运输；对接西南、西北地区，发展铁路集装单元化运输；对接华东、华南地区，发展散粮火车、铁路集装单元化运输和内河散粮运输。

长江中下游通道对接长江经济带发展战略，重点优化沿长江、沿运河节点布局，强化粮食集并能力、江海联运发运能力和海运来粮中转至长江流域的分拨对接能力，逐步推进内河散粮运输船只的标准化，提升水运接发设施的专业化、标准化、集约化水平，促进水水、公水、铁水联运无缝衔接。

西南、西北通道重点沿主要铁路干线打造省会城市和区域中心城市粮食物流节点，大力提升粮食接卸及分拨能力。优先发展公路、铁路集装单元化运输，适应多品种、小批量以及多种质量等级运输的要求；推动散粮火车的运行。

京津通道重点以京津冀协同发展为契机，以大型粮食企业集团及产业集群为基础，以津冀港口群及京沪、京广、京哈铁路为依托，以非首都功能的疏解及结构布局优化为核心，发展公路、铁路集装单元化运输等多元运输系统，打造区域粮食物流联盟，强化城市配送功能，合理布局城市近郊粮食批发市场，提升粮食应急保障能力。

华东沿海通道重点提升粮食海运接卸效率及对接能力，建设战略卸车点，提高散粮火车接卸效率；进一步完善港口接卸疏运系统，提升临港加工集聚区粮食快速疏运能力；推进供应链新型物流组织模式。

华南沿海通道重点提升粮食海运接卸效率及对接能力，建设战略卸车点，提高散粮火车接卸效率；发展水水、公水联运，完善珠江、西江等内河散粮疏运系统；推进供应链新型物流组织模式。

二、打造“两横、六纵”重点线路

“两横、六纵”八条重点线路的流量约占全国跨省流量的65%。在重点线路上，着力推进“点对点散粮物流行动”，建成一批重点项目和部分中转仓容，发挥集聚产业、稳定物流、带动示范的作用。

沿海线路：主要连接东北、黄淮海、华东沿海、华南沿海四大通道；主要粮食品种为玉米、稻谷（大米）；发展重点：依托大型沿海港口建设中转设施，发展散粮铁水联运对接；重点发展节点：盘锦、沧州、日照、连云港、盐城、南通、舟山、莆田、厦门、东莞、防城港等。

沿长江线路：主要连接华东沿海、长江中下游、西南三大通道；主要粮食品种为稻谷（大米）、玉米和大豆；发展重点：建设水水中转设施，发展散粮江海联运；重点发展节点：苏州、南通、南京、无锡、泰州、镇江、芜湖、武汉、岳阳、重庆、泸州等。

沿运河线路：主要连接黄淮海、长江中下游、华东沿海三大通道；主要粮食品种为稻谷、玉米、小麦；发展重点：依托沿运河码头，提升水运物流设施的现代化水平，发展散粮（集装箱）船舶运输；重点发展节点：济宁、徐州、淮安、宿迁、镇江、苏州、嘉兴、阜阳等。

沿京哈线路：主要连接东北、京津两大通道；主要粮食品种为稻谷（大米）、玉米；发展重点：建设集装箱散粮发运接卸设施，发展公铁集装箱散粮联运和公路集装箱散粮运输；重点发展节点：佳木斯、齐齐哈尔、绥化、哈尔滨、白城、吉林、长春、通辽、四平、铁岭、抚顺、沈阳、阜新、鞍山、北京、天津等。

沿京沪线路：主要连接东北、京津、黄淮海、长江中下游、华东沿海五大通道；主要粮食品种为稻谷（大米）、玉米、小麦；发展重点：依托粮食流量较大的企业，建设“点对点”散粮火车发运接卸设施，逐步推广散粮火车运输；重点发展节点：滨州、济南、徐州、蚌埠、南京、上海等。

沿京广线路：主要连接东北、京津、黄淮海、长江中下游、华南沿海五大通道；主要粮食品种为稻谷（大米）、玉米、小麦（面粉）；发展重点：依托粮食流量较大的企业，建设“点对点”散粮火车发运接卸设施，逐步推广散粮火车运输，发展汽车散粮运输和汽车面粉散装运输；重点发展节点：郑州、漯河、荆门、长沙、衡阳、郴州等。

沿陇海线路：主要连接黄淮海、西北两大通道；主要粮食品种为大米、小麦（面粉）；发展重点：依托中转量集中的节点，建设集装箱散粮发运接卸设施，发展公铁集装箱散粮联运；重点发展节点：连云港、徐州、商丘、焦作、咸阳、天水、兰州、西宁、格尔木、乌鲁木齐、昌吉、伊宁等。

沿京昆线路：主要连接东北、黄淮海、西北、西南、华南沿海五大通道；主要粮食品种为大米、小麦（面粉）、玉米；发展重点：依托中转量集中的节点，建设集装箱散粮发运接卸设施，发展公铁集装箱散粮联运；重点发展节点：襄阳、重庆、广安、广元、德阳、成都、资阳、昆明、曲靖、贵阳、六盘水、南宁等。

1. 点对点火车散粮线路建设条件

散粮火车：线路粮食年运量宜 30 万吨以上，发运或接卸点有条件建设火车散粮接发设施。铁路专用线应满足整列到发、半列装卸作业的要求。优先依托粮食铁路枢纽节点或粮食物流园区。

火车散粮集装箱：位于中转量集中的节点，线路粮食年运量宜 4000TEU（国际标准箱单位）以上，发运或接卸点有条件建设火车散粮集装箱接发设施。优先依托粮食铁路枢纽节点或粮食物流园区。

2. 节点项目选择标准

粮食物流一级节点项目应布局在八条重点线路上，依托综合交通枢纽，衔接两种及以上交通运输方式，能够承担区域间主要粮食中转、集散。

铁路节点项目：粮食年中转量 50 万吨以上（西南、西北通道可按照物流集中、规模适度的原则降低标准），筒仓等用于快速中转的仓容不宜小于 5 万吨，与产业园区结

合的，园区年加工总量不宜低于30万吨。

沿长江（中下游）港口节点项目：粮食年中转量100万吨以上，筒仓等用于快速中转的仓容不宜小于5万吨，与产业园区结合的，园区年加工总量不宜低于30万吨。

沿海港口节点项目：粮食年中转量200万吨以上，筒仓等用于快速中转的仓容10万吨以上，与产业园区结合的，园区年加工总量不宜低于100万吨。

流出通道的二级节点项目应位于八条重点线路上的产粮大市（县），粮食年中转量30万吨以上，衔接两种及以上交通运输方式，宜与当地储备仓容10万吨以上的粮食企业结合。

流入通道的二级节点项目应位于八条重点线路上的消费大市（县），粮食年中转量30万吨以上，宜与当地储备仓容5万吨以上的粮食企业，或配送、批发等重要场所结合。

三、布局粮食物流进出口通道

充分统筹两个市场、两种资源，依托“一带一路”倡议，推动粮食跨境物流的衔接与合作，逐步构建与八大粮食物流通道对接的粮食物流进出口通道。完善枢纽港口、铁路、公路等各类口岸粮食物流基础设施建设，逐步形成一批重要的进出口粮食物流节点。

东北方向，发展二连浩特、海拉尔、黑河、建三江、虎林、鸡西、牡丹江等东北亚沿边节点，形成面向俄罗斯、蒙古，连接东北亚及欧洲的粮食进出口通道。

沿海方向，发展环渤海、东南沿海等港口节点，提升沿海港口粮食集疏运能力，完善连接内陆的海上粮食进出口通道。

西北方向，发展塔城、吉木乃、阿勒泰、伊宁、喀什等节点，重点打造面向中亚、西亚的粮食进出口通道。

西南方向，发展保山、芒市、南宁等节点，重点打造面向南亚、东南亚的粮食进出口通道。

四、提升区域粮食物流水平

优化粮食仓储设施布局。统筹粮食仓储物流设施建设，实现粮食仓储物流一体化融合发展。以优化布局、调整结构、提升功能为重点，结合粮食生产、流通形势和城镇规划，以及现有收储库点分布，合理改建、扩建和新建粮食仓储设施，将粮食收储能力保持在合理水平，实施收储能力优化工程和产后服务中心建设工程。产区重点完善收储网点、调整仓型结构、提高设施水平；产销平衡区重点提升收储网点的收购、储备、保供综合能力；销区重点加强储备库建设、提升应急保供能力。注重区域及单点仓储的经济规模，实现资源效益最大化。发展基于横向通风的平房仓配套快速进出仓技术，提高现有仓储设施的物流对接效率，实施平房仓物流功能提升工程和物流园区示范工程。加强粮食产后服务体系建设，鼓励粮食企业等多元主体建设产后服务中心，为新型粮食生产经营主体及农户提供“代清理、代烘干、代储存、代加工、代销售”等服务。

仓储设施可分为综合库、收储库、收纳库。其中，综合库具备储备功能，并能进行上下游延伸，可拓展其他业务，包括产后服务、加工、物流、贸易等，仓容应5万吨及以上，原则上每县至少一个，主要承担本县的粮食储备和物流功能，起到龙头带动作用；收储库，兼具收纳和储备功能，仓容应2.5万吨及以上；收纳库，以收纳功能为主，销区仓容应1.5万吨及以上、产区仓容应2.5万吨及以上。位置重要且条件受限的特殊区域，可适当降低仓容规模。

发展区域粮食快速物流。完善收储企业、加工企业、物流企业的散粮接发设施，支持标准化散粮（面粉）运输工具示范，引导和形成散粮运输的社会化服务，全面提升区域内粮食散装化对接水平，实施物流标准化和装备工程、应急保障工程；重点解决西南、西北区域内的散粮汽车运输短板，全面推广散粮运输。突出节点的物流集散优势，提供满足多元化、多层次需求的经济、高效、便捷物流服务。以物流为纽带，促进仓储企业与应急加工、配送、放心粮油企业开展合作，发展“原粮储存、成品粮轮出”的业务模式，逐步实现粮食“常储常新”，降低区域粮食物流成本。

服务粮食市场供应体系。完善批发市场的物流功能，推广应用“互联网+”技术，全面提升粮食市场信息化水平，大力发展粮食电子商务，推动粮食流通方式创新发展。健全成品粮油配送中心，构建城乡粮食应急供应网络，形成覆盖城乡的物流配送体系。

提升粮食加工物流水平。支持大型加工企业完善散粮接收系统和面粉散运发放系统，提升散粮设施对接能力；应用现代化物流模式，发展多元化运输，完善产品配送系统；鼓励加工企业积极参与社会化、专业化分工，将物流业务外包给第三方物流企业。

培育第三方粮食物流企业。支持大型粮食企业加大资源整合和兼并重组力度，联合铁路、航运等企业优化粮食物流链。鼓励粮食产业化龙头企业进行物流业务重组，组建具有行业特色的第三方物流企业。鼓励有条件的大型粮食企业（集团）建立物流战略联盟。鼓励和支持粮食物流企业充分利用境内外资本市场多渠道融资，壮大企业实力。

五、推广应用新技术新装备实现粮食物流装备新突破

充分重视信息化与粮食物流装备工业化的融合发展，全面推进具有自主知识产权、核心技术的品牌装备的研究开发与推广应用，开发节能高效粮食物流装备，促进装备大型化、标准化、系列化、精细化发展；严把行业准入条件，鼓励跨行业大型装备制造企业进入粮食行业，带动粮食物流装备水平提升。鼓励企业加大粮食物流装备技术创新投入，提高企业自主创新能力。鼓励高校、科研院所与企业联合，推进以企业为主体的产学研用深度合作，积极推动科技成果转化。

积极推广应用新技术。大力实施“降本提效行动”，支持和鼓励企业在粮食物流节点选用占地少、机械化和自动化程度高的快速中转新仓型，采用标准化、高效低耗新装备，提高粮食中转效率，减少粮食中转和运输损失。根据不同区域特点，推广采用绿色、先进适用的储粮技术。加强公、铁、水多式联运物流衔接技术及标准化内河散粮运输船只的研发与应用。推广集装单元化技术。

六、完善粮食物流标准体系

推进“标准化建设行动”，完善粮食物流标准体系，加强粮食物流标准基础研究，优先制修订粮食行业急需物流标准。引导企业提高粮食物流标准化意识，逐步把支持和参与标准化工作作为增强企业核心竞争力的重要手段。加大粮食物流标准宣贯力度，全面开展解读、培训、试点示范和标准验证工作；鼓励物流企业实现建设、运营、管理全过程标准化运作；加强对粮食物流标准强制性条款的落实和监督。

七、大力促进物流与信息化融合

发挥信息化对物流的支撑引领作用，促进粮食物流与信息化深度融合。推动粮食物流活动电子化、信息化，实现粮食物流活动各个层次、各个环节的信息采集全覆盖。推动不同企业间以及企业与政府间公共物流信息的互联互通和共享，利用信息化手段，提高粮食物流资源配置效率及组织化程度。利用物联网、大数据、云计算等先进信息技术，改造传统物流企业，重塑业务和管理流程，实现粮食物流各环节的无缝化衔接。

实施物流信息平台工程，建立全国和区域性粮食物流公共信息平台，形成物流信息化服务体系，提升粮食物流信息监管和共享水平。支持大型粮食企业建设粮食物流信息化服务平台，与国家粮食物流公共信息平台、国家交通运输物流公共信息平台等有效衔接；采集粮食物流相关信息，建立粮食物流数据库，实现与上下游企业共享；应用地理信息系统、传感技术，实时监控物流全过程，保证粮食数量真实和质量安全。

每一项工程对应的主要任务，如下表所示。

八大重点工程和物流园区示范工程（8+1工程）

工程	主要任务
收储能力优化工程	以优化布局、调整结构、提升功能为重点，重建、扩建和新建粮食仓储设施，应用先进适用的储粮设备和技术，大幅提升仓储设施现代化水平
产后服务中心建设工程	强化产后服务，建设以烘干整理功能为基础的粮食产后服务中心，南方以新建为主，北方以改造为主，重点向核心产区及新型粮食经营主体倾斜
火车散粮运输系统工程	重点在沿京哈线路、京沪线路、京广线路上，以大型粮食企业为主体，在发运点和接卸点改造或新建散粮火车发运和接卸设施，形成相对固定的散粮火车运输班列线路 重点在沿陇海线路、京昆线路上，选择主要功能为集中省外来粮并向省内各地区中转的节点，改造或新建散粮集装单元化接卸设施，实现公铁无缝联运，形成散粮集装单元化火车运输线路
港口散粮运输提升工程	在沿长江沿线、沿运河沿线、“引江济淮”工程沿线、珠江水系沿线等码头，改造或新建一批内河码头散粮接发点，提升内河码头高效接发能力和公水或铁水无缝衔接的能力 在重点沿海港口完善提升集疏运设施，北方港口着力提升公铁集港效率，南方港口着力提升公水分拨能力
平房仓物流功能提升工程	对具备条件的平房仓进行横向通风技术改造，配备快速进出仓设备，提升现有设施的物流水平，提高物流效率
物流标准化和装备工程	推进粮食物流标准基础研究，编制急需标准。支持粮食物流标准化产品和节能环保新产品的研发和推广应用
物流信息平台工程	整合现有物流信息服务平台资源，建立全国粮食物流公共信息平台，促进各类平台之间的互联互通和信息共享。鼓励大型粮食企业建设粮食物流信息化服务平台，为企业、消费者与政府部门提供第三方服务。鼓励有条件的粮食企业整合配送资源，构建电子商务物流服务平台和配送网络
应急保障工程	改造建设一批区域性骨干粮食应急配送中心，提高突发事件发生时粮食的应急供给、调运、配送能力。依托骨干企业形成粮食应急加工能力。在大城市群、边疆及偏远地区建设一批成品粮应急储备设施
物流园区示范工程	建设一批仓储物流、加工、贸易、质检、信息服务一体化发展的粮食物流园区，发挥集聚产业、稳定物流、带动示范的作用

第九章

构建粮食物流系统

第一节 物流信息技术的应用

物流信息技术是物流现代化的重要标志，也是物流技术中发展最快的领域，从数据采集的条形码系统，到办公自动化系统中的微机、互联网，各种终端设备等硬件以及计算机软件都在日新月异地发展。同时，随着物流信息技术的不断发展，产生了一系列新的物流理念和新的物流经营方式，推进了物流的变革。在粮食供应链管理方面，物流信息技术的发展也改变了粮食企业应用供应链管理获得竞争优势的方式，成功的粮食企业通过应用信息技术来支持它的经营战略并选择它的经营业务。通过利用信息技术来提高供应链活动的效率性，增强整个供应链的经营决策能力。物流信息技术系统，如图 9 -1 所示。

1. 条码技术

条码技术是在计算机的应用实践中产生和发展起来的一种自动识别技术。为我们提供了一种对物流中的货物进行标识和描述的方法。条码是实现 POS 系统、EDI、电子商务、供应链管理的技术基础，是物流管理现代化、提高企业管理水平和竞争能力的重要技术手段。条形码应用系统，如图 9 -2 所示。

2. EDI 技术

EDI（Electronic Data Interchange）是指通过电子方式，采用标准化的格式，利用计算机网络进行结构化数据的传输和交换。构成 EDI 系统的三个要素是 EDI 软硬件、通信网络以及数据标准化。EDI 应用系统，如图 9 -3 所示。

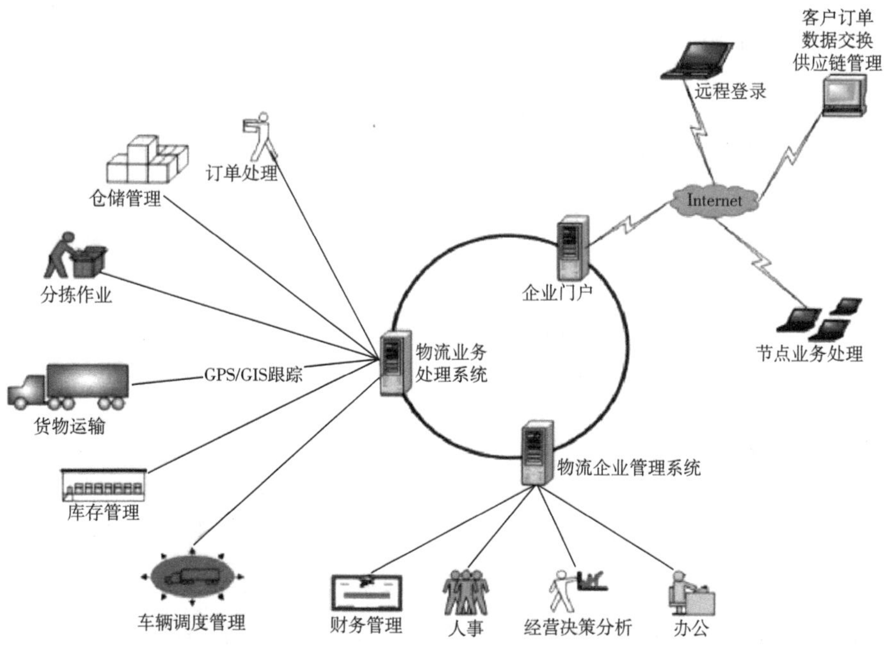

图 9-1　物流信息技术系统

资料来源：物流圈 WLQ

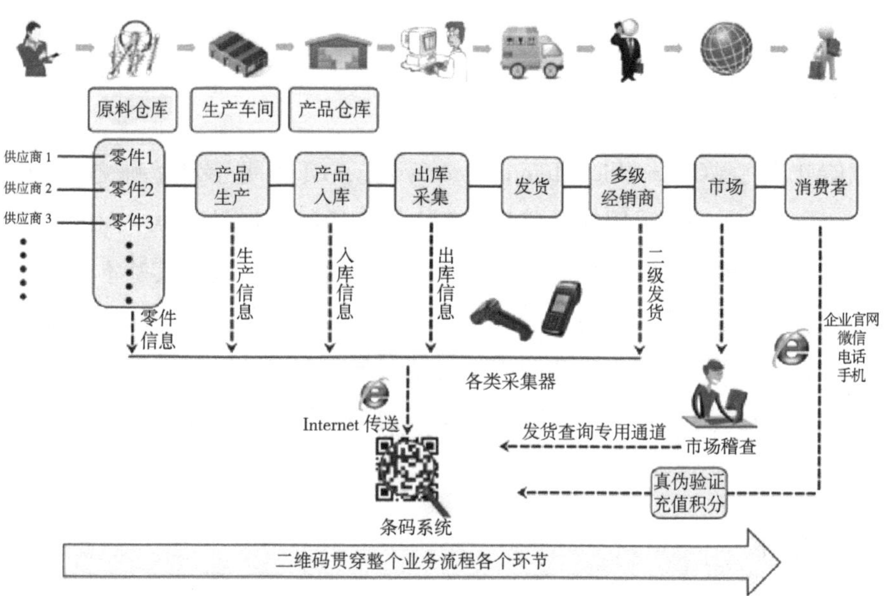

图 9-2　条形码应用系统

资料来源：易云通信息

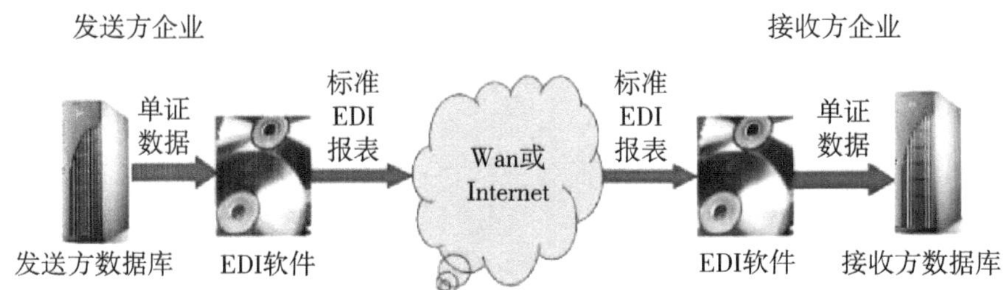

图 9-3 EDI 应用系统

资料来源：SLPC 高级物流经理人俱乐部

3. 无线射频技术

无线射频识别技术（Radio Frequency Identification，RFID）是一种非接触式的自动识别技术，它通过射频信号自动识别目标对象来获取相关数据。识别工作无须人工干预，可工作于各种恶劣环境。短距离射频产品不怕油渍、灰尘污染等恶劣的环境，可以替代条码，例如用在工厂的流水线上跟踪物体。长距射频产品多用于交通上，识别距离可达几十米，如自动收费或识别车辆身份等。无线射频应用系统，如图 9-4 所示。

4. GIS 技术

地理信息系统（Geographical Information System，GIS）是多种学科交叉的产物，它以地理空间数据为基础，采用地理模型分析方法，适时地提供多种空间的和动态的地理信息，是一种为地理研究和地理决策服务的计算机技术系统。其基本功能是将表格型数据（无论它来自数据库、电子表格文件或直接在程序中输入）转换为地理图形显示，然后对显示结果浏览、操作和分析。其显示范围可以从洲际地图到非常详细的街区地图，显示对象包括人口、销售情况、运输线路和其他内容。GIS 技术应用系统，如图 9-5 所示。

5. GPS 技术

全球定位系统（Global Positioning System，GPS）具有在海、陆、空进行全方位实时三维导航与定位能力。GPS 在物流领域可以应用于汽车自定位、跟踪调度，用于铁路运输管理，用于军事物流。GPS 应用系统，如图 9-6 所示。

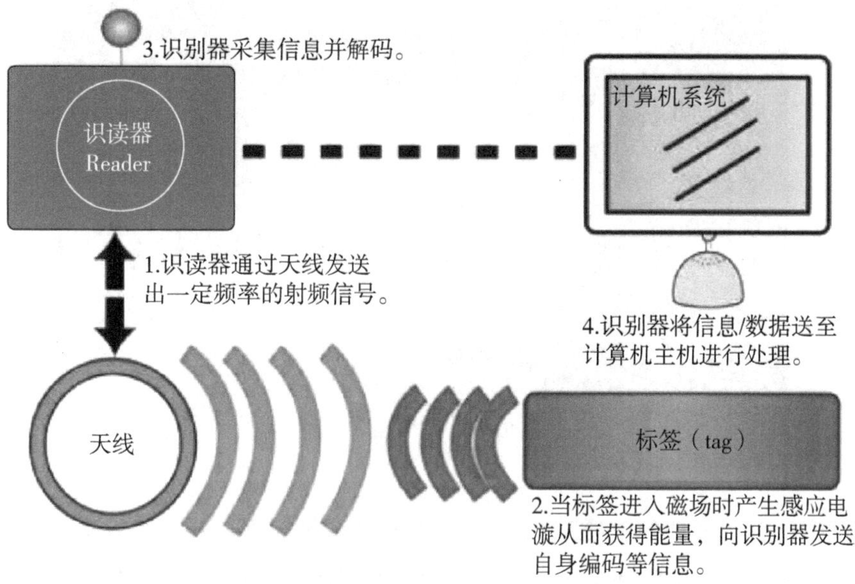

图 9－4　无线射频应用系统

资料来源：创青春

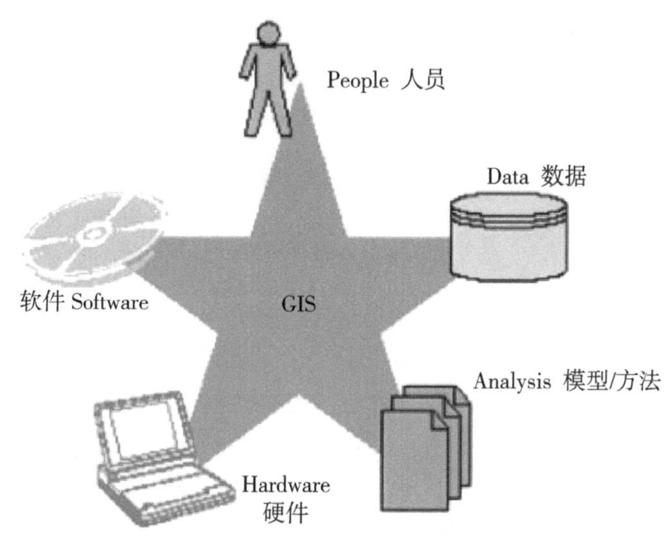

图 9－5　GIS 技术应用系统

资料来源：晋中市防震减灾中心

6. RS 技术

RS 技术即遥感技术（Remote Sensing，RS），遥感技术是指从高空或外层空间接收

图9-6　GPS应用系统

资料来源：Geomatics Center

来自地球表层各类地理的电磁波信息，并通过对这些信息进行扫描、摄影、传输和处理，从而对地表各类地物和现象进行远距离控测和识别的现代综合技术，可用于植被资源调查、作物产量估测、病虫害预测等方面。遥感技术包括传感器技术，信息传输技术，信息处理、提取和应用技术，目标信息特征的分析与测量技术等。遥感技术系统总体示意图，如图9-7所示。

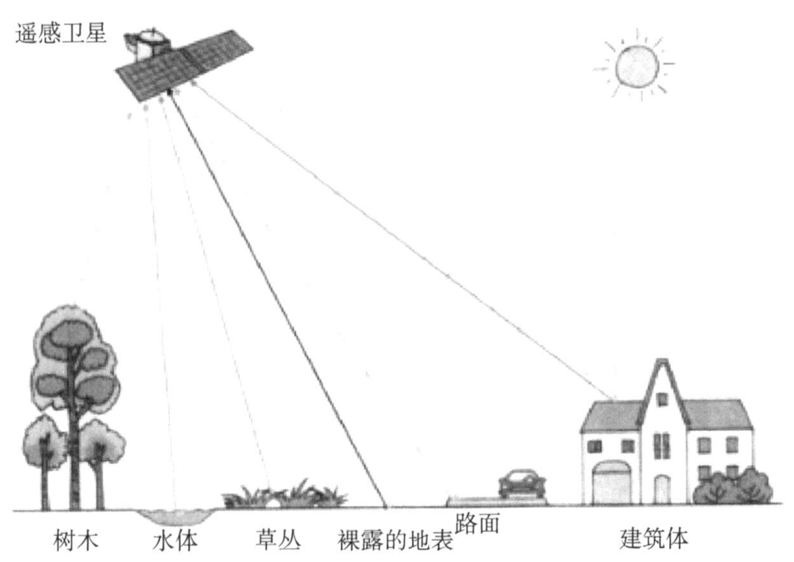

图9-7　遥感技术系统总体示意图

资料来源：杜老师文综

7. 物联网

物联网是指通过各种信息传感设备，实时采集任何需要监控、连接、互动的物体或过程等各种需要的信息，与互联网结合形成的一个巨大网络。其目的是实现物与物、物与人，所有的物品与网络的连接，方便识别、管理和控制。物联网技术的层级，如图 9 - 8 所示。

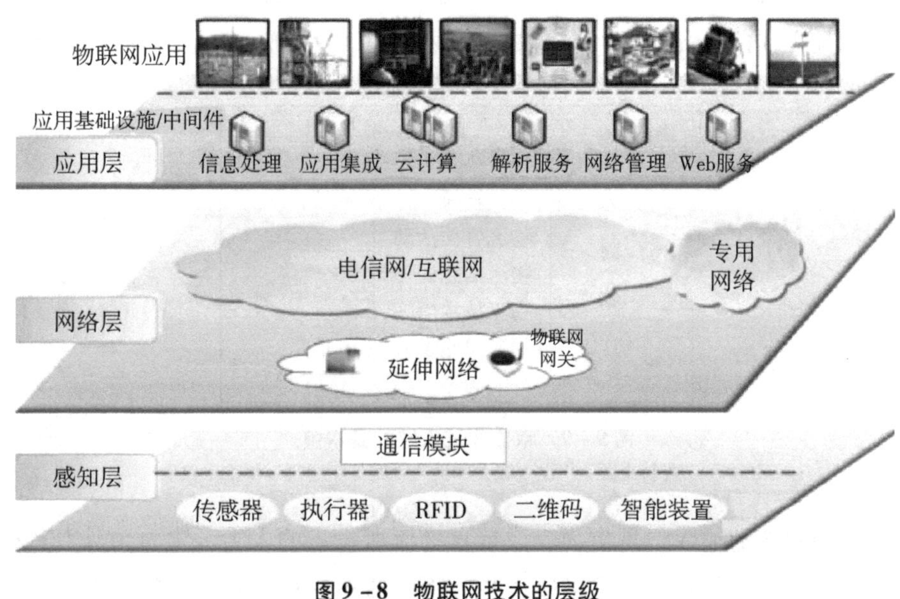

图 9 - 8　物联网技术的层级

资料来源：蓝洞技术

第二节　粮食物流系统及其供应链

一、物流系统

物流系统，是指在一定的时间和空间范围内，由所需输送的物品以及输送工具、仓储设备、人员等相互制约的动态要素构成的、具有特定功能的人机系统。物流系统包括输入、处理和输出三个过程。物流系统输入，是指采购、运输、储存、流通加工、装卸、搬运、包装、销售、物流信息处理等环节所需的劳务、设备、材料资源等要素，由外部环境向系统提供；物流系统的处理过程就是通过管理主体对物流活动以及这些活动所涉及的资源进行计划、执行、控制，最终完成物流的任务；物流系统输出是指物流服务，包括组织竞争优势、时间和空间效用以及物资（原材料、在制品、制成品）向客户的有效移动。

二、粮食物流系统

粮食物流系统，就是主体为粮食的物流系统，包括粮食的储备、运输、装卸搬运、包装、流通加工和信息管理等，如图 9－9 所示。

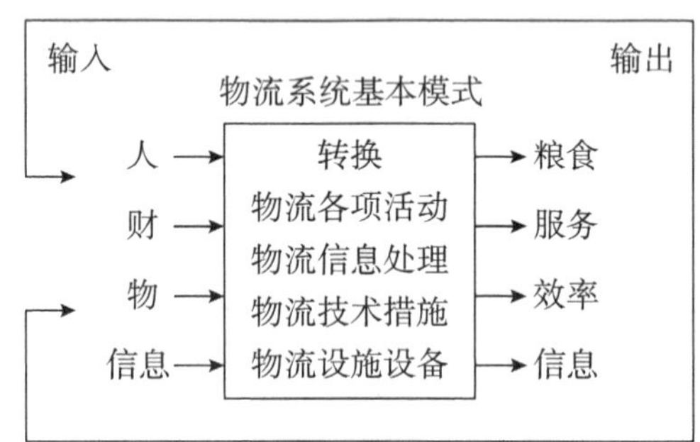

图 9－9　粮食物流系统的基本模式

资料来源：根据《粮食物流管理实务》整理

粮食物流系统的输入，是指为完成粮食物流所投入的人力、物力、财力和相关信息等；粮食物流系统的处理，是指通过各项物流活动使粮食发生时间和空间变化，实现粮食由产区流向销区的过程；粮食物流系统的输出，是指粮食物流所提供的粮食或者相应的服务，以及粮食物流系统的效率和相关信息等。

三、粮食物流系统的特征

粮食物流系统除了具有一般系统的相关性、整体性、目的性和环境适应性特征外，它还是一个多目标的、动态的、开放的复合系统，具体表现为：

粮食物流系统，无论其规模大小，流程复杂与否，都可以分解成仓储、运输、流通加工、通信等若干个子系统。系统与子系统之间、子系统与子系统之间既存在着时间和空间、资源利用等方面的联系，也存在总的目标、总的费用以及运行结果等方面的相互联系。

粮食物流系统，突破了地域上的限制，形成了跨区域、跨国界的发展趋势。粮食跨地域流通，正是创造空间价值的体现，它是通过仓储和物流中心解决商品供求矛盾的；跨时域性，正是创造时间价值的体现，一般通过运输来实现。

粮食物流系统，涉及多个企业、用户，粮食的需求、供给、渠道等会经常性变化；物流活动的过程也会贯穿着大量的物流信息，决定了粮食物流系统运行的复杂性。

粮食物流系统，由从事粮食物流的人员、交通网络、物流设施、设备、工具及信息等组成。从事粮食物流的人员运用物流网络、车辆路径优化和相关信息，进行一系列物流活动，其中，人是系统的主体，必须把人和物有机结合起来。

四、粮食物流系统供应链的概念

供应链，是指围绕核心企业，将供应商、生产商、分销商、零售商、终端用户等实体联系起来，相邻的节点表现出一种需求与供给的关系，在需求信息的驱动下，各节点分工与合作，以资金流、物流和信息流为媒介，实现整个供应链的增值。根据粮食物流系统和供应链的内容，粮食物流系统供应链如图 9－10 所示。

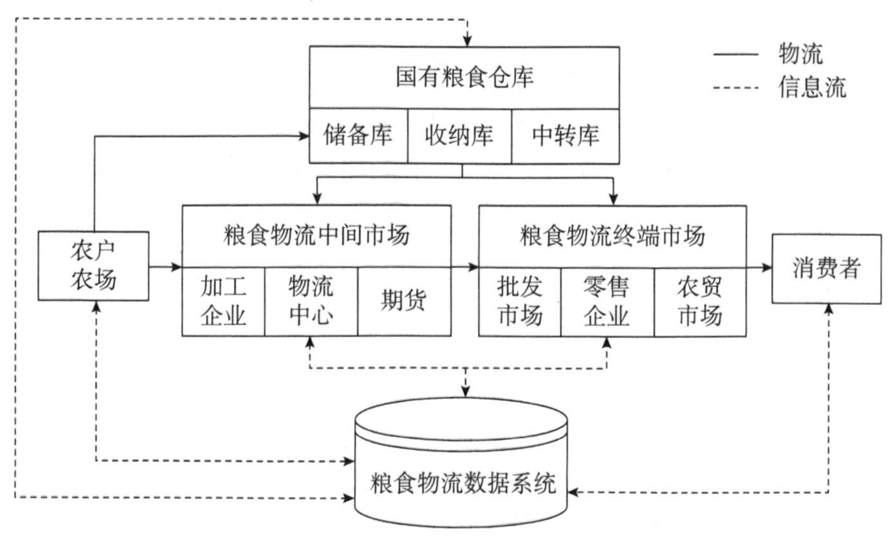

图 9－10　粮食物流系统供应链

资料来源：根据《粮食物流管理实务》整理

五、粮食物流系统的构成要素

粮食物流系统的构成要素，主要包括功能要素、支撑要素和物质基础要素。其中，粮食物流系统的功能要素，是指粮食物流系统所具有的基本能力。与其他物流系统一样，粮食物流系统包含运输、储存、装卸搬运、包装、流通加工、配送、信息处理等功能。粮食物流系统的支撑要素，是指粮食物流系统的实现，需要相应的法律法规、制度、标准等支撑条件。粮食物流系统的物质基础要素，是指粮食物流系统的建立和运行，需要大量的技术装备手段和基础设施条件，包括仓库、物流中心、港口等物流基础设施，加工、运输、装卸等物流装备，通信、计算机等物流信息网络。

第三节 粮食物流系统的建设

一、粮食物流系统建设的内容

1. 基础设施建设

大部分粮食从产地到销地需要多次储存，为了粮食物流系统的顺利运行，必须合理分布并建设粮食专用仓库和低温、冷藏库等特种仓库。

线路，是物流网络的主体，线路的质量直接决定粮食运输的时间，加强综合运输网络以及仓库间的线路建设，能有效降低粮食运输拥堵的可能性，提高粮食运输的效率。

2. 物流通道建设

粮食物流通道，是指粮食快捷、迅速流入或流出的渠道，由物流设施设备、组织机构、服务等要素构成，主要包括：粮食主产区粮食物流基本设施建设（储粮技术的提升、基础设施的建设）、粮食转运中心设施建设（转运仓、配套设施、转运工具的建设）、粮食物流组织建设（粮食生产商、粮食收购商、粮食运输商、粮食加工商、粮食经销商等）、粮食物流信息化建设（粮食数量与质量、粮食收购与储存、粮食加工与配送、粮食交易等信息）。

3. 物流中心建设

粮食物流中心，作为粮食产销的桥梁，能够提高粮食处理的效率，降低企业的物流管理成本，提高整个供应链的粮食流通效率。因此，应加快粮食物流中心的建设，逐步完成向园区的集中，建设粮食主产区和主销区间快速的粮食流通通道，促进粮食现代物流业的快速发展。

4. 信息化建设

粮食现代物流信息系统的建设，既包括采用电子数据交换、电子商务、地理信息系统等技术，建设粮食物流公共信息平台，也包括建设企业（粮食购销企业、粮食加工企业、粮食储运企业、农场等）物流信息系统，满足粮食物流公共信息平台采集技术数据的需求。

5. 标准化体系建设

粮食物流标准化体系，对加快粮食流通速度、保证物流质量、减少物流环节、降低物流成本、提高物流收益有着重要的作用，主要分为信息、设施与技术装备、作业流程、管理、服务等标准。其中，信息标准包括编码与标识标准、数据采集标准、数据库结构标准、信息交换标准等；设施与技术装备标准包括基础设施标准、运输工具标准、储运设备标准、装卸设备标准、包装容器标准；作业流程标准包括运输作业标准、包装作业标准、装卸设备标准、包装容器标准；管理标准包括规划与设计类标准、评估类标准、统计类标准；服务标准包括服务设计规范、服务分类标准、服务质量规范等。

二、粮食物流系统的实现路径

1. 达成战略伙伴关系

粮食物流系统供应链上企业间的长期合作，使得传统的买卖关系转为战略伙伴关系，从而共同制定战略合作协议，明确双方的职责，共同承担风险，共同追求价值最大化。

2. 促进文化融合

在粮食物流系统供应链上开展供应链管理，需要完成业务接口环节上的文化融合，最大限度地发挥各自的能力与特长。

3. 遵循共赢原则

粮食物流系统供应链上的利益分配，应遵循共赢的原则，局部服从整体。在业务处理方面，需要以整个供应链的价值最大化为出发点，以共赢的原则加以解决。

4. 优化业务流程

粮食物流系统供应链中各成员间的业务是复杂的，要想实现其业务流程无缝衔接，必须对各自的流程进行梳理和对流程接口进行优化，消除无效的商流、物流、信息流、资金流等因素与环节，尽量把对方当成甲方来对待，减少摩擦和重复作业，追求业务流程顺畅、高效地进行。

5. 高度集成信息系统

粮食物流系统供应链上各成员的协同运作是以信息共享为基础的，需要采用供应链管理系统标准和基于开放标准的信息技术基础架构，使集成在一起的系统按照一定的规则去运行。

6. 统一管理数据信息

为完成粮食物流系统供应链业务信息的共享，需要建立统一的数据管理机制、数据交换标准和数据标准格式，以保证各系统间数据的一致性，能在不同的应用中流畅、方便地传送数据。

第十章

完善我国粮食物流组织建设

第一节　粮食物流组织的基本理论

一、粮食物流组织的概念

粮食物流组织，是指专门从事粮食及其产品物流经营和管理的组织机构，既包括粮食生产企业内部的物流管理和运作部门、企业间的物流联盟组织，也包括从事物流及其中介服务的企事业单位和政府的物流管理部门。

二、粮食物流对物流组织的要求

粮食物流组织，需要符合粮食物流的特点，需要不断调整和优化组织结构、规模和机制。

1. 粮食物流要求具有专用性资产的投资

粮食生产的集中性、区域性、季节性与粮食消费的广泛性、分散性、经常性的矛盾，要求物流组织进行资产专用性投资，承担保管、运输、分拣等生产性活动，及时将粮食从生产领域转移到消费领域。

2. 粮食物流主体的多样性要求物流组织具有多层次性

粮食的区域分散性与运输易损耗性，对粮食物流组织的多层次性提出了要求，农户、农民合作组织、产销一体化企业、第三方物流企业等多样化的粮食物流主体，使得粮食物流必须建立完善的物流体系，包括产地物流中心、销地物流中心、农民合作社以及专业的第三方物流企业。

3. 粮食物流组织必须具有规模效益

粮食产后的加工、包装、仓储和运输等业务，能延长粮食的生命周期，提高粮食的附加值。专用性资产的投资，物流组织能否获得稳定的净收益，取决于物流的规模收益水平。由于粮食生产的分散性，粮食物流组织普遍规模小、水平低、增值能力弱。因此，提高物流组织的规模经济水平，能推动粮食物流体系现代化的发展。

三、粮食现代物流组织的主要特征

粮食现代物流是以主体间共同利益为基础，以提高整体效益和效率为目的，在整合供应链相关资源基础上进行的粮食物流。粮食现代物流，是粮食供应链相关主体协作的纽带，物流主体与生产、销售主体共同组成了粮食供应链网络结构。

1. 高度的网络化运作

传统粮食物流强调的是单个主体行为。粮食生产者和销售商为了促进粮食交易，承担着粮食的物流，整个过程孤立、割裂，物流主体间是相互“平行”的、互不相交的关系。粮食现代物流强调通过资源整合，将若干物流主体由相互“平行”、互不相交的关系发展为相互协同的关系，共同为客户提供一体化的物流服务。协同化是粮食物流组织发展的趋势，通过对物流经营管理机构、物流业务、物流资源和物流信息等要素进行网络化管理，实现物流网络的快速反应和最优成本的目标。

2. 高度的信息共享和发达的信息传递机制

传统的粮食物流基本是分散成员各自进行物流运作，缺乏统一的信息网络平台，信息流传递不连续、不对称。由于粮食供需信息的不确定性，容易造成粮食批发市场价格波动，不利于粮食的供求均衡，既加大了农民的市场风险，又加剧了消费者对产品质量的不信任，也导致了政府指导与监管难以完全到位。

基于供应链管理思想的粮食现代物流，借助于计算机网络和信息技术，将分离的物流、资金流、信息流、商流有机联系起来，形成了一个物流信息网络，实现粮食供应链全程可视性，降低粮食交易成本，提升服务质量，改善客户关系。

3. 高度的标准化运作

为保证粮食物流畅通，产品分类、编码、物流术语、计量数据传输、物流作业和服务等应标准化。标准化系统涉及粮食物流的全过程，不仅包括粮食的分拣、包装、质量检验的标准化，还包括粮食的产后加工、仓储、搬运过程中的标准化；不仅涉及技术的标准化，还涉及工具和方法等的标准化。把粮食物流纳入规范化、标准化轨道，实现粮食物流优质化运作，是提高质量、确保安全的关键。

4. 先进的物流技术应用

粮食现代物流，是粮食供应链整体价值提升的源泉，需要在物流组织和运作过程中广泛应用先进物流技术，不仅能为粮食物流企业创造价值，而且能保障粮食供应链高效协调运行，实现粮食在流转过程中的保值和增值。

5. 高度的物流增值能力

粮食物流，是粮食在供应链中增值的主要环节，为促进粮食流通而进行的粮食加工、包装、仓储、运输等都是粮食增值的源泉。因此，粮食现代物流组织必须强调物流过程的增值能力，通过贸易伙伴合作，以最小的成本为客户提供最大的价值和最好的服务，提高整个粮食供应链物流运行效率和经济利益。

第二节　粮食物流组织的基本模式

一、基于供应链管理思想的粮食物流组织

1. 供应链管理的实质

2001 年《物流术语》国家标准（GB/T18354－2001）提出，在生产及流通过程中，存在将产品或服务提供给最终用户的上游与下游企业所形成的链网结构。各主体间是战略合作伙伴关系，通过分工与合作，改善和整合链网结构的物流、信息流和资金流，追求整个系统的效率性和成本最小化。

供应链，是由相关主体组成，通常有一个核心主体，其他主体在需求信息的驱动

下，通过分工与合作，实现整条供应链的不断增值。它是一个动态系统，它的实质是解决企业间的矛盾和冲突，协调好参与者个体利益与供应链整体利益之间的关系，使链上各个贸易伙伴从单纯竞争关系发展成“竞争—合作—协调”的关系。

2. 供应链中的组织间关系

供应链管理，是一种网络化的管理，组织间的伙伴关系能促进供应链的形成。各组织通过经济或非经济活动，扩充与提升自己，既是资本（关系资本）等收入流的源泉，也有助于实现相关的产权。稳定的关系网络，可以增强企业相互信任，节约信息搜寻成本、签约成本和执行成本；可以减少不确定性成本，增强组织抵御风险的能力；可以创造基于资源与技术的合作氛围，提高组织的研发和创新能力；可以实现优势互补，突破组织自身能力的限制。

3. 粮食供应链不同于粮食物流，涵盖范围更大

粮食供应链，研究的是与粮食生产、流通和消费相关的所有环节，包括：生产资料的供应环节（产前环节）、产中环节、产后加工环节、流通环节和消费环节（粮食生产资料的物流与粮食物流的要求不同，因此，粮食物流往往不包括粮食生产资料的物流）。粮食供应链的主体，涉及粮食生产资料供应商、农户、粮食加工企业、粮食批发商、零售商以及粮食物流商，它是一个环环相扣的“链”，如图 10－1 所示。

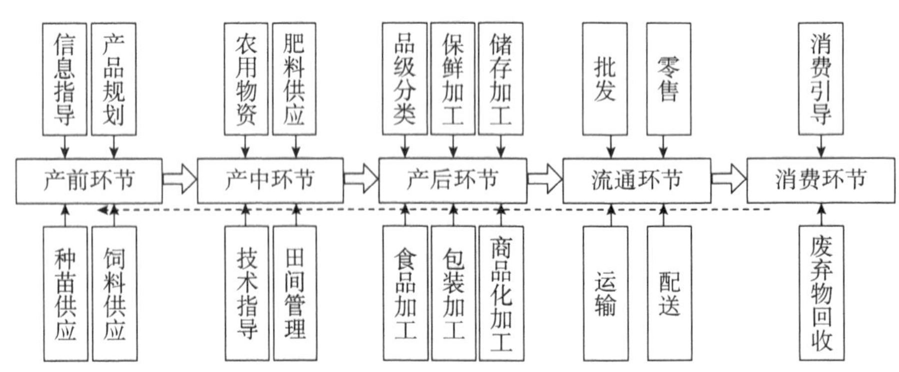

图 10－1　粮食供应链示意图

资料来源：根据《粮食物流管理实务》整理

二、粮食物流组织的基本模式

粮食物流组织模式，是粮食物流市场各种要素组合关系的状态，包括粮食物流环

节的组成、物流主体间的相互关系、物流路径的构成以及物流业务功能的安排等。农产品物流组织模式可分为一体化粮食物流组织模式、粮食第三方物流组织模式和粮食物流联盟模式。

三、粮食物流组织的商品流通理论

流通是由于生产和消费的分离，为了连接生产和消费而存在的，它包含互相依存的商流和物流。商流是物流的前提，物流是商流的继续和完成。只有通过商流，才能实现产品所有权、支配权、使用权的转移；而在商流的基础上必须通过物流才能实现产品由生产领域向消费领域的运动。

商流是一种以货币为媒介的买卖交易，其最终目的是实现商品的价值，而物流是一种追加的生产过程，它通过时间和空间等非物质形态的服务以及对生产过程的补充来创造效用。

在现实中，如果商品交易过程与实物运动过程是同一路线，则会出现迂回、倒流、重复或过远运输等不合理的现象，造成资源和运力的浪费。商物分离能促进流通效率的提高和成本的节约，其中，寻找客户—谈判—签约—所有权转让的过程，属于商流部分；收集货物、流通加工、包装、搬运装卸、储存、运输配送，最后将实物送到客户手中的过程，属于物流部分。商流和物流的过程分别由不同的主体参与，经过不同的路线，在不同的空间和时间完成。从马克思主义政治经济学角度看，商流偏重于经济关系、分配关系、权力关系，属于生产关系范畴；物流偏重于工具、装备、设施及技术，属于生产力范畴。

因此，商物分离实际是流通总体中的专业分工、职能分工，实现流通成本的降低和流通效率的提升。

四、粮食物流组织效率的提升

造成粮食物流组织效率低下的主要原因是未能实现物流环节、主体相关资源的有效衔接和配合。因此，要提升粮食物流的组织效率，需要做好产销衔接、粮食物流体系无缝化衔接、四散化衔接等相关工作。其中，有效的产销衔接，主要是流量、流向、流体和流速的衔接；粮食物流体系的无缝化衔接，包括系统的流体（各品种粮食）、载体（各种运输工具）、流向、流量、流程以及信息、资金、机构、人员等在系统内部和外部的连接；四散化衔接，要求粮食物流在储运方式、装卸方式以及运输方式等全方

位的散粮化，形成一个完整的粮食四散化体系。同时，粮食物流组织效率的提升也离不开不同产业和部门之间的协调。

第三节　一体化粮食物流组织建设

一、农户自营的“产—物”一体化组织模式

1. 我国粮食流通初始阶段的物流组织

粮食流通的过程，包含农户（或农民合作社）、粮食加工企业、产地批发商、销地批发商、零售商、消费者等若干阶段（并非所有粮食都必须依次经历这些阶段）。农户，是粮食进入流通第一个环节的承担主体，在粮食流动（走出田头、走入流通或消费环节）过程中，农户发挥着重要的作用。

农户的销售对象一般是粮食加工企业、粮食流通组织，如批发商、零售商以及粮食贩销大户等，他们是农户提供粮食物流服务的对象。农户自营粮食物流的模式，如图 10－2 所示。

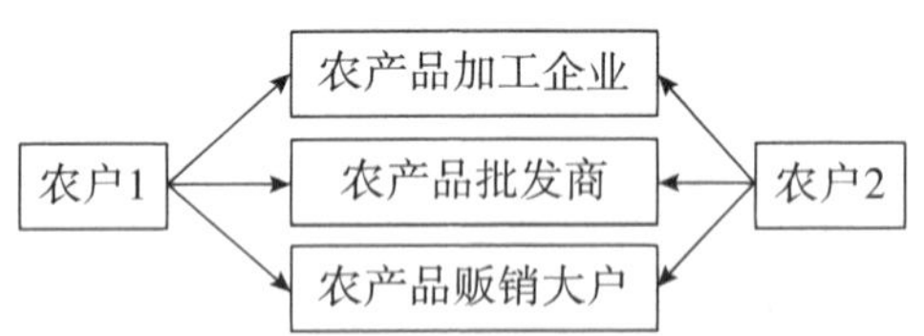

图 10－2　农户自营粮食物流的模式

资料来源：根据《粮食物流管理实务》整理

从图 10－2 可以看出，众多农户在物流方面与众多加工企业及各种流通组织之间形成的是一种“多对多”的关系。随着粮食商品化程度的提高，粮食开始出现相对过剩，必须及时进入流通环节才能实现粮食的价值。农户缺乏市场信息，很难正确选择粮食的流通方向；农户经营规模小，缺乏讨价还价的能力；农户的专长是粮食生产，缺乏市场知识，缺少销售技术，在粮食流通过程中处于劣势地位，交易成本越来越高，不仅制约了粮食流通的半径，也影响了粮食价值的实现。

2. 农民合作社在组织粮食物流中的作用

由于受运输、储藏、包装等条件的限制，粮食流通范围有限，农户直销不能成为粮食流通的主要渠道，需要提高粮食在流通初始阶段的组织化程度，农民合作组织（农民合作社）逐渐取代农户成为进入物流初始环节的物流主体。

农民合作社，通过提供技术、信息、购销、储运、加工等服务，在农民和市场以及消费者之间架起一座桥梁，提高农民面对市场的组织化程度，促进粮食销售和价值的实现，降低农产品流通成本，缓和“小生产”和“大市场”间的矛盾。

农民合作社将粮食从农户手中收集后，统一配送至加工企业或流通组织，局部实现了物流“一对多”的形式，一定程度上提高了粮食物流的规模，简化了物流路线，降低了物流成本。农民合作社介入粮食物流组织的模式，如图 10－3 所示。

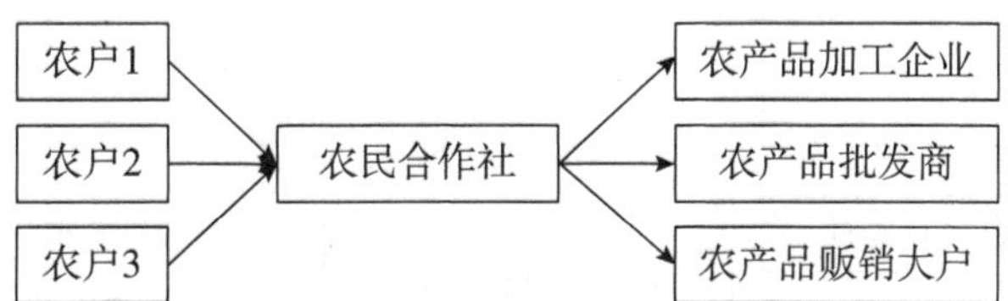

图 10－3 农民合作社介入粮食物流组织的模式

资料来源：根据《粮食物流管理实务》整理

二、粮食加工企业的“产—物”一体化组织模式

粮食在进入消费之前往往要经过不同程度的加工。因此，粮食加工企业是粮食供应链中的必要环节和重要主体，以初级粮食为原料进行产品加工生产，既要承担生产过程中所必需的企业内部原材料、半成品、成品等物流管理的工作，还要承担粮食原材料的采购物流和加工后产品在销售过程中所发生的销售物流，形成粮食物流与加工生产一体化管理的运作模式，如图 10－4 所示。

粮食加工企业的“产—物”一体化管理模式，实质是将物流纳入内部行政管理的治理模式。物流的职能与其他职能的关系表现为组织内部的分工与合作，是通过组织的权威命令、指挥和协调来实现的。

三、粮食流通企业的“销—物”一体化组织模式

粮食流通组织，包括粮食批发商、零售商、农产品贩销大户等；批发商，又可

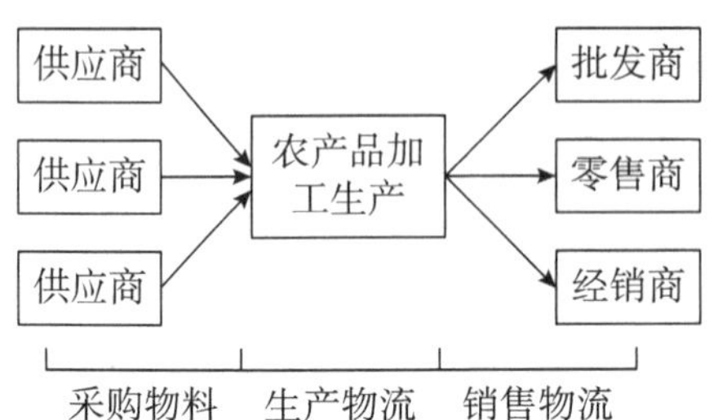

图 10－4　粮食加工企业“产—物”一体化物流组织模式

资料来源：根据《粮食物流管理实务》整理

分为产地批发商、销地批发商。这些组织是粮食流通过程中的主体，不仅通过与上下游主体之间的交易促使粮食价值的实现，还要承担粮食的物流职能，形成了粮食销售与物流一体化管理的模式，如图 10－5 所示。

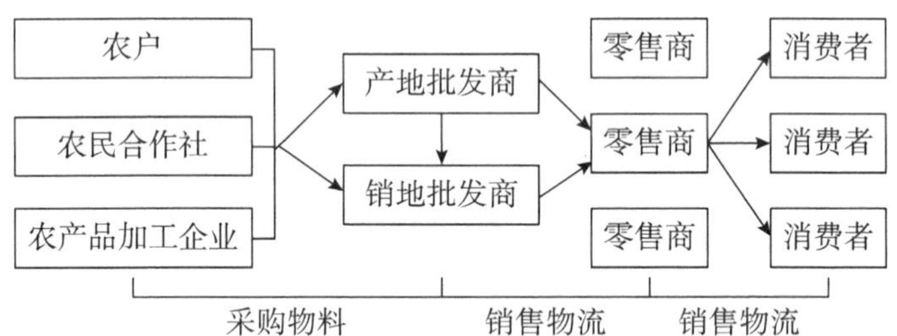

图 10－5　农产品流通组织“销—物”一体化物流组织模式

资料来源：根据《粮食物流管理实务》整理

20 世纪 80 年代以来，世界流通产业迎来了巨大的变革，产业链的主导权由生产商向零售商转移，以制造商为中心的供应链模式向以零售商为中心的供应链模式转变。

第四节　第三方物流组织建设

在一体化粮食物流模式下，上下游存在“多对多”的关系，存在车辆迂回、往复运输的现象，配送成本高、效率低，可靠性难以得到保障。随着生产商和销售商的业务发展，调度物流资源愈发困难，亟须将粮食配送从生产商和销售商分离出来，交给第三方物流企业完成；粮食生产商和销售商专注于粮食的生产与加工、销售市场的开拓。

一、第三方物流的理论分析

第三方物流（Third - Party Logistics，3PL或TPL），是相对“第一方”发货人和“第二方”收货人而言的、由专业化的第三方企业承担物流活动的一种物流形态。它通过与第一方或第二方的合作，提供以合同约束或以结盟为基础的系列化、个性化物流代理服务，它不拥有商品，不参与商品买卖。

二、粮食第三方物流的优势

粮食第三方物流，是指粮食供应商、销售商将部分或全部的粮食物流活动委托给专业的物流企业来完成。粮食第三方物流是粮食供应与销售之间的桥梁，将供应商、销售商、终端消费者紧密连接在一起。与自营物流相比，粮食第三方物流的优势主要体现在以下五个方面。

1. 粮食第三方物流能有效整合粮食物流资源

自营物流模式下，农户、加工企业、销售商都有一些零星的物流资源，如仓库、车辆等，这些物流资源在业务量大时不够用，在业务量小时又闲置。第三方物流企业能将这些零散的物流资源集中组织起来，统一进行调配。

2. 粮食第三方物流能有效整合粮食流通过程中的物流业务

自营物流模式是一种“多对多”的关系，物流分散，规模小，不易形成专业化、规模化效应。第三方物流企业客户多，市场范围广，能对仓储、运输、质量检验、报关报审等进行批量作业，对物流资源进行统筹安排，节省各种物流成本。

3. 粮食第三方物流企业物流基础设施建设完善

粮食配送往往需要低温冷藏集装箱，仓储建设要注重通风、保鲜，配送中心建设需要具有专业化、自动化、信息化等功能。在自营物流下，无论是农户、加工企业还是销售商，都注重发展主营业务，有限的物流规模，决定了他们不可能在物流设施建设上投入太多。以物流为主营业务的第三方物流企业，完善物流设施、提高物流自动化和信息化水平能提升他们的物流企业服务水平，提高经济收益，使他们愿意投入更多的资金，加强物流基础设施建设，投资物流专用资产。

4. 粮食第三方物流模式具有强大的信息优势

很多粮食从业者在农村，信息较为闭塞，容易出现粮食供应商找不到合适销售商、有粮食需求的销售商找不到合适供应商的情况，造成农民愁销路、商家忙采购的状况。在第三方物流管理模式下，通过建立信息网络系统，信息收集、信息处理速度快，能够及时了解粮食市场的信息，匹配供应商与销售商，促成交易，实现粮食市场的供需平衡。

5. 粮食第三方物流能缩短粮食配送时间

粮食具有易损易腐性，物流时间越短，粮食的浪费越少，粮食的价值越高。第三方粮食物流企业将物流、商流分开，通过计算机网络系统、自动化系统，规避配送作业流程（分拣、包装、加工、配载等）不必要的流通环节，将粮食从农户、加工企业直接运送至零售商、零售商网点。

三、粮食第三方物流的委托代理

1. 委托代理问题的提出

供应链，是以资源外用（outsourcing）为特征的集成企业网络，鼓励企业发展核心业务、打造核心竞争力，和其他企业建立战略合作关系，从合作伙伴获取非核心业务资源的供给。供应链管理，从系统、合作观点出发，最大程度地减少内耗和浪费，通过整体最优来实现全体供应链节点的共赢。它强调不涉及产权交易，各节点企业能形成一个利益共同体，快速响应复杂多变的市场需求，具有柔性高、风险低、优势互补、整体交易费用低的优点。供应链管理的思想对第三方物流的发展有着重要的推动作用。但是，供应链各节点企业都是独立的利益个体，委托代理在他们合作过程中比较普遍。

2. 粮食第三方物流委托代理的特点

粮食第三方物流企业与生产经营企业追求的是长期的战略合作伙伴关系，不是一次性交易。通过制定合理的激励机制和运作管理制度，使供应链模式下的合作双方多阶段的、长期的委托代理关系能够持续健康发展，才能实现共赢的目标。因此，粮食第三方物流的委托代理问题是多阶段动态模型。

在粮食物流外包过程中，第三方物流企业主要任务是为客户节约粮食物流成本、提高物流服务质量等。其中，粮食物流成本主要包括包装成本、储存成本、运输成本等；物流服务质量主要体现在节约运输和配送时间、减少物流过程中粮食损耗等。因此，粮食第三方物流的委托代理是多任务委托代理。

第五节　粮食物流联盟建设

一、粮食物流联盟的概念

粮食现代物流联盟，作为一种合作模式，是指由粮食现代物流主体（粮食加工商、粮食批发商、粮食零售商等）为实现共同目标（快速响应市场需求、减少库存成本、提高可靠性等）而组成的联盟，每个成员利用自己的比较优势（加工、分销、运输等）为联盟贡献自己的核心能力，最终实现联盟的优势互补、风险共担与信息共享。

二、粮食物流联盟成因分析

1. 粮食现代物流参与企业外部环境的变化

粮食现代物流联盟的出现，与粮食物流参与企业外部市场竞争环境的变化有着很大的关系，客户需求的快速变化与竞争态势的激烈化是促使粮食现代物流联盟形成发展的主要外部原因。比如，企业想增强客户（下游厂商或顾客）的忠诚度，高质量、低成本、个性化服务客户，必须实施更有效的组织管理模式。

2. 粮食现代物流参与企业内部观念的变化

外部环境的变化促使了粮食现代物流参与企业内部观念的转变，集中体现在：参与主体由追求内部效率向追求外部效率提升转变、由追求多样化经营向专业化经营转变、由敌对竞争向合作竞争转变。内部观念转变的动因主要有：

实现优势互补。由于自然、历史、技术等原因，每个参与企业都有自身的核心竞争优势，其他企业要想获取同样的优势须付出高昂的成本；每个参与企业的资源、能力和技术是有限的，依靠自身的力量难以掌握竞争的主动权。建立粮食现代物流联盟，能利用其他企业的优势资源，实现自身优势资源的提升与扩充，也能提高粮食物流联盟的效率。

实现相互学习。粮食物流参与企业通过合作，会产生信息、技术的外溢效应，有助于更好地学习合作伙伴的优势，提升自身的能力，也能提升粮食物流联盟的竞争力。

节约交易成本，实现规模经济。粮食物流联盟的成员通过合作，减少双方的协商成本和摩擦；分工专业化的经营也能提升各自的经营效率，无须通过扩大企业规模便能实现粮食物流联盟的规模经济。

分散经营风险。粮食市场需求具有极大的不确定性，企业单独面对会产生更多的库存成本。粮食物流联盟的建立，使企业能够加强与其他企业之间的协作，共同面对不确定性下的机遇与挑战，分散自身的经营风险。

3. 科学技术的迅猛发展

粮食物流外部环境的变化、参与企业内部观念的变化，为粮食现代物流联盟的产生提供了必要条件，而真正推动粮食物流联盟形成的动因是科学技术的发展。

伴随计算机网络、通信为代表的科学技术发展，粮食现代物流体系内参与企业可以跨越时空以最快的速度传递有关订单需求、市场预期、价格、成本等方面的信息，实时交换粮食物流参与主体物流、资金流、信息流、商流的信息。因此，科学技术的发展是粮食物流联盟产生和推广的坚实基础。

三、粮食现代物流联盟的特征

与传统的粮食物流层级管理模式相比，粮食现代物流联盟的特征体现在整体性、合作与竞争共存性、管理复杂性三个方面。

1. 联盟的整体性

粮食现代物流联盟，不孤立看待各个参与企业，把联盟看作有机整体。联盟内所有参与企业都以低成本、高可靠性、快速为消费者提供高质量、无污染、低价的粮食产品为目标，最大化联盟的整体利益。各参与企业会主动关心其他企业的运作和管理，共同解决问题，实现信息的全面共享。

2. 合作与竞争共存性

粮食现代物流联盟，是在各成员企业相对独立的前提下进行合作的，在某些领域成员间是合作关系，在其他领域则可能成为对手。粮食物流联盟在快速响应消费者需求上，主要表现为合作关系；在利润分配时，主要表现为竞争关系。

3. 管理复杂性

各参与主体在观念、文化、心理、策略等方面会存在差异；彼此信任的评价也存在主观性，因此，管理粮食物流联盟内部企业、协调各方的关系是一项非常复杂的工程。

第六节　粮食物流园区规划与设计

一、物流园区战略定位

物流园区一般都具有广泛复杂的综合功能，比如除了一般的物流功能以外，还具有商品展示功能、技术服务功能、信息发送功能、商品交易功能等多项功能，不能把现代物流园区单纯地理解为货物配送中心。

物流园区的战略定位是园区建设经营等所有的基础，没有明确的战略定位，项目的功能设计、概念性规划设计、技术设计、建设设计都无法完成。

由于物流园区的建设要占用大量的土地资源，投资大，建设周期长，投资回报慢，如果不对物流园区进行科学合理的规划，其风险是十分巨大的。大型物流园区的战略规划是对物流园区建设的目标、理念以及资源和功能的总体部署与规划，是制定物流园区发展规划、布局规划、项目规划等具体实施方案的指导性纲领，为物流园区的设计、建设、运营、管理和评价提供科学的决策依据。

物流园区战略定位的内容主要包括：业务定位，物流园区准备干什么；形象定位，包括服务内容、服务方式等；市场定位，经营的市场区域范围；功能定位，承担什么样的业务功能；客户定位，服务对象是谁。

物流园区的功能主要可以分为两个方面：社会功能、业务功能。社会功能主要包括促进区域经济发展、完善城市功能、整合区域资源及提升产业竞争力等。具体业务功能主要包括运输、仓储、包装、装卸、搬运、流通加工、配送、信息与咨询服务等。

随着经济全球化发展，企业竞争加剧，客户企业除了要求提供运输、仓储、包装等一般性服务外，还希望物流园区提供物流网络设计、需求分析、订货管理、订单处理、信息服务等一系列的增值服务。

二、粮食物流园区的概念和特征

1. 粮食物流园区的概念

粮食物流园区是以促进粮食物流及产业发展为目标，将粮食仓储物流、加工、贸易、质检、信息等功能有机结合，依托资源禀赋与政策支持而形成的粮食物流综合集聚区。粮食物流园区强调充分利用区域资源禀赋、区位交通优势、粮食产业基础等条件，实现粮食物流产业的特色发展、集群发展、共赢发展、产业链发展和可持续发展。

2. 粮食物流园区的特征

（1）集约化。粮食物流园区利用现代化的信息手段，对现有粮食物流资源进行有效整合，提供低成本高水平的物流服务，实现集约化管理和规模经济效益。从实质上来讲，粮食物流园区通过集中投资，依靠完善的农业基础设施、先进的信息技术手段和管理方法等对入驻企业和服务机构、部门的统一协调、管理，实现其服务方式的互补，将粮食快速、高效地送到零售端，提高整体服务水平，最终达到物流、商流、资金流、信息流的结合和统一。

（2）一体化。粮食物流园由于汇聚了多个物流中心、企业等物流节点，并且多位于公路、铁路、水路等运输方式的衔接处，有效地改善了交通环境，减轻了散乱的物流设施建设对城市的负外部效应，有利于城市及周边地区的规划建设。粮食物流园区中各种物流企业及粮食加工企业集中，公路铁路、水路不同运输方式连接于此，可以开展物流一体化服务。

（3）多元化。粮食物流园区在一体化的基础上，进一步完善其综合服务功能，如结算功能、需求预测功能、物流系统设计咨询功能、专业教育与培训功能等，增加园区产业链前端和后端的综合服务能力，打造完整的粮食产业闭环。

（4）集聚性。粮食物流园区由于具备优越的交通位置，便于农产品运输方式的转换，促进了多式联运、共同配送的发展。此外，园区通过优惠的扶持政策和配套的基础设施，还可以创造良好的投资环境，吸引企业和资金入园，所产生的聚集效应可扩大商圈，增加交易机会，从而带动区域经济的发展。

（5）协同性。由于粮食物流园区特殊的功能属性，其建设区域将重点位于粮食产业链条的产销阶段，与区域发展关系较为密切。一方面粮食物流园区将维持区域稳定，为区域协同发展提供良好的安全保障；另一方面城市的发展将进一步带动粮食产业园区的集聚升级。

三、粮食物流园区的运营模式

粮食物流园区运营模式是指粮食物流园区在规划、建设完成后，在政府相关政策支持下，通过建立适当的组织管理体系，对粮食物流园区主要战略和经营层面的活动进行设计，为实现园区社会效益和经济效益最大化目标而采用的方法。

根据物流园区开发建设、运营管理主体以及入驻企业之间存在的各种联系，物流园区开发建设与运营管理模式主要包括：政府主导模式、“租赁—开发—经营”模式、“建设—经营—转让”模式、“建设—租赁”模式、综合模式。

四、粮食物流园区的发展现状

粮食物流园区是粮食物流业集聚发展的重要载体。粮食物流园区热度最高的地区是东南沿海经济区，西部地区分布较少。

1. 东北地区粮食物流园区

东北地区作为全国最大的粮食主产区，依托于港口，建立了综合性粮食物流园区，主要为集并东北优质粮食，进行北粮南运。

东北港口的粮食物流园区普遍具备较为完善的集疏运体系，是铁水、公水等多式联运高效衔接的重要表现，具备经济、环保、高效的集疏运特点。

2. 东南沿海地区粮食物流园区

东南沿海地区，依托大港口优势，利用进口粮源优势和公铁水多式联运的物流优势，吸引大型粮食企业入驻港区，带动“前码头后工厂”的临港油脂加工，逐步形成港口粮食物流与精深加工双轮驱动的“大粮油”物流产业园。

3. 长江中下游地区粮食物流产业园

长江中下游地区是我国主要的商品粮产销基地，素有“鱼米之乡”的美称，是中国最主要的大米余粮区，按照全球化、系统化、网络化、信息化和社会化的现代物流模式，发挥通江达海的区位优势和临港产业集聚优势，打造服务长江经济带的国家级、智慧型港口物流园区。

4. 西南地区粮食物流产业园

西南地区以打造生产服务型国家级物流枢纽为统领，构建“通道 + 枢纽 + 网络”的现代物流运行体系，大力发展枢纽经济和铁路经济，培育千亿级物流产业，打造大仓储、大物流、高端现代粮食产业物流园区。

5. 西北地区粮食物流产业园

西北地区打造“立足西北、对接产区、辐射西南、面向东盟”的国际化大型现代粮食物流中心和中国北粮南运以及东盟粮食输入国内市场的枢纽，以大产业、大物流的发展模式引导大流通，促进转型升级和新旧动能转化。

五、粮食物流园区的分类

粮食物流园区按依托资源不同，可分为铁路粮食物流园区、港口粮食物流园区、多式联运粮食物流园区。

粮食物流园区按功能不同，可分为中转服务型粮食物流园区、加工服务型粮食物流园区、综合服务型粮食物流园区。

粮食物流园区按开发主体不同，可分为公共投资型粮食物流园区、私有投资型粮食物流园区、公司合资型粮食物流园区。

粮食物流园区按服务层次不同，可分为跨省型粮食物流园区、区域型粮食物流园区、本地型粮食物流园区。

六、粮食物流园区的环境分析

1. 周边主要产业（工业）园区

对项目所在地一定半径区域内的各类产业（工业）园区情况进行分析研究，包括这些园区的发展目标、功能布局、未来规划、入驻企业、优惠政策等。这些园区有可能为项目提供市场需求，也可能与项目产生竞争。

2. 周边物流园区及其入驻企业

包括已经建成正在经营的和规划中拟建的各类商贸市场、货运市场以及这些市场的主要入驻企业和业户，对重点市场和企业进行深度访谈，进行优劣势对比分析，从而形成实地市场调研报告，供决策参考。

3. 潜在客户需求

具体了解项目地的主要粮食加工、农产品商贸以及第三方物流企业情况。对这些企业进行物流需求调查，了解它们入驻项目的可能性，对潜在目标客户进行逐个调研，为招商积累客户。

七、粮食物流园区信息化建设

粮食物流园区信息化是指利用信息技术整合粮食物流园区内部的业务流程，使粮食物流园区向着规模经营、网络化运作的方向发展，提高物流运作效率。粮食物流园区信息服务平台建设开发的三个阶段：

1. 建设初期，以基础设施平台建设为主

以网络基础设施建设为主，广泛收集物流园区的各类信息，并将信息分类化、标准化、规范化，按照对信息平台的基本功能进行统一规划，构建功能模块，实现物流业务信息平台的连接、物流园区综合管理信息平台的连接。

2. 建设运营过程中，以功能完善和提升为主

粮食物流园区公共信息平台投入运营后，要保证各功能能够顺利实现，要注重对各业务流程的重组，实现公共信息平台与相关企业和组织的对接，使其功能更加完善，结构更加合理。

3. 成熟运营过程中，以供应链整合发展为主

在此阶段，需要建立并完善市场化的运作方式，吸引外部企业和机构的广泛参与，在公共信息平台支持下，将生产商、零售商物流企业及客户紧密联系在一起，实现企业之间的信息共享和同步处理，促成企业之间的生产加工制造、存货计划控制、运输管理、仓储管理、客户资源管理的信息互动，构建起基于物流园区公共信息平台的供应链体系。

第十一章

完善粮食现代物流体系建设

第一节　我国粮食安全的具体要求

目前，我国粮食总产量已不是制约粮食安全的主要问题，如何建立连接产区与销区高效率、低成本的粮食物流体系，对于国家有效调控粮食市场、保障粮食安全至关重要。由于主产区主要集中在东北地区、黄淮地区和长江中下游地区，在粮食跨省调运数量日趋庞大的情况下，粮食物流对于国家粮食安全的重要性变得更为凸显。

构建新时期粮食安全战略体系，保障粮食安全。加强储备能力建设，严格政府储备管理，优化储备粮品种结构和区域布局，强化中央储备和地方储备协同运作，发挥好“压舱石”和“稳定器”作用。建立健全粮食“产购储加销”协同联动机制，建设完善一批粮食应急保障中心，修订粮食应急保障预案，加强粮食市场监测预警，增强应对突发事件的能力。

深入推进优质粮食工程，加快粮食产业高质量发展。围绕抓好“粮头食尾”和“农头工尾”，延伸粮食产业链、提升价值链、打造供应链，加快建设现代化粮食产业体系，在更高层次上保障国家粮食安全。

全面实施国家粮食安全战略，强化节粮减损。统筹做好粮食收获、仓储、运输、加工、消费等各环节减损工作，支持节粮减损技术和装备研发推广应用，优化原粮散粮物流运输体系；研究探索社会多元储粮新机制，指导帮助农民实施农户科学储粮项目。

打造产业新发展格局，实现粮食供需动态平衡。未来粮食市场竞争更加激烈，将由国内局部竞争转向国内、国际全方位竞争，将由单纯生产能力的竞争转向“生产能力＋流通能力＋创新能力”的竞争；实现“藏粮于库”向“藏粮于市”转型，以粮食加工企业为引擎，打造从产区到销区、田间到餐桌的“产、购、储、加、销”全产业链粮食产业体系，形成“大粮食”“大产业”“大流通”“大市场”的新发展格局，实现产需有效对接，形成需求牵引供给、供给创造需求的更高水平动态平衡。

数字科技助力粮食行业转型发展。伴随着数字经济的迅猛发展，粮食产业近些年呈现出云计算、物联网、大数据、人工智能、区块链等技术工程化推广应用的良好趋势，带动了粮食全产业链的数字化转型，为优质粮食工程和国家粮食安全提供了助力。我国粮食产业将以现代信息技术为基础日益走向全产业链数字化；不断加快数字技术、生物技术、降耗技术和装备技术的成果转化，提高科技采纳率和科技进步贡献率；加快储备设施技术改造升级等。

第二节　粮食现代物流体系的建设原则

为促进粮食现代物流可持续发展，适应粮食购销市场化和国际国内竞争形势的新要求，粮食现代物流体系的构建和运营应坚持以下六个原则：

一、坚持政府引导，市场需求为导向的原则

粮食现代物流业属于服务业，建设粮食现代物流体系，应以市场需求为基础，充分发挥市场机制在构建粮食现代物流体系中的作用，提高资源配置效率；加强宏观调控，优化粮食现代物流节点布局和网络设计。

二、坚持企业运作，政府营造环境的原则

围绕现代企业制度，推进和深化粮食流通体制改革，通过兼并重组，将国有粮食购销企业产权制度改革与发展粮食规模化经营有机结合；政府营造良好的政策环境，扶持粮食企业做大做强。

三、坚持技术先进，统一技术标准的原则

在提升现代物流技术方面，要积极引进和发展先进、成熟的技术，减少流通环节和流通时间，降低粮食损耗和流通成本。坚持技术优先，全面升级和改造现有技术装备，快速提升粮食现代物流效率。同时，注重统一物流技术标准，力争实现整个物流

作业过程的衔接配套，加快与国际技术标准接轨的进程。

四、坚持一体化，统筹规划发展的原则

在发展过程中，努力实现粮食现代物流活动的一体化运作，实现运输方式的有效衔接，提高粮食物流的效率。因此，树立粮食现代物流统筹规划发展的思路，重点发挥粮食主产区的辐射带动作用，做到“典型引路、统筹规划”，全面促进粮食现代物流协调发展。

五、坚持现代化，优化整合资源的原则

在经济全球化和信息化双重推动下，构建粮食现代物流体系应实现装备现代化、管理现代化、信息现代化等目标，优化整合社会物流资源，提高粮食物流设施设备利用率。

六、坚持整体效能，适度超前发展的原则

粮食现代物流体系作为一个系统化、一体化的物流体系，在发展过程中，要统筹兼顾，协调发展；依据规划，完成适度的超前建设。

第三节　粮食物流网络布局与路径优化

一、粮食物流网络的构建

粮食物流网络，是指由供应点、物流中心、需求点及运输路线构成的二级配送网络，其结构如图 11－1 所示。

在一定时间内，供应点（粮库和农户）和需求点（客户）的地理位置相对固定，粮食的供给和需求已知或可以预测。因此，粮食物流网络规划问题就是关于粮食物流中心位置、数量、容量、服务对象和粮食物流配送车辆路径等问题的决策优化。

一般而言，单个客户粮食需求可由一个物流中心完成，每个物流中心可以向所有

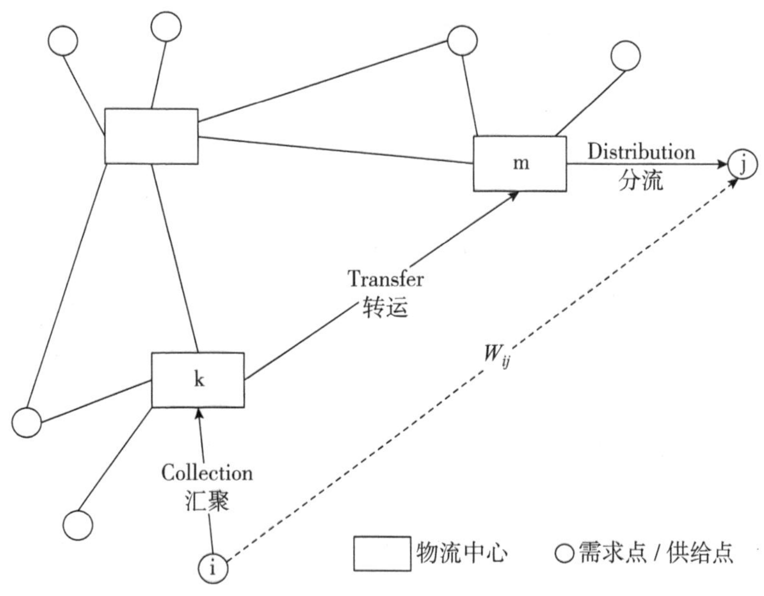

图 11－1　粮食物流网络结构示意图

供应点提供集货业务，因此，粮食物流网络规划的目标是在满足一定的约束条件下确定物流中心数量、位置，即物流中心的选址决策；设计物流中心与服务区域内供应点、需求点的关系，即配送车辆路径的安排决策。

在通常的情况下，增加建设物流中心，能提高物流服务水平，改善服务效率，但也会增加物流系统运行的成本。粮食物流网络规划，实质是粮食物流服务水平和粮食物流成本之间的平衡。

二、粮食物流中心选址原则与影响因素

1. 粮食物流中心选址原则

（1）适应性原则。粮食物流中心的选址，应与我国物流资源分布和需求分布相适应，与国民经济和社会发展相适应。

（2）协调性原则。粮食物流中心的选址，应统筹考虑粮食物流网络的系统性，使物流中心的设施设备在地域分布、物流作业生产力、技术水平等方面互相协调。

（3）经济性原则。粮食物流中心选址费用主要包括建设费用和物流费用（经营费用），最小费用是粮食物流中心选址的经济性原则。

2. 粮食物流中心选址影响因素

（1）自然环境因素。选址时应结合粮食、粮食加工品的特点，需要考虑气象条件；粮食物流中心是粮食的汇聚、转运、分流中心，选址应考虑地址与地形，利于仓储设施的建设；选址应远离河川流域、易溢地下水的区域，不能忽略水文条件。

（2）经营环境因素。运营环境方面，粮食物流中心所在地的物流产业优惠政策、劳动力条件等，劳动力成本与质量是选址决策的一个关键因素；商品特性方面，粮食加工型物流中心选址应与产业结构、产品结构、工业布局紧密结合进行考虑；物流费用方面，粮食物流中心应靠近物流服务需求地，以便缩短运距、降低运费等物流费用；服务水平方面，应实现准时运送，粮食物流中心选址应快速满足客户对粮食物流的需求。

（3）基础设施状况。交通条件方面，粮食物流中心应具备良好的交通运输条件，如临港、临空、铁路编组站或交通枢纽，最好满足两种及以上的运输方式；公共设施方面，粮食物流中心所在地要求城市的道路、通讯等公共设施齐备，有充足的供电、水、热、燃气的能力，最好有污水、固体废物处理能力。

三、粮食网络流问题

最短路问题只考虑边的长度，没有考虑路径上其他因素的约束；最小费用流问题是假设网络上流动的是同一种商品和单位流费用相同，不考虑网络的建设投资等，而实际情况可能存在多种商品，不同商品有不同的单位流费用，并可能考虑建设费用。因此，本节主要讨论在粮食物流中的约束最短路问题和多商品流问题。

1. 约束最短路问题

图 11 - 2 对应的最短路问题，其中节点 v_1 和 v_8 分别是始发节点（源节点）和终止节点（汇节点），图中每边上权重表示长度，要求从始发节点到终止节点的这样一条路径，该路径上各边的权重之和最小（路径长度最短）。在图 11 - 2 中，节点 v_1 到 v_8 的最短路径是 $v_1 \to v_7 \to v_5 \to v_6 \to v_8$，最短路程是 9。

最短路问题只考虑网络每边的长度，可以用如下的数学模型来描述：

$$\min z = \sum_{i \in V} \sum_{j \in V} d_{ij} x_{ij}$$

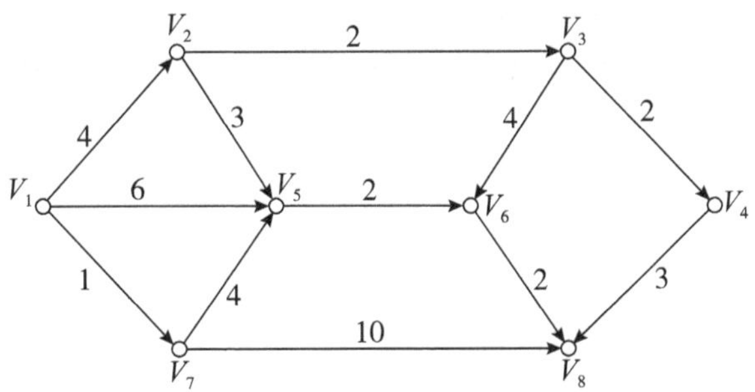

图 11－2　最短路问题

$$\text{s. t.} \quad \sum_{j \in adj(i)} x_{ij} - \sum_{j:i \in adj(j)} x_{ji} = \begin{cases} 1, & i = s \\ 0, & \text{Otherwise} \\ -1, & i = t \end{cases}$$

$$x_{ij} = 0,1; i,j \in V.$$

其中，d_{ij} 是边（i，j）的长度，x_{ij} 是 0－1 型的决策变量（路径选择变量），边（i，j）在最短路径上时等于 1，否则等于 0。该问题是一个易解问题，经典的标号法是多项式算法。

2. 多商品流问题

经典的最小费用流问题只涉及一种商品（Single Commodity），即在网络上流动的只有一种商品。在最小费用流问题中，给定了网络的流量 d，以及边（i，j）的容量 U_{ij} 和单位流费用 C_{ij}，要求网络流 d 在网络上的最小费用的分布模式，如图 11－3 所示。

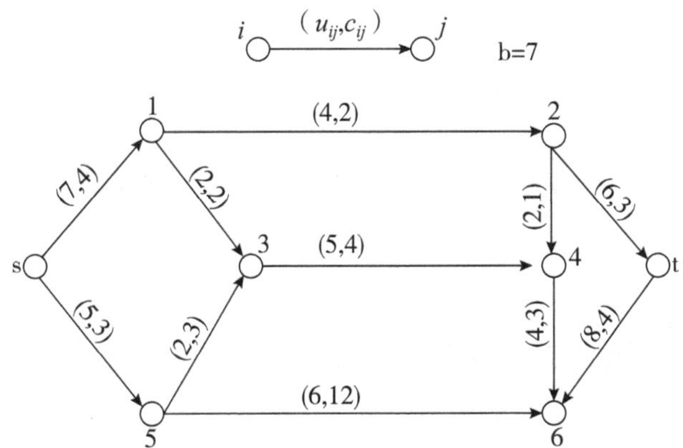

图 11－3　最小费用流问题

最小费用流问题可以用如下的数学模型来描述。其中，目标函数要求总费用最小，每个节点具有一个流量平衡的约束条件；边容量的约束，要求每条边的流量不大于容量。

$$\min z = \sum_{i \in V} \sum_{j \in V} c_{ij} x_{ij}$$

$$\text{s. t.} \quad \sum_{j \in adj(i)} x_{ij} - \sum_{j: i \in adj(j)} x_{ji} = \begin{cases} d, & i = s \\ 0, & \text{Otherwise} \\ -d, & i = t \end{cases}$$

$$0 \leqslant x_{ij} \leqslant u_{ij}; i, j \in V.$$

在粮食物流中，假设在网络上流动着 K 种商品，令 $k=1, 2, \cdots, K$ 表示任意第 k 种商品，在任意边 (i, j) 上，商品流存在容量限制，各种商品的单位流都占有一个单位的容量，因此各种商品流之和不能超过该边的容量 U_{ij}。第 k 种商品的网络流（总需求）为 d^k，在边 (i, j) 上的单位流费用是 $C_{ij}{}^k$，并进一步假设受到该种商品流容量 $U_{ij}{}^k$ 的限制。根据以上假设，多商品流问题的数学模型是：

$$\min z = \sum_{k=1}^{K} \sum_{i \in V} \sum_{j \in V} c_{ij}^k x_{ij}^k$$

$$\text{s. t.} \quad \sum_{j \in adj(i)} x_{ij}^k - \sum_{j: i \in adj(j)} x_{ji}^k = \begin{cases} d^k, & i = s \\ 0, & \text{Otherwise} \\ -d^k, & i = t \end{cases}, \quad k = 1, 2, \cdots, K$$

$$\sum_{k=1}^{K} x_{ij}^k \leqslant u_{ij}; \quad i, j \in V$$

$$0 \leqslant x_{ij}^k \leqslant u_{ij}^k; i, j \in V, k = 1, 2, \cdots, K.$$

第四节　建设粮食物流基地

一、港口在粮食现代物流体系中的积极作用

1. 以港口为依托，充分发挥港口在现代粮食流通网络体系中的枢纽作用

港口，既是水陆运输的枢纽，又是水运货物的集散地、远洋运输的起点与终点，

在现代生产、贸易和运输中处于十分重要的战略地位。作为全球综合运输网络的节点，港口的功能正朝着提供全方位的增值服务方向发展。

2. 依托港口建立粮食物流基地，实现资源的合理配置

德国人喜欢喝咖啡，不同产地、品种的咖啡豆可以配方成不同口味的咖啡，适用不同的消费层，所以，德国汉堡港的咖啡物流中心除装卸、堆存外，还提供熏蒸除虫、筛选和剔除垃圾、抽样质量检查等服务，以及按不同厂家配方要求通过电脑配置，将所需的咖啡豆在合适的时间送到咖啡生产厂商手里。

依托港口建立开放的粮食物流基地，能使库—库、库—港、港—港、粮食供货商—粮食运输商—粮食分销商—粮油产品加工企业、前方—后方有机地联系在一起，实现系统内部资源共享，物流设施合理设置，存量资源功效最大。

二、中国港口粮食物流发展现状

港口，是粮食现代物流的主要节点。目前，国内形成了以环渤海地区、长江三角洲地区和珠江三角洲地区港口群为主的港口粮食物流格局。在主要粮食集散地和交通枢纽，已建设适应散粮化作业的粮食专用码头，实现公路、铁路、水路的有效衔接，提高了粮食快速中转能力。

1. 港口粮食物流流量情况

港口粮食物流流量主要由省际粮食流量、粮食进口量、粮食出口量三部分构成。按水路运输占全国粮食省际运量的42%计算，全国省际间港口粮食物流流量年均约4550万吨，考虑到粮食进出口数量，我国港口粮食物流流量年均约8735万吨。

2. 港口粮食物流通道情况

我国港口粮食物流通道主要有沿海港口粮食物流通道、内河港口粮食物流通道和进出口粮食物流通道三种。

（1）沿海港口粮食物流通道。该通道是东北粮食主产区的玉米、稻谷、大豆等粮食由铁路、公路运至大连北良港、大连港、营口港、秦皇岛港、锦州港、丹东港等港口码头，经水路运往天津、山东、上海、江苏、浙江、福建、广东、广西、海南等地。该通道横跨粮食主产区和主销区，纵跨东北、环渤海、长三角、珠三角等经济区域，年均粮食流通量约5000万吨，占全国粮食物流总量的26.5%。

（2）内河港口粮食物流通道。该通道主要分布在长江流域，包括长江两岸的上海、江苏、安徽、江西、湖南、湖北、四川等省市的粮食流通，是1992年世界银行贷款项目，战略目标是东北地区粮食在大连下海，沿海运抵上海，再经上海转入长江，在粮食专用码头上岸后采用铁路、公路向粮食主销区中转及散运。

（3）进出口粮食物流通道。该通道主要由大豆进口通道和玉米出口通道组成，其中，大豆进口通道指从美国、巴西和阿根廷进口的大豆流入中国东南沿海、山东、京津冀、辽宁等省份；玉米出口通道主要是从东北地区的大连北良港、大连港、营口港、锦州港、丹东港流出至韩国、日本、马来西亚、加拿大等国。

3. 港口粮食物流设施情况

全国有超过930家企业拥有粮食码头，拥有泊位约1810个，总吨位约134万吨，沿海港口中转库库容约505万吨，拥有散粮专用车约4800辆。环渤海地区港口粮食物流设施发展较快，形成了以大连北良港为代表，大连港、营口港、锦州港、丹东港、秦皇岛港紧随其后的东北地区港口群。

作为北方最大粮食港口，大连北良港拥有世界先进技术水平的亚洲最大的粮食港口中转物流设施。开启了大规模“四散化”粮食物流业的先河，构筑了粮食“产区—港口—销区”的铁海联运全程物流链，是中国粮食物流现代化进程的里程碑。

大连北良港现有3个散粮专业化泊位和2个多用途泊位，散粮泊位设计通过能力每年约1100万吨。在仓储能力方面，散粮筒仓142万立方米、房式仓库4万平方米、双线铁路罩棚3万平方米、堆场30万平方米。拥有L18型铁路散粮专用车2400辆，载重量40吨的散粮卡车18辆，散粮自卸半挂车8辆。北良港的粮食港口设施设备在行业内处于领先地位。

大连港现有7个生产泊位，设计总泊位通过能力每年约950万吨，其中散粮泊位通过能力每年约650万吨。散粮筒仓共计51.5万吨，年转运能力约为400万吨，仓库堆场41万平方米。33.5万吨散粮筒仓和16万平方米堆场为玉米和进口大豆期货交割仓库。自有散粮铁路专用车1000辆，年转运能力约为300万吨，码头主要机械设备共计56台套。

营口港拥有万吨级以上泊位17个，其中散粮专业化装船泊位1个，散粮泊位设计能力每年约80万吨。散粮筒仓20万立方米，粮食堆场30万平方米。L18型铁路散粮专用车150辆。

4. 港口粮食物流运输方式

我国港口粮食物流主要采用多式联运的运输方式，主要作业方式有：散粮火车、散粮汽车来粮，卸粮，港口暂存，装船外运；汽车集装箱来粮，卸粮，港口暂存，装船外运；水路散粮船来粮，卸粮，港口暂存，汽车、火车发运。

三、我国港口粮食物流面临的主要问题

1. 南北港口粮食物流设施分布不平衡

中国东南沿海主销区散粮接卸、中转能力整体上不足，特别是中转仓容，上海、江苏、浙江、福建、广东、广西、海南等地原粮流入量占全国流入量的48%，但接收能力只占全国总量的4.5%，机械化程度较高的立筒仓、浅圆仓只占4.5%。

2. 水运比例偏低，费用偏高

我国粮食物流水路运输发展较慢，水运比例偏低，水运约占全国粮食省际间运量的42%，粮食物流成本占粮食销售价格的20%~30%。美国通过以密西西比河、伊利诺伊河、俄亥俄河、哥伦比亚河为中心的驳船粮食运输比例高达60%，粮食物流成本仅占粮食销售价格的10%~12%。

3. 东北地区港口粮食物流竞争激烈

为适应散粮化的发展趋势，东北地区打破了大连北良港一枝独秀的局面，形成了北良港、大连港、营口港、锦州港、丹东港“五港出粮”。五个港口地理位置靠近，其中北良港与大连港相距仅6千米，价格竞争激烈，玉米中转量分流严重（北良港约占31%、大连港约占21%、营口港约占22%、锦州港约占20%、丹东港约占6%）。

4. 粮食加工业的快速发展对港口粮食物流产生影响

随着主产区粮食加工业的发展，粮食流出量中粮食制成品比例不断增加，原粮流出量不断减少，粮食物流的节点设施（如码头、仓库）以及运输工具要适应流体变化的趋势，增加相应功能服务，提高利用率。

四、我国港口粮食物流发展的趋势

1. “粮食专业码头+粮食物流中心”是港口粮食物流发展的新方向

粮食物流中心是综合性、区域性的粮食集中地，把商流、物流、信息流、资金流

融为一体，为供应、生产、销售等粮食企业提供优质、高效、低成本的服务。在粮食专业码头附近建设粮食物流中心可以依托港口的区位优势，充分发挥粮食物流中心的辐射和集聚效应，利用场地、设施、网络等优势资源，完善和拓展粮食收购、仓储、运输、加工、包装、配送等功能，提升港口粮食物流功能，缓解港口粮食物流的经营风险，增加港口粮食物流经营收入。

2. **供应链管理成为港口提升自身竞争力的关键**

供应链管理是对供应链全部活动进行计划、组织、协调与控制，港口凭借自身的特点成为连接国内外粮食生产、运输、储存、流通加工等物流活动的重要节点，在全球粮食供应链中发挥着越来越重要的作用。港口在日常业务经营中运用供应链管理的思想和理念，与上下游粮食节点企业实现密切合作、共享信息、共担风险，通过粮食供应链的职能分工与合作实现供应链整体收益最大化。

第五节　完善散粮运输体系

一、散粮运输的优势分析

散装、散卸、散运和散储的“四散化”是粮食流通实现现代化的重要标志。自 20 世纪 30 年代开始，美国、加拿大从农场仓库、收纳库、中转库到终端库开始发展以圆筒仓自动装卸，散粮汽车、散粮火车、散粮专用船舶为标志的散粮综合运输。澳大利亚在散粮运输起步阶段，由于不同利益主体意见存有分歧，最终通过立法，强制完成了散粮运输的变革。到 20 世纪 80 年代，发达国家已基本实现了粮食流通的四散化。发展粮食物流的四散化的过程，也是发展粮食物流的信息化、专业化、机械化、自动化、标准化、智能化的过程。

1. **“四散化”粮食运输有利于降低粮食流通费用**

长期以来，我国粮食的流通方式是以装袋为主的包粮运输，“散来包去，拆包散运”，因涉及包装、搬运、人工管理等成本，加大了粮食物流成本。以装运 5 万吨小麦为例，如采用包装运输需麻袋 60 万条，占用堆场 40 万~50 万平方米，还会涉及人工的费用；如采用散运方式，需要两个筒仓，仅占地 1600 平方米，装卸均为计算机控制的自动化操作，费用大大降低。采用提速底盘的新型散粮车皮，在60吨满载时运行速度也可达120千米/小时；车皮上部的装粮口采用全通式设计，装粮效率高，适应性强；下部设有四个自流卸粮口，自流卸车后车内无粮食存留（卸一车粮的时间约为65秒），每吨粮节省流通费用40元人民币，减少粮食损失价值16元人民币。

2. “四散化”粮食运输有利于减少粮食损失

我国粮食运输中损失较大，除国家储备粮损失不超过1%外，全国平均粮食产后损失占粮食总产量的12%~15%（如果损失的粮食降低50%，可供2000万人口4年的消费，相当于开发几百万顷的“无形粮田”），农民手里的损失率高达18%左右；而加拿大等国的粮食损失率低于0.3%。

3. “四散化”粮食运输有利于保证粮食品质

我国传统的包装运输方式，由于涉及反复的拆包装、大量的人工操作，最终用户手中的袋装粮食中往往含有麻绳、石头、铁丝、铁块等杂质。采用散粮运输实现了机械化自动分等分级，能保证粮食质量。如：先进的粮食散运不仅在运输中减少中间装卸环节，减少杂质；在仓储中也设计了多重防护措施，比如，设置杂物清理装置，可以清除粮食中的各种有机和无机杂物。筒仓内配备的粮食温度监测系统，可对仓内谷物进行实时监测，出现异常情况自动报警；储备库配备自动通风系统和谷物冷却系统，对谷物进行通风作业、强制降温，确保谷物的长期储存安全。

二、散粮运输发展缓慢的原因

我国粮食“四散化”起步于20世纪80年代初期，发展缓慢的原因主要包括：

1. 散粮基础设施建设落后

我国粮库中，苏式仓、土圆仓、普通仓占有较大的比重，车站、码头的装卸环节机械化、自动化程度比较低，缺乏必要的散粮计重设备。

2. 粮食仓储、运输、装卸的散粮化设计与实施不匹配

粮食散储容易实现，但粮食散运、散装、散卸却不能匹配，影响散粮仓库的利用率。

3. 外部经济和技术政策不配套

粮食“四散化”发展与粮食流通大环境密切相关，涉及多部门、行业的相互协调与政策的配套，如，铁路部门散装粮食专用车的购置，高额的维修费用、利用率的不确定等因素影响购车的积极性；企业使用散粮专用车，除向铁路部门支付运输费，还要支付车辆折旧费、维修成本、返程空车费、管理费等，导致散粮运输每吨运费比普通铁路敞车高。

三、我国粮食物流“四散化”战略

1. 推进我国粮食物流“四散化”运输试点

国家发展和改革委员会发布的《粮食现代物流发展规划》中提出，我国要建成主要的散粮物流通道和散粮物流节点，将全国原粮运输中散粮比例由目前的15%提高到55%，国内跨省流通量中散粮流通比例由目前的20%提高到80%，实现主要跨省粮食物流通道的散储、散运、散装、散卸和整个流通环节的供应链管理，形成现代化的粮食物流体系，增强国家对粮食市场的应急调控能力。

从东北粮食运输走廊实践看，散粮运输的优势明显。一是降低了费用，从东北产区到大连北良港，通过散粮系统运输的粮食每吨可节省流通费用40元左右。二是减少了损失，粮食在运输途中的撒漏损失由传统运输的5%~7%下降到1%以下，每吨粮食可节约50元左右。三是缩短了时间，东北地区散粮或运输往返在途时间由原来的7天减少到3天，散粮在港口停泊的时间由原来的7天减少到3天。四是提高了质量，散粮运输杜绝了困扰我国多年的粮食中含有麻绳、铁块、石块等恶劣杂质问题，在后方中转库和港口库实现了机械化自动化分等分组，提高了粮食的卖价。

我国在推动“四散化”技术方面已经做了许多工作，特别是在建设500亿千克国家储备粮库的过程中应用了“四散”技术，但就整体而言，与加拿大等发达国家相比还存在差距。为加速粮食物流现代化，应进一步减免散装火车的铁路回空费，支持与“四散”配套项目的改造和完善等，在发展散装粮火车的同时，发展调运灵活的散装粮集装箱和散装粮汽车。

2. 发挥大型粮食企业在“四散化”中的作用

散粮物流体系的前期投资较大，为了能发挥“四散化”的社会经济效益，需要整个粮食流通通道的协同发展。为此，优先考虑主要交通干线粮食物流节点的“四散化”，发挥大企业的龙头带动作用，发展通用型粮食集装箱运输。

第六节　建设粮食物流决策支持系统

一、粮食物流决策支持系统的结构设计

粮食物流决策支持系统的总体设计，包括系统目标、设计思想以及系统的结构和功能设计。

1. 系统设计目标

粮食物流决策支持系统以模型库和数据库为核心，它利用粮食物流量的预测值，结合相关模型进行粮食物流网络布局。在选定的节点区域内，利用路径优化模型，进行路径优化的可视化，以便降低物流成本，满足用户需求，为管理决策提供支持。

2. 系统设计思想

从功能上，系统设计以政府、企业的需求为出发点，按照粮食物流管理体系以及粮食物流规划关键问题的逻辑顺序，全面提供预测、选址、调度、分析等一系列功能。具体包括：采用自顶向下的方法，将结构化分析和原型法相结合进行系统分析与设计；通过可视化的界面，向用户提供功能模块的数据管理及决策输出等功能。

3. 系统总体结构设计

粮食物流决策支持系统是粮食物流中心主要功能活动的集成，具有订单管理、库存管理、设施选址和物流配送等多项辅助决策功能，系统开发的主要任务是以地理信息系统（Geographic Information System，GIS）为基础，集优化算法与数据库管理分析为一体，设计粮食物流数据库系统，构造粮食物流需求预测、设施选址和车辆路径优化计算的各种模型和方法的模型库，以地图和报表的形式向用户提供方案，实现粮食物流网络优化决策的可视化，促进粮食物流管理的科学化、信息化进程。粮食物流决策支持系统的总体结构，如图 11 -4 所示。

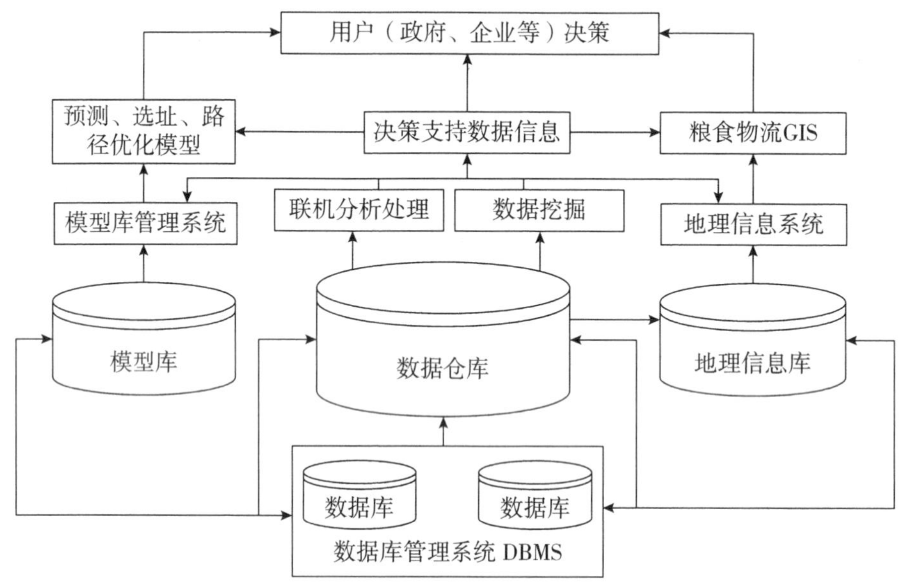

图 11－4　粮食物流决策支持系统的总体结构

资料来源：根据《粮食物流管理实务》整理

二、粮食物流决策支持系统的功能设计

决策支持系统在功能上分为四大部分：人机对话界面、数据库系统、模型库系统和输出功能，如图 11－5 所示。

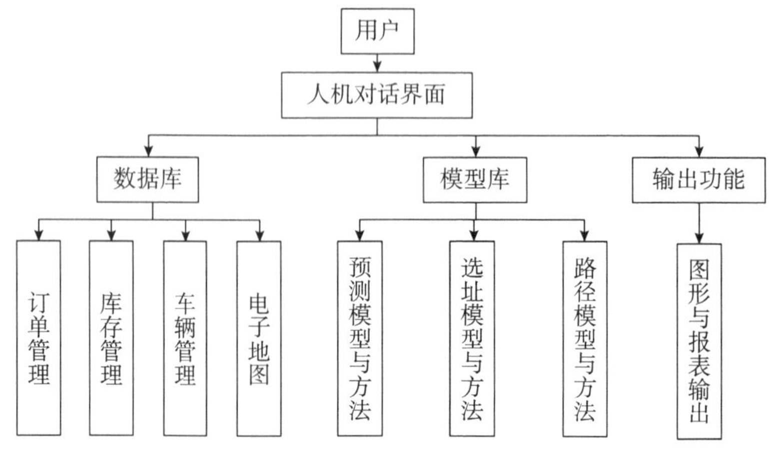

图 11－5　决策支持系统

资料来源：根据《粮食物流管理实务》整理

粮食物流决策支持系统是以数据库、模型库作为基本信息支撑，辅以友好的用户

界面和人机对话过程，实现信息查询和决策。

1. 数据库系统

数据库系统中存放着决策支持系统所需的各类信息，包括库存管理系统、订单管理系统、车辆管理系统以及电子地图等模块，如图 11－6 所示。

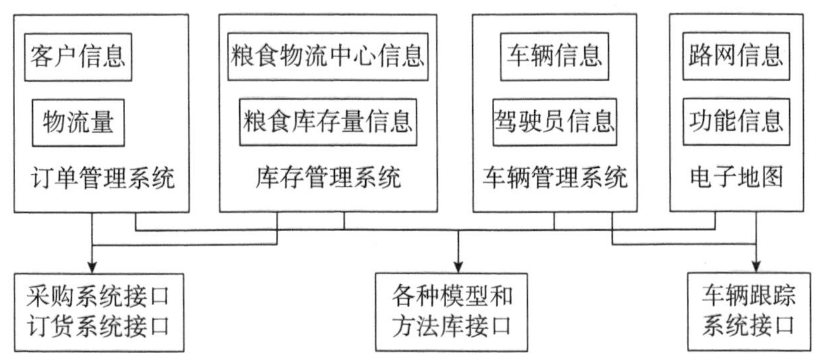

图 11－6　粮食数据库系统

资料来源：根据《粮食物流管理实务》整理

订单管理系统，包括粮食物流中心与客户名称、位置、规模和粮食品种等信息，以及物流中心与客户的交易记录，与车辆信息、电子地图等组成了粮食物流配送决策的基础数据。

库存管理系统，对物流中心现有粮食进行操作（查询、添加、修改、删除等），并对库存量少于库存下限的粮食进行预警提示。

车辆管理系统，详细记录车辆的编号、载重量、行驶速度、车辆状况等，是粮食物流决策支持系统调度模型和算例分析的关键信息。

电子地图，向系统提供路网和功能的信息数据，是设施选址、车辆路径优化模型和算法运行的基础；提供的可视化界面，可实现地图显示、目标定位、查询统计等功能。

2. 模型库系统

模型库主要包括决策过程所需的数学模型和方法，包括粮食物流需求预测模型和方法系统、粮食物流中心选址和方法系统和车辆调度模型和方法系统。其中，粮食需求预测模型和方法系统，采用科学的模型预测未来粮食物流需求量，确定粮食物流中心未来的粮食物流量规模，是制定粮食物流规划关键的一步，也是制定总体布局规划的重要依据。

粮食物流中心选址模型和方法系统，通过选址模型为粮食物流中心选址提供可靠的决策依据，保证选址的科学性和合理性。

车辆路径优化模型和方法系统，通过构建车辆路径模型，运用恰当的算法对配送路线的方案进行优化，保证配送过程的低成本、高效益，为企业实现节本增效提供有力的数据支持。

3. 输出功能

以图形和报表的形式输出。

三、粮食物流决策支持系统的作用

实现粮食从生产到消费过程中相关环节、组织有机结合，解决传统流通体制条件下产销脱节、相关单位自成体系、缺乏合作等问题，使区域性乃至全国性的粮食流通成为一个统一的体系。

实现系统内外、国内外产销储运等相关资源共享，充分发挥信息在促进粮食流通、推动粮食生产的重要作用。

实现粮食物流全程管理，实时解决运营过程中的各种问题，促进粮食物流方式的现代化。

缩短粮食流通时间，减少资金占用，加速资金周转，降低粮食物流成本，提高粮食流通与经营的效率及效益。

提高国家对粮食生产与流通、供给与消费的宏观调控和我国粮食的国际竞争能力。

第十二章

保障粮食现代物流发展的措施

第一节　发展和完善粮食现代物流的目标

粮食物流涉及方方面面，既涉及中央和地方的积极性，也涉及产区和销区以及进口和出口。特别是在当前我国粮食生产面临“五高”，即高产量、高库存、高进口、高价格以及高成本的情况下，对新时期粮食现代化建设提出了更高要求，也对长期以来重生产轻流通的状况提出了改变。

粮食物流发展过程中，藏粮于地，藏粮于技；粮食消费量进一步增长，粮食产量会向全物流演变；实施“以我为主、立足国内、确保产能、适度进口、科技支撑”国家粮食安全新战略；内河航运将是突破的重点；推进点对点的集中化、适度集中和二次分散的运输模式；改进新型散粮火车装备和运输线路。

一、建立高效率、低成本的粮食物流基础设施

实现物流技术装备现代化，结合我国国情和粮情，着眼未来发展，积极采用先进、适用、成熟的技术，减少流通环节和流通时间，降低粮食损耗和流通成本。在提高粮食流通效率的同时，通过建设网点布局合理、技术装备水平高、环节衔接紧密并符合“四散”要求的粮食物流基础设施，加快推进公铁水多式联运等经济合理、无缝化的运输方式。

二、建立合理、规范的粮食现代物流运营体制

按照系统的视角规划物流体系，营造良好的粮食现代物流发展环境。处理好粮食

物流体系与粮食产业的关系，紧密围绕粮食产业布局和发展要求，规划建设现代物流体系；处理好粮食物流体系与社会物流体系的关系；处理好物流体系建设与物流业发展环境建设的关系，逐步建立一套有利于粮食现代物流业发展的财税、运输管理政策。

实现管理现代化，推进国有粮食企业的改组改造，建立现代企业制度，实现粮食流通体制的创新。解决粮食物流体系中存在的各种体制性障碍，整合粮食物流资源，促进仓储设施的社会化和运输服务的市场化改革，实现粮食物流中不同环节的无缝连接，解决原粮物流阶段的铁路散粮运输问题。

三、建立完备、快捷的粮食现代物流系统平台

加快粮食物流体系信息化建设，推行粮食物流公共信息平台，实现粮食流通的信息共享。用现代信息技术手段改革现有粮食物流体系，引导粮食物流企业树立信息主导和技术创新战略，提高粮食物流决策和管理水平。

第二节　发展和完善粮食现代物流的途径和方法

发展粮食现代物流是一项跨行业、跨部门、跨地区的系统工程，需要有创新的意识、创新的机制、创新的管理。

一、加强粮食现代物流体制创新和实践

粮食物流体制创新，需要打破地区分割、行业垄断，促进粮食仓储设施的社会化和运输服务的市场化。充分利用和整合企业现有的粮食仓储、加工、运输设施等资源，发展社会化粮食储运体系、粮食深加工和粮食产业化经营，对“小而散”的粮食企业进行改组、改制、兼并和调整，推进粮食连锁经营、物流配送等现代流通方式；发挥第三方粮食物流企业在粮食经营和宏观调控中的重要作用。

国家发展和改革委员会同国家粮食和物资储备局将进一步发挥全国现代物流工作部际联席会议作用，加强与财政、铁路、交通、质检等部门的沟通协调，明确责任、形成合力，切实解决粮食物流发展中出现的重大问题。各级地方政府要全面落实粮食安全省长责任制，加强统筹协调，指导发展改革部门和粮食行政管理部门结合本地实际，制定具体实施方案，抓好规划相关工作任务的落实。

根据国务院办公厅印发推进多式联运发展优化调整运输结构工作方案（2021—2025年），推动大宗物资"公转铁、公转水"，鼓励粮食企业将货物"散改集"，中长距离运输时主要采用铁路、水路运输，短距离运输时优先采用封闭式皮带廊道或新能源车船。粮食产销区通过"走出去""引进来"的双向流通渠道，深入推进产销合作，由以前单纯的供需协作逐步走向"产、购、储、加、销"一体化供应链合作。

二、加快粮食物流基础设施建设

完善建设粮食仓储设施。我国粮食产量与粮食仓容比约为1∶0.4，远远低于美国的1∶2.2。在粮库、加工厂建设上，应充分考虑自然环境、粮食产销状况、交通条件等因素来确定库址、厂址和粮仓类型，依据产销量、中转量等因素确定仓库规模，根据消费服务半径、竞争情况设计加工能力；对已建成的粮食仓储设施（浅圆仓等）进行技术设施的配套，如：配备粮情监测、谷物冷却、环流熏蒸、机械通风设备等。重点建设粮食物流关键节点和核心枢纽城市的港口接卸中转能力提升项目。

港口接卸中转方面，用于快速中转的筒仓等仓容应在10万吨以上，可实现粮食年中转量在200万吨以上；长江沿线（中下游）用于快速中转的筒仓等仓容不低于5万吨，可实现粮食年中转量在100万吨以上；长江上游及其他内河沿线用于快速中转的筒仓等仓容不低于2.5万吨，可实现粮食年中转量在20万吨以上。

铁路散粮运输方面，应位于中转量集中的铁路枢纽节点，发运或接卸点有条件建设铁路散粮专用车或集装箱接发设施，铁路专用线应满足整列到发要求，可实现粮食年运量在30万吨或4000标准箱以上。

粮食仓储方面，标准化储备仓单个项目原则上不低于2.5万吨，收纳仓东北地区不低于1.5万吨，其他地区不低于1万吨。大中城市成品粮，单个项目建仓规模不低于3000吨。

加强建设"四散化"设施。建设铁路专用线、专用码头、散粮中转及配套设施，减少运输环节粮食损耗；推广粮食专用散装运输车、铁路散粮车、散装运输船、敞顶集装箱、港口专用装卸机械和回收设备，增加散粮自动接卸、计重设备和专用运输工具；加强港口集疏运体系建设，发展粮食集装箱公铁水多式联运；加快技术装备升级，推广应用标准化运载单元，积极推动标准化托盘（1200毫米×1000毫米）在集装箱运输和多式联运中的应用。

加快建设综合立体交通网，加快港口物流枢纽建设，完善铁路物流基地布局。对服务于国家宏观调控的重要物流通道和物流线路上的散粮中转设施和粮食物流园区建设，可结合现有渠道由中央预算内投资给予适当支持。进一步落实支持粮食物流业发展的用地政策，对符合土地利用总体规划要求的粮食物流设施建设项目，加快用地审批进度，保障项目依法依规用地，支持企业整合存量土地资源建设物流设施。通过争取专项资金支持，鼓励粮食物流技术创新和示范，推动粮食物流装备企业提升技术实力。鼓励发展散粮火车和集装单元化运输，支持散粮火车入关运行。加强散粮火车的组织运营，提高散粮火车使用效率。

三、加快粮食物流技术与智能化建设

粮食仓储方面，加大物理杀虫剂和植物杀虫剂研发力度，既注重增强杀虫效果，又要重视生态和环境的保护；粮食运输环节，加强粮食“四散化”技术研究；粮食加工环节，重视技术引进、新产品开发及科技成果的运用，提高产品科技含量和副产品的综合利用水平；加强粮食物流体系各环节自动化设施建设，实现粮食接收、分拣、包装、装卸、运送、监控设施的自动化，提高粮食物流效率。

四、建设高素质的粮食物流人才队伍

着力完善粮食物流专业人才培养体系，支持有关院校增设粮食物流相关课程。以提高实践能力为重点，探索形成院校与有关部门、科研院所、行业协会和企业联合培养粮食物流人才的新模式。完善粮食物流业在职人员培训机制，加强粮食物流业高层次经营管理人才培养，积极开展职业培训。建立健全粮食物流业人才激励和评价机制，加强粮食物流业人才引进，吸引国内外优秀人才参与粮食物流经营和管理。

五、提高粮食物流宏观调控的科学性

政府及粮食行政管理部门应按粮食购销市场化的要求，结合粮食产量、流量、交通、企业规模等情况调整粮仓、厂、站、点的分布，实现粮食物流科学合理；粮食加工环节应调整布局、重组资产，淘汰落后的、高能耗的生产设备，研制和引进先进的设备，为粮食深加工、精加工和综合利用创造条件。深化粮食收储制度改革，加快培育多元市场购销主体，改革完善中央储备粮管理体制，科学确定政府储备规模，完善“通道 + 线路 + 枢纽 + 节点”的粮食物流骨干网络，强化监测预警，完善粮食市场体系，在更高水平上实现供需动态平衡。

积极探索政府资金引导、社会资金资本参与粮食物流设施建设的新机制，形成多元化、多渠道、多层次的投融资体系。发挥政策性银行等金融机构对粮食物流业发展的支持作用，鼓励政策性银行在业务范围内对符合条件的粮食物流企业提供信贷支持，积极引导商业银行为粮食物流发展提供多元化金融服务。支持粮食物流企业运用多种方式拓宽融资渠道，鼓励符合条件的企业通过发行债券和上市等方式进行融资。鼓励社会资金以 PPP（Public-Private Partnership，即政府和社会资本合作）等方式投资粮食物流基础设施建设。鼓励社会资本通过成立粮食流通产业创业投资基金，投资粮食物流装备、信息化等领域中小科技型企业。

六、打通粮食产销“最后一公里”

鼓励产销区加强战略合作。政府部门制定和完善相关扶持政策，搭建服务平台，发布权威信息，加强组织引导；支持销区到产区建立一定数量的异地粮食储备，有效利用产区仓储资源；鼓励销区企业到产区建立粮食生产基地、仓储物流设施，搞产地加工、收储，并适时将粮食运回销区；各地还要建立协调机制，积极解决企业在产销合作中遇到的难题。

引导企业开展多种形式的产销合作。采取大流通的思路，创造公平、公正、公开的市场环境，形成不同市场主体相互补充、全国统一市场健康发展的粮食产销合作新格局。

完善粮食物流网络，打通粮食运输中的“堵点”。加强粮食流通基础设施和重要物流节点建设，大力发展粮食“公、铁、水”多式联运，支持发展第三方粮食物流。在粮食集中上市、运力相对紧张时段，铁路、粮食部门要制定运输方案，着力保障粮食及加工产品外运，交通运输部门要做好公路通行、应急运输保障和港口粮食转运工作。

第三节　保障我国粮食安全的对策

一、通过“内循环”确保粮食安全

藏粮于地，严守耕地保护红线。增强全国土地利用总体规划的约束力，坚决遏制耕地“非农化”，严格管控“非粮化”；以轮作为主、休耕为辅，促进耕地生态环境的改善；促进种地养地结合，统筹种养规模和环境消纳能力，扩大种养结合循环农业试点范围，处理好抓生产与保生态的关系，真正落实藏粮于地的发展战略。

藏粮于种，助力粮食产业高质量发展。按照2021年中央一号文件“打好种业翻身仗”的要求，做到应保尽保、有序开发；启动种源“卡脖子”技术联合攻关，强化主要粮食作物、特色经济作物等核心技术的研发工作；提升种业企业核心竞争力，出台激励政策，推动人才、资本等资源有序向企业聚集，帮助企业搭建商业化育种体系。

藏粮于智，增强粮食系统韧性。构建粮食产业大数据平台，建立健全粮食产业灾害预警与防治体系，实现对粮食生产全过程、全覆盖的动态监测；推进国内粮食产业向气候智能型转变，提升气候变化适应能力和灾后恢复能力。

藏粮于民，提升粮农种粮积极性。完善粮食和重要农产品市场调控政策，综合考虑粮食生产成本、种粮机会收益、国际市场粮价等因素，合理制定最低收购价；扩大粮食作物完全成本保险和种植收入保险的实施范围，增强种粮农民的抵御风险能力；建立生态环保成果的交易市场，实现对种粮农民收入的生态补偿。

坚持高质量发展，统筹实施优质粮食工程，实现粮食产业链、价值链、供应链“三链协同”，推进粮食优产、优购、优储、优加、优销“五优联动”，强化龙头企业带动，加快构建现代化粮食产业体系，提高粮食产业质量效益和竞争力，开展“中国好粮油”行动，增品种、提品质、创品牌，更好满足人民群众从“吃得饱”到“吃得好”的消费需求。

二、通过“外循环”确保粮食安全

优化粮食进口贸易格局。根据世界贸易组织（WTO）框架下的支持和保护措施，完善粮食进口关税配额，既要为民营粮食企业的发展创造更大空间，又要满足消费者对有机、低碳、营养粮食的需求；推动进口渠道重心从传统的欧美国家转向“一带一路”沿线国家和地区，保障粮食进口来源渠道的稳定性，实现高效稳定的国际粮源供应。

推动粮食企业由“走出去”向“融进去”转变。深化与“一带一路”沿线国家和地区在粮食领域的经贸合作，为培育国际大粮商，鼓励和支持国内粮食企业“走出去”制定中长期发展规划；加强收储、仓储、港口、船运等战略性物流通道建设，在粮食产能消化、粮食加工等方面寻找合适的合作伙伴，积极推动粮食加工“走出去”。

推动构建全球粮食安全命运共同体。推进南南合作，努力实现联合国2030年可持续发展目标；立足国际视野，为其他国家落实粮食安全保障任务提供中国智慧、中国方案，提升对国际粮食市场和价格的影响力；构建稳定良好的粮食国际市场新秩序。

附录

粮食物流相关法律法规知识和标准

附录一　粮食流通管理条例

（2004年5月26日中华人民共和国国务院令第407号公布；根据2013年7月18日《国务院关于废止和修改部分行政法规的决定》第一次修订；根据2016年2月6日《国务院关于修改部分行政法规的决定》第二次修订；2021年2月15日中华人民共和国国务院令第740号第三次修订）

第一章　总则

第一条　为了保护粮食生产者的积极性，促进粮食生产，维护经营者、消费者的合法权益，保障国家粮食安全，维护粮食流通秩序，根据有关法律，制定本条例。

第二条　在中华人民共和国境内从事粮食的收购、销售、储存、运输、加工、进出口等经营活动（以下统称粮食经营活动），应当遵守本条例。

前款所称粮食，是指小麦、稻谷、玉米、杂粮及其成品粮。

第三条　国家鼓励多种所有制市场主体从事粮食经营活动，促进公平竞争。依法从事的粮食经营活动受国家法律保护。严禁以非法手段阻碍粮食自由流通。

国有粮食企业应当转变经营机制，提高市场竞争能力，在粮食流通中发挥主渠道作用，带头执行国家粮食政策。

第四条　粮食价格主要由市场供求形成。

国家加强粮食流通管理，增强对粮食市场的调控能力。

第五条　粮食经营活动应当遵循自愿、公平、诚信的原则，不得损害粮食生产者、消费者的合法权益，不得损害国家利益和社会公共利益，并采取有效措施，防止和减少粮食损失浪费。

第六条　国务院发展改革部门及国家粮食和储备行政管理部门负责全国粮食的总量平衡、宏观调控和重要粮食品种的结构调整以及粮食流通的中长期规划。国家粮食和储备行政管理部门负责粮食流通的行政管理、行业指导，监督有关粮食流通的法律、法规、政策及各项规章制度的执行。

国务院市场监督管理、卫生健康等部门在各自的职责范围内负责与粮食流通有关的工作。

第七条　省、自治区、直辖市应当落实粮食安全党政同责，完善粮食安全省长责任制，承担保障本行政区域粮食安全的主体责任，在国家宏观调控下，负责本行政区域粮食的总量平衡和地方储备粮等的管理。

县级以上地方人民政府粮食和储备行政管理部门负责本行政区域粮食流通的行政管理、行业指导；县级以上地方人民政府市场监督管理、卫生健康等部门在各自的职责范围内负责与粮食流通有关的工作。

第二章　粮食经营

第八条　粮食经营者，是指从事粮食收购、销售、储存、运输、加工、进出口等经营活动的自然人、法人和非法人组织。

第九条　从事粮食收购的经营者（以下简称粮食收购者），应当具备与其收购粮食品种、数量相适应的能力。

从事粮食收购的企业（以下简称粮食收购企业），应当向收购地的县级人民政府粮食和储备行政管理部门备案企业名称、地址、负责人以及仓储设施等信息，备案内容发生变化的，应当及时变更备案。

县级以上地方人民政府粮食和储备行政管理部门应当加强粮食收购管理和服务，规范粮食收购活动。具体管理办法由省、自治区、直辖市人民政府制定。

第十条　粮食收购者收购粮食，应当告知售粮者或者在收购场所公示粮食的品种、质量标准和收购价格。

第十一条　粮食收购者收购粮食，应当执行国家粮食质量标准，按质论价，不得损害农民和其他粮食生产者的利益；应当及时向售粮者支付售粮款，不得拖欠；不得接受任何组织或者个人的委托代扣、代缴任何税、费和其他款项。

粮食收购者收购粮食，应当按照国家有关规定进行质量安全检验，确保粮食质量安全。对不符合食品安全标准的粮食，应当作为非食用用途单独储存。

第十二条　粮食收购企业应当向收购地的县级人民政府粮食和储备行政管理部门

定期报告粮食收购数量等有关情况。

跨省收购粮食，应当向收购地和粮食收购企业所在地的县级人民政府粮食和储备行政管理部门定期报告粮食收购数量等有关情况。

第十三条　粮食收购者、从事粮食储存的企业（以下简称粮食储存企业）使用的仓储设施，应当符合粮食储存有关标准和技术规范以及安全生产法律法规的要求，具有与储存品种、规模、周期等相适应的仓储条件，减少粮食储存损耗。

粮食不得与可能对粮食产生污染的有毒有害物质混存，储存粮食不得使用国家禁止使用的化学药剂或者超量使用化学药剂。

第十四条　运输粮食应当严格执行国家粮食运输的技术规范，减少粮食运输损耗。不得使用被污染的运输工具或者包装材料运输粮食，不得与有毒有害物质混装运输。

第十五条　从事粮食的食品生产，应当符合食品安全法律法规和标准规定的条件和要求，对其生产食品的安全负责。

国家鼓励粮食经营者提高成品粮出品率和副产物综合利用率。

第十六条　销售粮食应当严格执行国家粮食质量等有关标准，不得短斤少两、掺杂使假、以次充好，不得囤积居奇、垄断或者操纵粮食价格、欺行霸市。

第十七条　粮食储存期间，应当定期进行粮食品质检验，粮食品质达到轻度不宜存时应当及时出库。

建立粮食销售出库质量安全检验制度。正常储存年限内的粮食，在出库前应当由粮食储存企业自行或者委托粮食质量安全检验机构进行质量安全检验；超过正常储存年限的粮食，储存期间使用储粮药剂未满安全间隔期的粮食，以及色泽、气味异常的粮食，在出库前应当由粮食质量安全检验机构进行质量安全检验。未经质量安全检验的粮食不得销售出库。

第十八条　粮食收购者、粮食储存企业不得将下列粮食作为食用用途销售出库：

（一）真菌毒素、农药残留、重金属等污染物质以及其他危害人体健康的物质含量超过食品安全标准限量的；

（二）霉变或者色泽、气味异常的；

（三）储存期间使用储粮药剂未满安全间隔期的；

（四）被包装材料、容器、运输工具等污染的；

（五）其他法律、法规或者国家有关规定明确不得作为食用用途销售的。

第十九条　从事粮食收购、加工、销售的规模以上经营者，应当按照所在地省、自治区、直辖市人民政府的规定，执行特定情况下的粮食库存量。

第二十条　粮食经营者从事政策性粮食经营活动，应当严格遵守国家有关规定，不得有下列行为：

（一）虚报粮食收储数量；

（二）通过以陈顶新、以次充好、低收高转、虚假购销、虚假轮换、违规倒卖等方式，套取粮食价差和财政补贴，骗取信贷资金；

（三）挤占、挪用、克扣财政补贴、信贷资金；

（四）以政策性粮食为债务作担保或者清偿债务；

（五）利用政策性粮食进行除政府委托的政策性任务以外的其他商业经营；

（六）在政策性粮食出库时掺杂使假、以次充好、调换标的物，拒不执行出库指令或者阻挠出库；

（七）购买国家限定用途的政策性粮食，违规倒卖或者不按照规定用途处置；

（八）擅自动用政策性粮食；

（九）其他违反国家政策性粮食经营管理规定的行为。

第二十一条　国有粮食企业应当积极收购粮食，并做好政策性粮食购销工作，服从和服务于国家宏观调控。

第二十二条　对符合贷款条件的粮食收购者，银行应当按照国家有关规定及时提供收购贷款。

中国农业发展银行应当保证中央和地方储备粮以及其他政策性粮食的信贷资金需要，对国有粮食企业、大型粮食产业化龙头企业和其他粮食企业，按企业的风险承受能力提供信贷资金支持。

政策性粮食收购资金应当专款专用，封闭运行。

第二十三条　所有从事粮食收购、销售、储存、加工的经营者以及饲料、工业用粮企业，应当建立粮食经营台账，并向所在地的县级人民政府粮食和储备行政管理部门报送粮食购进、销售、储存等基本数据和有关情况。粮食经营台账的保存期限不得少于 3 年。粮食经营者报送的基本数据和有关情况涉及商业秘密的，粮食和储备行政管理部门负有保密义务。

国家粮食流通统计依照《中华人民共和国统计法》的有关规定执行。

第二十四条　县级以上人民政府粮食和储备行政管理部门应当建立粮食经营者信用档案，记录日常监督检查结果、违法行为查处情况，并依法向社会公示。

粮食行业协会以及中介组织应当加强行业自律，在维护粮食市场秩序方面发挥监督和协调作用。

第二十五条　国家鼓励和支持开发、推广应用先进的粮食储存、运输、加工和信息化技术，开展珍惜和节约粮食宣传教育。

县级以上人民政府粮食和储备行政管理部门应当加强对粮食经营者的指导和服务，引导粮食经营者节约粮食、降低粮食损失损耗。

第三章　宏观调控

第二十六条　国家采取政策性粮食购销、粮食进出口等多种经济手段和必要的行政手段，加强对粮食市场的调控，保持全国粮食供求总量基本平衡和市场基本稳定。

第二十七条　国家实行中央和地方分级粮食储备制度。粮食储备用于调节粮食供求、稳定粮食市场，以及应对重大自然灾害或者其他突发事件等情况。

政策性粮食的采购和销售，原则上通过规范的粮食交易中心公开进行，也可以通过国家规定的其他方式进行。

第二十八条　国务院和地方人民政府建立健全粮食风险基金制度。粮食风险基金主要用于支持粮食储备、稳定粮食市场等。

国务院和地方人民政府财政部门负责粮食风险基金的监督管理，确保专款专用。

第二十九条　为保障市场供应、保护种粮农民利益，必要时可由国务院根据粮食安全形势，结合财政状况，决定对重点粮食品种在粮食主产区实行政策性收储。

当粮食价格显著上涨或者有可能显著上涨时，国务院和省、自治区、直辖市人民政府可以按照《中华人民共和国价格法》的规定，采取价格干预措施。

第三十条　国务院发展改革部门及国家粮食和储备行政管理部门会同国务院农业农村、统计、市场监督管理等部门负责粮食市场供求形势的监测和预警分析，健全监测和预警体系，完善粮食供需抽查制度，发布粮食生产、消费、价格、质量等信息。

第三十一条　国家鼓励粮食主产区和主销区以多种形式建立稳定的产销关系，鼓励培育生产、收购、储存、加工、销售一体化的粮食企业，支持建设粮食生产、加工、物流基地或者园区，加强对政府储备粮油仓储物流设施的保护，鼓励发展订单农业。在执行政策性收储时国家给予必要的经济优惠，并在粮食运输方面给予优先安排。

第三十二条　在重大自然灾害、重大疫情或者其他突发事件引起粮食市场供求异常波动时，国家实施粮食应急机制。

第三十三条　国家建立突发事件的粮食应急体系。国务院发展改革部门及国家粮食和储备行政管理部门会同国务院有关部门制定全国的粮食应急预案，报请国务院批准。省、自治区、直辖市人民政府根据本地区的实际情况，制定本行政区域的粮食应急预案。

第三十四条　启动全国的粮食应急预案，由国务院发展改革部门及国家粮食和储

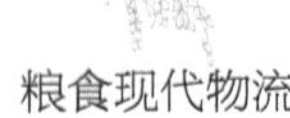

备行政管理部门提出建议，报国务院批准后实施。

启动省、自治区、直辖市的粮食应急预案，由省、自治区、直辖市发展改革部门及粮食和储备行政管理部门提出建议，报本级人民政府决定，并向国务院报告。

设区的市级、县级人民政府粮食应急预案的制定和启动，由省、自治区、直辖市人民政府决定。

第三十五条　粮食应急预案启动后，粮食经营者必须按照国家要求承担应急任务，服从国家的统一安排和调度，保证应急的需要。

第三十六条　国家鼓励发展粮食产业经济，提高优质粮食供给水平，鼓励粮食产业化龙头企业提供安全优质的粮食产品。

第四章　监督检查

第三十七条　国家建立健全粮食流通质量安全风险监测体系。国务院卫生健康、市场监督管理以及国家粮食和储备行政管理等部门，分别按照职责组织实施全国粮食流通质量安全风险监测；省、自治区、直辖市人民政府卫生健康、市场监督管理、粮食和储备行政管理等部门，分别按照职责组织实施本行政区域的粮食流通质量安全风险监测。

第三十八条　粮食和储备行政管理部门依照本条例对粮食经营者从事粮食收购、储存、运输活动和政策性粮食的购销活动，以及执行国家粮食流通统计制度的情况进行监督检查。

粮食和储备行政管理部门在监督检查过程中，可以进入粮食经营者经营场所，查阅有关资料、凭证；检查粮食数量、质量和储存安全情况；检查粮食仓储设施、设备是否符合有关标准和技术规范；向有关单位和人员调查了解相关情况；查封、扣押非法收购或者不符合国家粮食质量安全标准的粮食，用于违法经营或者被污染的工具、设备以及有关账簿资料；查封违法从事粮食经营活动的场所。

第三十九条　市场监督管理部门依照有关法律、法规的规定，对粮食经营活动中的扰乱市场秩序行为、违法交易行为以及价格违法行为进行监督检查。

第四十条　县级以上地方人民政府应当加强本行政区域粮食污染监控，建立健全被污染粮食收购处置长效机制，发现区域性粮食污染的，应当及时采取处置措施。

被污染粮食处置办法由国家粮食和储备行政管理部门会同国务院有关部门制定。

第四十一条　任何单位和个人有权对违反本条例规定的行为向有关部门检举。有关部门应当为检举人保密，并依法及时处理。

第五章　法律责任

第四十二条　违反本条例规定，粮食和储备行政管理部门和其他有关部门不依法履行粮食流通管理和监督职责的，对负有责任的领导人员和直接责任人员依法给予处分。

第四十三条　粮食收购企业未按照规定备案或者提供虚假备案信息的，由粮食和储备行政管理部门责令改正，给予警告；拒不改正的，处 2 万元以上 5 万元以下罚款。

第四十四条　粮食收购者有未按照规定告知、公示粮食收购价格或者收购粮食压级压价，垄断或者操纵价格等价格违法行为的，由市场监督管理部门依照《中华人民共和国价格法》《中华人民共和国反垄断法》的有关规定予以处罚。

第四十五条　有下列情形之一的，由粮食和储备行政管理部门责令改正，给予警告，可以并处 20 万元以下罚款；情节严重的，并处 20 万元以上 50 万元以下罚款：

（一）粮食收购者未执行国家粮食质量标准；

（二）粮食收购者未及时向售粮者支付售粮款；

（三）粮食收购者违反本条例规定代扣、代缴税、费和其他款项；

（四）粮食收购者收购粮食，未按照国家有关规定进行质量安全检验，或者对不符合食品安全标准的粮食未作为非食用用途单独储存；

（五）从事粮食收购、销售、储存、加工的粮食经营者以及饲料、工业用粮企业未建立粮食经营台账，或者未按照规定报送粮食基本数据和有关情况；

（六）粮食储存企业未按照规定进行粮食销售出库质量安全检验。

第四十六条　粮食收购者、粮食储存企业未按照本条例规定使用仓储设施、运输工具的，由粮食和储备行政管理等部门按照职责责令改正，给予警告；被污染的粮食不得非法销售、加工。

第四十七条　粮食收购者、粮食储存企业将下列粮食作为食用用途销售出库的，由粮食和储备行政管理部门没收违法所得；违法销售出库的粮食货值金额不足 1 万元的，并处 1 万元以上 5 万元以下罚款，货值金额 1 万元以上的，并处货值金额 1 倍以上 5 倍以下罚款：

（一）真菌毒素、农药残留、重金属等污染物质以及其他危害人体健康的物质含量超过食品安全标准限量的；

（二）霉变或者色泽、气味异常的；

（三）储存期间使用储粮药剂未满安全间隔期的；

（四）被包装材料、容器、运输工具等污染的；

（五）其他法律、法规或者国家有关规定明确不得作为食用用途销售的。

第四十八条　从事粮食的食品生产，不符合食品安全法律、法规和标准规定的条件和要求的，由市场监督管理部门依照《中华人民共和国食品安全法》《中华人民共和国食品安全法实施条例》等有关规定予以处罚。

第四十九条　从事政策性粮食经营活动，有下列情形之一的，由粮食和储备行政管理部门责令改正，给予警告，没收违法所得，并处 50 万元以上 200 万元以下罚款；情节严重的，并处 200 万元以上 500 万元以下罚款：

（一）虚报粮食收储数量；

（二）通过以陈顶新、以次充好、低收高转、虚假购销、虚假轮换、违规倒卖等方式，套取粮食价差和财政补贴，骗取信贷资金；

（三）挤占、挪用、克扣财政补贴、信贷资金；

（四）以政策性粮食为债务作担保或者清偿债务；

（五）利用政策性粮食进行除政府委托的政策性任务以外的其他商业经营；

（六）在政策性粮食出库时掺杂使假、以次充好、调换标的物，拒不执行出库指令或者阻挠出库；

（七）购买国家限定用途的政策性粮食，违规倒卖或者不按照规定用途处置；

（八）擅自动用政策性粮食；

（九）其他违反国家政策性粮食经营管理规定的行为。

粮食应急预案启动后，不按照国家要求承担应急任务，不服从国家的统一安排和调度的，依照前款规定予以处罚。

第五十条　对粮食经营活动中的扰乱市场秩序、违法交易等行为，由市场监督管理部门依照有关法律、法规的规定予以处罚。

第五十一条　从事粮食经营活动的企业有违反本条例规定的违法情形且情节严重的，对其法定代表人、主要负责人、直接负责的主管人员和其他直接责任人员处以其上一年度从本企业取得收入的 1 倍以上 10 倍以下罚款。

第五十二条　违反本条例规定，阻碍粮食自由流通的，依照《国务院关于禁止在市场经济活动中实行地区封锁的规定》给予处罚。

第五十三条　违反本条例规定，构成违反治安管理行为的，由公安机关依法给予治安管理处罚；构成犯罪的，依法追究刑事责任。

第六章　附则

第五十四条　本条例下列用语的含义是：

粮食收购，是指向种粮农民、其他粮食生产者或者粮食经纪人、农民专业合作社等批量购买粮食的活动。

粮食加工，是指通过处理将原粮转化成半成品粮、成品粮以及其他食用或者非食用产品的活动。

政策性粮食，是指政府指定或者委托粮食经营者购买、储存、加工、销售，并给予财政、金融等方面政策性支持的粮食，包括但不限于政府储备粮。

粮食经纪人，是指以个人或者家庭为经营主体，直接向种粮农民、其他粮食生产者、农民专业合作社批量购买粮食的经营者。

技术规范，是指尚未制定国家标准、行业标准，国家粮食和储备行政管理部门根据监督管理工作需要制定的补充技术要求。

第五十五条　大豆、油料和食用植物油的收购、销售、储存、运输、加工、进出口等经营活动，适用本条例除第九条第二款以外的规定。

粮食进出口的管理，依照有关法律、法规的规定执行。

第五十六条　本条例自 2021 年 4 月 15 日起施行。

附录二　政府储备粮食仓储管理办法

第一章　总则

第一条　为贯彻落实粮食储备体制机制改革精神，保障政府储备粮食（以下简称政府储备）安全，加强政府储备仓储管理，确保政府储备在仓储环节数量真实、质量良好、储存安全、管理规范，根据《粮食流通管理条例》《中央储备粮管理条例》《粮油仓储管理办法》《国有粮油仓储物流设施保护办法》等，制定本办法。

第二条　政府储备包括中央储备和地方储备。本办法适用于政府储备原粮、油料和食用植物油的仓储管理。

政府储备的成品粮（油）直接服务于地方应急保供需要，具体仓储管理办法由粮权所属的地方政府粮食和物资储备行政管理部门制定。

第三条　中国储备粮管理集团有限公司直属企业为专门储存中央储备的企业，不得委托代储或者租赁其他单位的仓储设施储存中央储备。

地方储备承储单位根据粮食事权归属由各地具体规定。

第四条　政府储备的管理应当做到数量、质量、品种、地点“四落实”，实行专仓储存、专人保管、专账记载，确保账实相符、账账相符。

第五条　国家粮食和物资储备行政管理部门制定政府储备仓储管理全国性政策和制度并组织实施，开展业务指导。各垂直管理局依据职能在管辖区域内开展相关工作。

第六条　地方各级粮食和物资储备行政管理部门根据事权所属制定地方储备仓储管理政策和制度并组织实施，开展业务指导；对本行政区域内中央储备仓储管理工作给予支持和协助，加强政府储备仓储物流设施保护。

中国储备粮管理集团有限公司负责全面落实中央储备仓储管理工作。

第七条　承储单位应当执行相关法律法规、规章、国家标准和相关规定，建立健全内控管理制度，规范政府储备的仓储管理及相关业务，按照“谁储粮、谁负责，谁坏粮、谁担责”的原则对政府储备承担储存安全责任。

第八条　各级粮食和物资储备行政管理部门，中国储备粮管理集团有限公司及其所属分（子）公司，地方储备粮管理机构以及承储单位，对政府储备负有相关信息安全管理及保密责任。

第二章　基本要求

第九条　政府储备承储单位实行分类管理。中央储备承储单位应当符合本章所规定的要求。

地方储备承储单位的具体要求由省级粮食和物资储备行政管理部门结合本地区实际参照制定。

第十条　承储单位应当加强对政府储备的仓储管理，提升规范化水平，符合或者达到规范化管理评价内容及要求。

第十一条　承储单位应当按照有关规定进行仓储单位及仓储物流设施备案，履行政府储备仓储物流设施保护义务。

第十二条　承储单位仓储区的地坪应当根据生产需要予以硬化并保持完好，排水设施完善，库区防洪标准达到《粮食仓库建设标准》规定的50年一遇的要求。库区周边规定范围内没有威胁库存粮食安全的污染源、危险源，不得新设影响政府储备正常储存保管的场所和设施。

库区消防设施设备配置齐全，满足消防需要。

交通条件至少具备铁路专用线、专用码头或者三级及以上公路中任何一种，与库区距离均不超过1公里（洞库除外）。

第十三条　承储单位应当根据政府储备储存保管任务需要，配备经过专业培训，掌握相应知识和技能的仓储管理、质量检验等专业技术人员。相关人员应为本单位在职职工。

电工、机修工、锅炉司炉、压力容器和特种设备操作工等特种作业人员，应当持特种作业证书上岗。

第十四条　承储单位应当遵守粮食质量安全管理相关法律法规、制度和标准规范，具备与承储任务相适应的仪器设备、检验场地，具备粮食常规质量、储存品质及主要食品安全指标检验能力。

第十五条　承储单位储存政府储备的仓房（油罐），平房仓单仓（廒）的容量不宜小于0.1万吨，不宜大于0.8万吨。食用植物油罐单罐的容量不宜小于0.3万吨。对应仓（罐）容规模及单仓（罐）容量，配备可有效实施的储藏保管技术条件和接收发放能力。

第十六条　承储单位用于储存政府储备的仓房（油罐）等存储及附属设施、地理位置和环境条件等应当符合《粮油储藏技术规范》《粮食仓库建设标准》《植物油库建设标准》等规定。仓房（油罐）及其配套设施质量良好、功能完备、安全可靠。

房式仓墙体结构采用砖砌体或者混凝土，浅圆仓、立筒仓等筒式仓的仓壁采用混凝土。其他仓型结构材料宜采用混凝土。简易仓囤（含钢结构散装房式简易仓、钢罩棚、钢筋囤、千吨囤等）、木板墙体仓房、木屋架仓房等储粮设施，钢板筒仓和其他未正式竣工验收的标准仓房（油罐）不得承担中央储备储存任务。

第十七条　承储单位用于储存政府储备的仓房，墙体或者仓壁、仓顶的传热系数应当符合《粮油储藏技术规范》的规定；气密性达到或者比照《粮油储藏平房仓气密性要求》的规定。

第十八条　承储单位用于储存政府储备的仓房，应当因地制宜配备多参数（多功能）粮情测控、机械通风、制冷控温、有害生物综合防治等技术条件，具备所需技术应用能力。

第十九条　承储单位应当具有与粮油储存功能、仓（罐）型、进出仓方式、粮油品种、储存周期等相适应的仓储设备条件，满足政府储备收储、轮换、调运等的物流要求。

基本设备应当符合《粮油储藏技术规范》的要求，具有粮食装卸、输送、清理、降尘、计量等设备；具有植物油接发、油泵、计量、排水、防溢等装置。

第二十条　承储单位的仓储条件应当支持政府储备控温储藏，有能力达到低温或者准低温储藏功效，技术上可实现在正常储存年限的基础上再安全储存 1 年。

第三章　管理规范

第二十一条　承储单位应当规范政府储备仓储管理行为，执行国家有关标准规范和相关规定要求，并接受业务指导和监管。

第二十二条　承储单位应当按照规定的质量等级收购政府储备粮源，准确计量并制作凭证。应当及时整理并达到储存安全的要求，平仓验收储存品质为宜存，食品安全指标符合国家规定，按照规定记录与收购有关的信息并存档备查。

第二十三条　承储单位应当遵守安全生产相关法律法规和标准规范，执行《粮油储存安全责任暂行规定》和《粮油安全储存守则》《粮库安全生产守则》等规定，确保储存安全和生产安全。

第二十四条　承储单位不得超限装粮。平房仓、楼房仓等房式仓储存除稻谷以外的品种时，不得超过设计装粮线；储存粮食密度超过 800kg/m？ 的，应当由粮仓设计单位确认最大储存量，粮堆高度亦不得超过设计装粮线。储存稻谷时，粮面与屋盖水平构件之间的净高不得小于 1.8 米。

浅圆仓、立筒仓等筒式仓储粮不得超过设计仓容。

立式植物油罐储油应当考虑膨胀因素，不得超过设计液位高度，符合消防相关规定。

其他仓（罐）型按照设计要求使用，确保结构和使用安全。

第二十五条　承储单位应当对政府储备实行“专仓储存”，在仓外显著位置悬挂或者喷涂规范的标牌或者标识，标明储粮性质，体现粮权所属。

政府储备入仓前，承储单位应当对目标承储仓房进行空仓验收，查验仓房及相关设施设备是否完好。政府储备应当按照不同品种、年份、等级、性质、权属，采用独立仓廒分开储存（洞库、地下仓分货位储存），不得与其他粮食混存。仓号一经确定，在储粮周期内不得变动。

第二十六条　承储单位应当在政府储备入仓前，指定保管人员专门负责粮油进出仓及保管工作，对相关账卡簿记载内容的完整性、真实性负责，对保管期间粮食的数量、质量、储存安全负责。

第二十七条　承储单位应当对政府储备建立专门的保管账、统计账、会计账，账目记载规范，记账凭证和原始单据保存完好；库存情况发生变化的，应当准确记录、及时更新货位卡和有关账目。

储存周期结束后，保管总账和分仓保管账应当及时整理归档，存档期不少于5年。

第二十八条　承储单位应当加强政府储备账务管理，做到实物、专卡、保管账“账实相符”，保管账、统计账、会计账“账账相符”。在此基础上，如实向粮食和物资储备行政管理部门或者上级单位提供购销存数据。

第二十九条　承储单位应当严格执行政府储备计划，确保数量、质量、品种、地点“四落实”。未经粮权单位（或授权管理部门）书面批准同意，不得擅自动用政府储备，不得擅自调整质量等级，不得擅自串换品种，不得擅自变更储存库点。

第三十条　承储单位应当建立和落实政府储备粮情定期检查和分析研判制度，做好粮情分析记录并归档备查。出现粮情异常状况应及时处置，防止损失扩大。发生储存事故，应当按照有关规定及时上报。

第三十一条　承储单位应当因地制宜利用自然条件，合理配置先进、适用的技术装备，在政府储备储存期间进行温湿度测控，实现储存功效。

第三十二条　承储单位应当坚持“以防为主、综合防治”方针，落实储粮有害生物综合防治要求，规范储粮药剂管理和使用，促进用药减量增效，着力实现绿色储粮。

第三十三条　中央储备的保管自然损耗定额为：

原粮：储存6个月以内的，不超过0.1%；储存6个月以上12个月以内的，不超过0.15%；储存12个月以上的，累计不超过0.2%（不得按年叠加）。

油料：储存6个月以内的，不超过0.15%；储存6个月以上12个月以内的，不超过0.2%；储存12个月以上的，累计不超过0.23%（不得按年叠加）。

食用植物油：储存6个月以内的，不超过0.08%；储存6个月以上12个月以内的，不超过0.1%；储存12个月以上的，累计不超过0.12%（不得按年叠加）。

地方储备的保管自然损耗标准由粮权所属的地方政府粮食和物资储备行政管理部门会同同级财政部门制定。

第三十四条　粮食储存损耗包括保管自然损耗和水分杂质减量。超过保管自然损耗定额的部分即超耗，作为储存事故处置；水分杂质减量应当实核实销，入仓前及入仓期间发生的水分杂质减量在形成货位后核销，储存期间的水杂减量在一个货位或者批次粮油出清后核销。

承储单位应当在一个货位或者批次的粮食出清后，根据进出仓检验、计量凭证，一次性处理政府储备储存期间发生的粮食储存损耗；以一个货位或者批次为单位分别计算，不得混淆，不得冲抵其他货位或者批次粮食的损耗和损失。

进仓、出仓的粮食水分和杂质含量，分别以平仓验收、出仓检验的粮食质量检验报告和档案记载为准。

第三十五条　承储单位应当加强政府储备储存期间的管理，发现政府储备有数量、质量、储存安全等方面的问题，应当及时有效处置，按照规定报告；超出处置能力的，及时向上级管理单位报告。

第三十六条　承储单位应当建立健全仓储管理和技术研发应用投入机制，提升政府储备仓储管理效能和科学储粮水平。

第三十七条　承储单位应当加强信息化建设，提升政府储备信息化管理水平，将政府储备业务相关信息纳入全国粮食储备地理信息系统和政府储备库存监管应用系统。

第三十八条　政府储备保管费用应当根据经济发展水平、保管成本的变化合理确定。在综合考虑不同品种、区域和储粮技术条件等基础上，可适当体现差异。保管费用的使用应当遵循节本增效的原则。

第三十九条　中国储备粮管理集团有限公司应当定期检查中央储备承储单位的仓储条件和仓储管理情况等，按照规定向国家发展改革部门、国家粮食和物资储备行政管理部门、国务院财政部门及中国农业发展银行报告。

地方储备承储主体应当定期检查地方储备的仓储管理情况，及时向同级地方政府相关管理部门报告。

第四章　附则

第四十条　本办法所称承储单位，是指实际承担政府储备储存任务、具有法人资格的企事业单位，包括其具体承储库点。

第四十一条　粮食储存年限以当季收获新粮（进口粮采购回国后）首次入仓，形成政府储备保管货位并建立专卡当月起算。

食用植物油以加工后（进口油采购回国后）首次入罐，形成政府储备保管货位并建立专卡当月起算。

第四十二条　本办法所称“以上”，包含本数；“以内”，不包含本数。

第四十三条　本办法由国家粮食和物资储备局负责解释。

第四十四条　本办法自印发之日起施行，有效期 5 年。

附录三　粮油安全储存守则

为了贯彻执行“预防为主、综合防治”的安全储粮方针，强化落实“谁储粮、谁负责，谁坏粮、谁担责”的粮油储存安全责任，规范粮库安全储粮作业与管理行为，确保粮油安全储存，依据《粮油仓储管理办法》《粮油储藏技术规范》《粮油储存安全责任暂行规定》等制度标准规范，制订本守则。

本守则是从事粮油仓储活动必须遵守的行为准则，适用于各类粮油仓储单位。

第一章　粮食入仓与质量控制

1. 入仓作业准备

粮食入仓前，仓储管理部门要检查仓房，确认仓房无破损、渗漏、返潮等现象，门窗和照明灯等能正常使用；要清洁仓房，有活虫时进行空仓杀虫，采用国家允许使用的杀虫剂进行杀虫处理，制定空仓杀虫方案，经批准后实施，做好隔离工作。空仓杀虫药剂及用量，如表1所示。

设备管理部门要清洁和调试设备，确保作业期间输送清理和仓储工艺等设备正常运行。

表1　　空仓杀虫药剂及用量

种类	食品级惰性粉	磷化铝	敌敌畏	溴氰菊酯
用量	$3\sim5g/m^2$	$3\sim6g/m^3$	$0.1\sim0.2g/m^3$	$0.1\sim2g/m^3$

注：敌敌畏仅用于空仓和环境杀虫，严禁喷施或落入储粮中；溴氰菊酯应以烟雾剂形式用于空仓杀虫。

2. 入仓粮食质量要求

入粮时，按批量扦取样品，检测粮食水分和杂质含量。入仓粮食水分含量宜控制在当地安全水分以下，杂质含量应严格控制在1.0%以内。对于水分、杂质含量超标的粮食，应经过干燥、清理，达到要求后，方可入仓。

入仓粮食应按种类、等级、收获年度分开储藏。已感染害虫的粮食应单独存放，并根据虫粮等级按规定处理。

3. 入仓作业要求

入仓作业流程主要包括质检扦样、检斤称重、布设通风地上笼（横向通风无须布设）、卸粮清杂、质量抽检、输送入仓。

入仓过程中，提高机械化进仓水平，采取有效措施减少自动分级（浅圆仓、立筒仓入仓时采用布料器、减压管等）和防止测温电缆移位。做好防虫、防鼠、防雀工作，加强对全流程的除尘防尘工作，保护环境。

入满粮后，应进行平整粮堆粮面、铺设粮面走道板、布置粮情测控系统、通风均温均湿、防虫防霉、密闭压盖等作业。

粮库管理人员要对入仓全过程进行跟踪检查，保证入仓粮食符合储存要求，并在入仓粮食质量控制单上签字确认。

第二章　环境巡查与鼠雀防治

4. 环境巡查

应检查库区内有无残粮、垃圾、污水、杂草等，并及时清理干净；应安排人员巡更，检查仓顶、仓壁、门窗、挡水墙等是否完好，特别是在大风、雨雪等恶劣条件下，及时检查仓房设施、通风设备、熏蒸器具、气调系统、挡鼠板、防雀防虫网等，确保各项设施性状完好、使用正常。

5. 防鼠措施

清洁并保持库区环境卫生；硬化仓库四周地坪，封堵鼠洞；密实仓库（囤基）地坪、墙角、檐口孔洞缝隙；在仓门处安装防鼠板。

6. 灭鼠措施

（1）诱捕：将装有诱饵的捕鼠器械（鼠夹、鼠笼、粘鼠板等）放置在老鼠活动线路上，诱杀老鼠。

（2）毒杀：将鼠药掺入老鼠喜食的食物中，或采购毒鼠诱饵放置在老鼠经常出没处，毒杀老鼠。

（3）熏杀：将器材库、运输工具（轮船、车皮等）密封后，按要求投放磷化铝、氯化苦、敌敌畏等熏蒸剂，熏杀老鼠。

7. 防雀措施

仓门悬挂防雀帘；在仓窗、排风扇口、环流风机罩、简易仓囤檐口及顶部通风口等位置安装防雀网；所有穿墙管道、配电间电缆管两端应密实处理；配电箱门要密实无缝隙。

第三章　粮情检查检测与分析报告

8. 粮情检查分析报告

保管员应认真执行粮情检查制度，每天做好工作日志，发现问题及时上报。

粮库仓储管理部门负责人应每周对粮情进行全面检查，做好记录，每半个月形成粮情报告，及时上报粮库负责人。

粮库分管负责人应每月对粮情进行全面检查，形成粮情分析报告，及时报粮库主要负责人。

粮库主要负责人应每季度对粮情进行全面检查或重点抽查，召开粮情总结分析会，形成粮库安全储粮报告，及时按规定上报。

发现安全储粮问题和隐患，应及时采取相应处理措施，逐级督导。

9. 人工入仓日常粮情检查

人员入仓前，应确认安全，特别是气体浓度安全后方可进仓。进仓后，检查粮食色泽气味；观察仓内有无虫茧网、鼠雀迹；检查仓温仓湿、粮温粮湿；检查粮堆是否有结露、板结、发热、霉变等现象。有条件的粮库可取样进行粮食籽粒霉菌孢子检测。对未采用计算机测温的粮堆，或计算机测温的盲区、粮温异常点、系统故障点，或易发生问题的部位，应进行人工检测检查、记录检测结果。

根据人员入仓检查粮情的情况，采用粮食水分快速检测仪（器）或抽样送检，检测问题部位粮食水分，进一步分析粮情风险。

按 GB/T29890 的方法取样，筛检害虫，并鉴定害虫种类，测算虫口密度、确定虫粮等级。

粮粒霉菌孢子检测：参考储粮害虫检测布点，在粮堆扦取 10g 粮食样品，通过清洗－过滤－镜检，观察统计危害霉菌孢子数，对储粮的安全性进行评价，标准参见表 2。

表 2　　储粮霉菌危害的安全性评价表

级别	危害霉菌孢子数（个/g）	安全性评价	主要危害霉菌
Ⅰ	$<1.0\times10^5$	安全	未出现危害霉菌生长
Ⅱ	$1.0\times10^5\sim9.9\times10^5$	临界（关键控制区）	以灰绿曲霉为主，后期，会出现少量白曲霉等的生长
Ⅲ	$1.0\times10^6\sim9.9\times10^6$	危害	灰绿曲霉生长优势逐渐被白曲霉替代，并会出现少量其他真菌的生长
Ⅳ	$\geqslant1.0\times10^7$	严重危害	以白曲霉为主，后期会出现一些黄曲霉、青霉等危害真菌的生长

当小麦、玉米和大豆检出的霉菌孢子数达到 3×105 个/g、稻谷检出的霉菌孢子数达到 9.9×105 个/g 时，需要采取翻动粮面、单管或多管通风、谷冷通风等降水措施，抑制霉菌继续生长。

10. 计算机检测粮情

采用计算机测温的，传感器布置应标准规范，系统工作正常。应检测“三温两湿”，粮温检测周期，如表 3 所示。应将检测结果记入粮情（粮温）报表，并至少保留一个储藏周期。

表 3　　粮温检测周期建议

储粮情况	检测周期（粮温低于 15℃）	检测周期（粮温高于 15℃）
安全水分粮、基本无虫粮	15 天内至少检测 1 次	7 天内至少检测 1 次
半安全水分粮、一般虫粮	10 天内至少检测 1 次	5 天内至少检测 1 次
危险水分粮	5 天内至少检测 1 次	每天至少检测 1 次
危险虫粮处理后的 3 个月内	7 天内至少检测 1 次	
新收获粮食入仓后 3 个月内	适当增加检测次数	

第四章　储粮温湿度控制

11. 新粮入仓均粮温

新入仓的粮食宜采用 $6\sim12m^3/h\cdot t$ 的单位通风量进行均温通风，通透粮堆，当粮堆温度梯度≤1℃/m，房式仓粮堆上层与底层温差≤3℃，筒式仓粮堆上层与底层温差

≤10℃时，即视为粮温均匀。

12. 夏秋粮仓排积热

夏秋季节仓温或表层粮温明显高于外温，应适时自然通风或开启排风扇排积热，降低仓温和表层粮温。排积热期间对门窗和排风扇口等处做好防虫工作。

13. 秋冬通风降粮温

在满足允许通风降温的条件时，秋冬季节应采取竖向或横向等机械通风措施降低粮温。通风判定条件按 LS/T1202 标准执行。北方地区可采用自然通风，利用气温低的环境条件，缓慢降低粮温。

14. 春季隔热保冷心

冬季通风后，春季宜做好仓房密闭隔热，有条件可做粮面压盖，保持粮堆低温。

15. 夏季控温去热皮

夏季应控制仓温和表层粮温。在东北、华北、西北地区，夏季利用粮堆冷心冷量，通过环流通风，降低粮堆表层和侧壁的较高粮温（粮堆热皮）。其他地区可采取空调或谷冷机等人工冷源控温。

16. 季节交替防结露

春夏交替季节应做好仓房或粮堆密闭隔热，阻止外界热空气进入仓房或粮堆，防止在粮堆表层以及其他易受外界影响的部位发生结露。

秋冬交替季节应随外温的下降适时通风，逐步降低仓温、粮温，减少温差，薄膜密封粮堆必要时揭膜，预防结露。

第五章　虫霉防治

17. 防虫线和防虫网

在仓房门窗、排风扇口、通风口等处布置和喷施食品级惰性粉、溴氰菊酯或防虫磷等防虫剂，布设宽度大于 10cm 的防虫线，用于日常防虫。在门窗处布设 80 目以上防虫网。

18. 绿色安全防治储粮害虫

应尽可能减少储粮化学药剂的使用，优选温控防虫、粮面密封薄膜防虫。有条件情况下，可采取食品级惰性粉和气调等绿色安全的物理防虫技术以及生物防治技术。

食品级惰性粉防虫技术：食品级惰性粉是符合 GB25576 要求的食品添加剂，按 GB2760 的推荐添加量用做原粮抗结剂。研究发现，该食品级惰性粉兼具物理杀虫防虫作用（简称惰性粉）。杀虫机理是惰性粉粒落入害虫关节，磨损节间膜，导致害虫死亡。

（1）惰性粉空仓杀虫。适用于各种未入粮的空仓杀虫处理，用粉量为 0.25 ~ 0.5g/m^3。使用喷粉机，将惰性粉喷施到空仓内，关闭仓房门窗及通风口，密闭 7 ~ 10 天，达到彻底杀虫目的。

（2）惰性粉防虫线。按 120 g/m^2 的用粉量，在门、窗、通风道口和排风扇口布置宽 10 ~ 20cm 的惰性粉防虫线。

（3）惰性粉气溶胶防虫。竖向通风选用大于 0.0025m^3/s/m^2 单位面积通风量，横向通风大于 0.015m^3/s/m^2，按 10 ~ 30g/t 计算用粉量。用喷粉机在仓内或通风道空间形成气溶胶，在气流牵引下施入粮堆。

（4）粮堆表层拌和惰性粉防虫。人工将惰性粉拌和到 30 ~ 50cm 厚的粮堆表层。宜采用喷粉机向粮面施粉，人工拌和。用粉量见表 4。

表 4　　惰性粉拌和处理不同粮种粮堆表层的用粉量

粮种	用粉量	
小麦	100 g/t（粮）	50 g/m^2（粮面）
玉米、稻谷	150 g/t（粮）	75 g/m^2（粮面）
大豆	50 g/t（粮）	25 g/m^2（粮面）
糙米	100 g/t（粮）	50 g/m^2（粮面）

（5）惰性粉防治粮堆局部害虫。适用于各种粮堆表层的局部虫害处理。按200g/m^2 的用粉量，测量计算局部虫害危害面积，确定用粉量，直接向局部危害区表层 30 ~ 50cm 施粉、拌和即可。

（6）包装粮表面惰性粉防虫。根据粮堆面积按 2 ~ 5g/m^2 的用粉量，将惰性粉均匀地撒在包装粮堆表面即可。成品粮库可参照此方法防虫。

19. 储粮防护剂防虫

储藏时间超过 1 年的粮食，宜对粮堆底层和上层 30cm 厚的粮食施用防护剂或食品级惰性粉，按标准剂量施用。采用喷雾机械施用防护剂时，应在皮带输送机输送粮食入仓时定点定量施药；防护剂的载体应使用与储粮种类相同的粮食糠壳；使用防护剂的操作人员应经过培训，施用的防护剂应经过国家农药等管理部门登记和批准。

20. 熏蒸气调防治害虫

粮温 15℃以上的一般虫粮，应在 15 天内进行除治；严重虫粮应在 7 天之内进行除治；危险虫粮应立即隔离并在 3 天内进行彻底的杀虫处理。基本无虫粮和粮温不超过 15℃的一般虫粮，应加强检测，做好防护工作，不需进行杀虫处理。

熏蒸杀虫时，粮库仓储管理部门应根据害虫种类和虫粮等级，制定熏蒸方案，经粮库负责人审核后报当地粮食行政管理部门备案，并严格按储粮化学药剂管理和使用规范的要求组织实施。具体熏蒸方法可采取自然潮解常规熏蒸、环流熏蒸、缓释熏蒸、间歇施药熏蒸、磷化氢二氧化碳混合熏蒸、双低熏蒸、帐幕熏蒸，也可采取氮气气调等储粮方法杀虫。

实施熏蒸、气调作业前，粮库分管仓储工作负责人、仓储部门负责人、安全员应当按照粮食熏蒸、气调作业单的内容，逐项检查，签字确认。熏蒸投药或气调充氮后，应定期检测气体浓度，必要时补充药量或氮气，确保杀虫效果。熏蒸和气调作业完成后，由仓库保管员和粮库仓储部门负责人共同签字确认。

21. 储粮霉变防治

控制入仓粮食水分和杂质含量，采取机械通风、低温、准低温储粮等技术，预防消除粮堆结露。当储粮出现发热生霉迹象时，应及时向粮堆或局部粮堆通入臭氧或采用磷化氢熏蒸杀灭霉菌、抑制发热。已经发霉的粮食要及时清理出仓。

第六章　简易仓囤储粮

22. 简易囤储粮

（1）基本要求

应具备“九防”“四处理”基本功能。“九防”是指防火、防潮、防雨雪、防风、防鼠、防雀、防虫、防霉变、防溻底等九项安全储粮预防功能；“四处理”是指必须配备有效的粮情检测、熏蒸杀虫、通风降温、隔热保温等四项安全储粮处理的基本措施。粮库负责人必须严格把关，不满足基本要求的，不得储粮。

（2）入粮作业

入粮前，做好简易囤堆基、包装和苫盖材料等的杀虫消毒处理，按 GB/T29890 要求执行。

入粮时，应从简易囤的中心点均匀入粮，防止偏载，减少杂质自动分级和防止粉尘飞扬。

简易囤的测温电缆按环形布置，水平方向相邻电缆间距不大于5m，垂直方向间距不大于3m，距粮面、囤底、囤壁0.3～0.5m。

（3）粮情检测

简易囤粮温15℃以下时，5天内至少巡测一次；粮温15℃～25℃时，3天内至少巡测一次；粮温超过25℃以上时，每天巡测一次。每月随机抽查粮温、水分、虫害、霉变等情况；恶劣天气及时检查粮情。将检查结果记入粮情（粮温）报表。

通过扦样或结合测温点的布置，对粮食水分分层取样或在线检测。表层、上层粮食水分适当增加检测的点位和频次；表层粮食水分应每周检测一次；中上层粮食水分每月至少检测一次；在季节转换时，应增加粮堆表层水分的检查次数。

储存一年以上的粮食，应增加粮情检测频次。

（4）储粮措施

入粮后，应对粮堆表层进行防虫防霉处理。在简易囤四周、底部等部位应喷布防虫线，根据粮食储藏期限和周围环境条件喷布杀虫剂或食品级防霉剂。在季节交替及虫害高发期应增加喷布频次。

简易囤可采用“圭”字形地上笼通风道，在密封囤体的条件下，采用竖向压入和吸出相结合的方式进行机械通风，宜选6～15m^3/h·t的单位通风量。

主要害虫达2头/千克以上，应密封粮囤后进行熏蒸杀虫。

粮堆水分分层严重、局部结露、高温发热等情况发生时，及时采用通风等处理措施。通风达不到要求时须翻倒粮堆表层、拆囤、倒囤处理。简易囤储粮上层结露时，适时揭开篷布，翻动粮面，进行自然散湿处理。

（5）出粮作业

打开囤对称的出粮口同时出粮，使其流速一致，缓慢均匀出粮，防止出现囤身偏载、倾倒。或从囤底部中心处用绞龙出粮，形成囤中心的环形粮堆，防止囤身倾斜问题。

23. 罩棚储粮

罩棚储粮主要采取围包散储和包装粮堆垛的储藏形式。

（1）基本要求

应具备“九防”“四处理”基本功能。应对包装麻袋消毒，以免交叉感染，引发粮食虫害等隐患。不得使用塑料编织袋装粮做围包散存的挡粮墙。

（2）入粮作业

入粮过筛除杂，多点进粮，减少杂质自动分级和防止粉尘飞扬，机械化入仓处理应尽量减少粮食破碎。应科学设计通风系统，合理布置通风道，减少通风死角，防止跑、漏风，确保通风效果。围包散储的围包码垛挡粮墙厚度应保证装粮后承载安全。布设挡粮墙要与粮食入仓同步进行。挡粮墙搭建时不宜采用输送机输送粮包，所使用的所有麻袋要完整、无破损、无污染、无害虫，挡粮墙下部应采用新麻袋。在挡粮墙的长边每间隔 3m 进行加固加厚处理，每搭设一层要及时清理麻袋上的粮粒和杂物，再搭另一层。挡粮墙高度不大于 5m，单一（每区）罩棚的总储量不大于 20000 t。

（3）储粮措施

粮情检测系统和传感器的布置要求与房式仓相同。

应对粮堆表层进行防虫防霉处理，方法和要求与简易囤的相同。主要害虫达 2 头/千克以上，应密封粮垛后进行熏蒸杀虫。

（4）出粮作业

应先撤除挡鼠网、板，再揭下苫盖物。拆除堆垛挡粮墙的顺序是由上到下、由外向内逐层移开粮包，拆除挡粮墙的高度、宽度应与粮堆自流角相一致。应边出粮边拆除挡粮墙下面的垫底材料。如分批次出粮，应保证粮情检测设备、通风系统能正常工作。出粮期间，要由专人实时检查，发现粮堆垛及设施歪斜，应立刻停止出粮并及时处置。出粮后，应及时对场地、相关设备和器材进行清洁整理。

24. 钢结构散装房式简易仓储粮

挡粮结构必须能够承受在动静载荷下的粮堆侧压力，应提供钢结构散装房式简易仓设计部门的测算依据。

必须配套可有效实施的粮情检测、通风和熏蒸工艺设备，粮情检测要求与房式仓的相同，对粮情异常部位经人工复查确认后及时采取通风、熏蒸技术措施，确保安全储粮。

季节交替期，加强对粮堆表层、周边、拐角、过道板下粮食进行结露和霉变检查。

高温季节应适时翻动粮面，排散粮堆顶层积热。密闭苫盖时可先在粮面铺设一层吸湿隔热材料，再用苫布覆盖，预防结露。

第七章　异常粮情处置

25. 发热粮处置

采用粮温比较、取样分析、虫霉检测、感官检查等方法，综合判断，发现粮堆发

热部位，分析原因，采取相应处置措施。

害虫引起的发热，应采取熏蒸防治措施，杀灭害虫，再通风降低粮温。

杂质多或后熟作用引起的粮堆发热，应清除杂质，杂质不易清除时可通过打探管，通风降温、消除发热点。

表层粮堆发生轻微结块发热时，粮面板结，松散度降低，应翻动粮面，开启门窗自然通风散湿散热。无自然通风条件的应密闭仓房，内部利用除湿机，吸湿散热，或进行密闭熏蒸，降低粮温。

水分过高结块霉变引起的局部粮堆发热，应先采取机械通风、仓内翻倒、翻仓倒囤、谷冷通风或熏蒸抑菌等措施降低粮温，再采取就仓通风干燥或出仓晾晒、烘干等措施降低水分。

全仓或粮堆大部出现结块发热，应及时翻仓倒囤，或出仓干燥。

26. 结露处置

粮堆表层结露时，应适时通风、除湿，以及翻动粮面。

低温粮仓、地下粮仓储粮出现结露时，如外界温度、湿度较高，严禁开仓通风，可使用谷物冷却机、除湿机或吸潮剂等处理。

粮面密封膜内结露时，应揭开薄膜，晾干结露水，驱散粮面表层水分。

仓顶仓壁结露时，应采取措施防止结露水流入粮堆。

27. 高水分粮处置

粮食水分高于当地安全水分 3 个百分点以上的高水分粮，一般情况不许直接入仓储存。因气候条件等特殊原因收购的高水分粮，应通过晾晒、烘干机干燥、通风干燥、谷冷降温降水等方法将水分降至安全水分以下，再入仓储藏。

在储藏期间，局部高水分粮，应采取机械通风、就仓干燥等降水措施。必要时局部挖掘粮食，移出粮仓晾晒干燥。

发现特殊粮情后，仓储管理部门要分析原因，有针对性地采取措施进行处置。

第八章　粮食出仓作业

28. 出仓作业前准备

粮食出仓作业前，粮库仓储管理部门统筹做好各项准备：协助粮油质量检验员取样化验，检验粮食质量，评定等级；完成粮面粮膜、走道板、测温电缆、膜下熏蒸环流管道、挡鼠板等器材的拆除整理存放工作；准备出仓相关的设施设备；粮库有关人员核查储粮账卡、出库单、检化验单无误后，安排出仓作业。

29. 出仓作业

出仓作业中，应提高机械化水平和效率，降低劳动强度，做好防虫、防鼠、防雀工作，加强除尘防尘工作，保护环境。核实粮食数量、质量和进度，配合监督检查。

选择合理的作业时间和作业方式，冷热粮面应常翻动，防止温差过大引起结露；减少机械碾压、抛撒等作业损耗。

分批次出仓时，一个批次结束后，应平整粮面，避免温差过大造成粮堆结露，避免检温系统、熏蒸系统和通风系统无法正常使用。

30. 出仓结束整理

粮食出仓结束后，清理器材，打扫仓房场地，整理地脚粮。做到不留残粮，不留缝隙孔洞、杀灭储粮害虫，重点对虫茧、垃圾、蜘蛛网等进行清扫，不留死角。

第九章　植物油脂储存

31. 入库前准备

油脂入库要考虑油库区局部地基下沉，应均衡整个油罐区的承载压力。对油罐、管路、加热管，阀门、油泵、电器、温度计、压力计、流量计等进行检查和清洁，确保清洁无渗漏、无破损、通气孔畅通，油泵润滑充足、转动灵活、密封良好，所有设备、仪器、仪表运转正常；第一次使用的油罐，内壁应涂抹同类油脂。检查确保进油管线合理，需要开启的阀门和泵正确无误，防止混油。准备负责人应填写油罐入油准备单并签字。

32. 入库质量要求

储存的油脂符合国家标准和卫生规范，不得将非食用油脂储存在食用油库中。食用植物油脂应按品种、等级、生产年度分开储藏；压榨与浸出、转基因与非转基因油脂应分开储存。油库不得存放溶剂含量超过 300ppm 的油脂。油罐已有油脂需要补罐前，应认真核对现存油脂和补充油脂品种、检测级别，严防混油。质量检验负责人应填写油脂质量检验单并签字。

33. 油脂入库作业

每个油罐应建立独立的档案，油脂入库前，储油管理负责人应检查油罐入油准备单和油脂检测质量单并签字。符合入罐储存要求的，填写入库作业单并签字后，实施作业。所有单据应存档。

在入库过程中，应安排人员巡视检查，查验罐体有无变形和跑冒滴漏问题，发现情况应立即停止进油进行处置。单罐油脂储藏量不应超过检定容积，未检定容积的油罐，装油量应低于罐壁上沿 0.3m。入油完毕后，每个罐（垂直方向）布设不少于 3 个测温点，其中上层和底层测点位置分别距液面和罐底的距离为 0.5m。完成作业后，关闭阀门，应查验入库油脂数量和质量，及时封闭罐体，填写入仓油脂数量质量检验单并签字。

34. 储油期间作业

（1）"防溢油"管理

每天都应检查液位高度，确认储油数量正常；确认油罐底部阀门关闭良好并上锁；对储油数量波动异常的要及时分析原因并处理。定期检查油罐区地坪是否完好，有无异常沉降情况；检查油罐罐壁防腐层是否完好，有无严重锈蚀、腐蚀等情况；检查罐壁焊缝有无渗漏、裂纹等异常情况，若有异常及时倒罐进行维修。对新装入油脂的油罐及相应设备，第一周应每天检查一次完好情况，之后每 7 天检查一次；应检查护油堤和浸出油脂管路连接部门的密封情况，如果发现密封出现故障等应及时修复。

（2）"保质量"管理

在常规储存条件下，植物油脂储存时间不宜超过 2 年。

严格按照要求开展雨中三查，加强对罐顶的通光孔、计量孔密封性的检查，避免雨雪水渗流入油罐内影响储油品质。

储存期间每 15 天至少检测 1 次油罐和罐外气温，并按照国家有关标准和要求定期对库存油脂开展取样检测工作，跟踪储油品质变化，对品质变化异常的及时分析并处理。有条件的可采用油罐空间充氮气调保质储藏技术、抗氧化剂储藏技术、罐体保温及防辐射热等技术。

35. 出库作业

（1）出油前的准备

出库前，按《粮食质量安全监管办法》要求进行质量检测，出具检测报告。检查输油管道系统和输油设备是否满足使用要求，检查方法和入库作业时相同；仓储管理部门要检查油罐的呼吸阀或透气孔的状态是否完好，避免油罐出油后罐内形成负压导致罐体吸瘪事故的发生。应检查油库区局部地基下沉情况，均衡整个油罐区的承载压力。

（2）出油作业监控

出油作业中，保持油罐通气孔畅通，加强对油罐液位的跟踪，防止超发或者罐内油脂出空和油泵空转；要检查输油系统，正常作业期间严禁操作阀门，防止管道超压。应尽量缩短出库时间，操作完毕后及时封闭罐体。冬季出库时，加热已经凝固的油脂要缓慢，减少局部升温过快对油脂质量的影响。

（3）出油后，按规定清理维护油泵、管道、阀门、油罐等设备设施。

附录四　粮库安全生产守则

为了加强粮食行业安全生产工作，防止和减少生产安全事故，保障人民群众生命和财产安全，促进粮油仓储安全发展，依据《安全生产法》《粮油仓储管理办法》等相关法律规章及技术标准规范，制定本守则。

粮食行业安全生产工作遵循“以人为本、生命至上、安全发展”的理念，贯彻“安全第一、预防为主、综合治理”的方针。

本守则是粮库作业与管理必须遵守的行为准则，适用于各类粮油仓储单位。

第一章　粮食进出仓

1. 安全检查

粮仓必须由相应资质单位设计。粮仓应制作和安装粮仓设计说明标牌，标明粮仓的设计单位、年份、储粮品种、储存形式、装粮高度、仓容、使用年限等，用于指导和检查储粮，严禁超限装粮。粮仓第一次装粮应按设计要求进行压仓实验。非经相应资质单位设计的粮仓，必须委托相应资质设计单位论证是否符合结构安全和储粮工艺的要求，严禁不经论证直接储粮。超过设计结构使用年限的粮仓，必须委托相应资质的房屋鉴定机构进行鉴定，根据鉴定结论确定能否继续装粮。

粮仓装粮前或日常检查，应检查仓顶有无漏水，仓房墙壁、地面有无裂缝，地面有无沉降，门窗有无损坏，扶梯等附属设施是否完好；应检查钢板仓防锈漆是否剥落，检查螺栓、垫片等是否松动，检查与土建相连的支座部位有无异常，地面有无沉降。如有异常，须进行有效处置。

油罐装油前或日常检查，应检查油罐焊缝是否完好，罐顶盖、人孔、测量孔、通气孔等是否正常，罐底螺栓有无松动，垫片是否完好，罐区、管线阀门施封情况是否牢靠。如有异常，须进行有效处置。

2. 作业机动车辆

粮库应按要求设置交通指示标识，驾驶员应严格按库内交通指示标识行驶，严禁携带火柴、打火机等火种入库；机动车在粮库道路行驶限速 10 公里/小时，车辆上下地磅、生产作业区行驶、倒车限速 5 公里/小时，严禁超速行驶；严禁剐蹭仓储设施；车辆行驶时，严禁作业人员在车上作业；严禁铲车、叉车载人。

驾驶员应听从粮库管理人员的指挥，严格按照指定路线行驶，严禁驶入粮库非指定区域自行装卸，严禁驾驶员进入，禁止驾驶员赤脚、赤身、穿拖鞋、穿凉鞋等不安全行为。

人工扦样或接发油时，应配安全扶梯，穿防滑鞋，防止跌落。同时，严禁作业车辆移动。

机动车辆过磅时，应直线行驶并停在秤台中心，缓刹车停稳后并制动手刹，发动机必须熄火。

机动车辆装、卸车前，应放好车轮停位器，以防车辆移动伤人。作业人员应检查作业空间、车辆、设备、设施状况，确认无安全隐患后方可作业；液压翻板周围应设置警戒线，严禁非作业人员进入警戒区。卸粮时，应有专人指挥，严禁卸粮坑、车辆及液压翻板上站人。严禁车辆偏载或超载。自卸车应在车斗完全复位后，方可移动车辆。

机动车辆倒车时，必须有人指挥，指挥人员必须站在车辆的侧后方并与车辆保持安全距离，严禁站立在车辆可能行驶的轨迹上。

铲车作业时，严禁人员站在驾驶室外的踏板处指挥作业。

作业区域内，严禁非作业停车和无关人员逗留。

粮库仅在库区使用的自备车必须定期检验，保证车辆安全合格；驾驶员必须持有相应的机动车驾驶合格证。

3. 粮仓清理

清理平房仓时，作业人员应开启仓房门窗或排风扇；清理浅圆仓、立筒仓前，作业人员应检查并确认通风换气系统运转正常，并在运行10分钟后开始清扫。清理浅圆仓、立筒仓的上下通廊和工作塔时，严禁使用压缩空气吹扫灰尘。

清扫仓房时，作业人员应佩戴防尘口罩。灰尘较多时，应采取负压或湿式作业等措施，防止粉尘飞扬及二次扬尘；灰尘较少时，可采用普通清扫方式。

4. 粮食烘干

作业人员应佩戴安全帽。在烘干塔及露天堆场周围应设置安全警示周界，严禁非作业人员进入现场。现场必须配备消防器材及设施。烘干机周围严禁堆放各类易燃品。

初始烘干时，应保持烘干机内粮食流动，严禁长时间闷塔。突然断电时，应打开紧急排粮门排粮，防止塔内煳粮和着火。

燃油、燃气炉在不同季节使用的燃料，必须按说明书的规定执行，严禁使用非雾化燃油；燃烧器燃烧时，严禁往油箱加油。

烘干机进出粮的水分监测装置、进出风温度监测及调节装置、料位控制等完整有效，烘前仓（烘后仓）上下料位完整有效。

粮食入烘前仓前应进行清理，烘前仓入粮应与烘干作业同步，随进随烘。禁止烘前仓进完粮后再烘干，以防烘前仓结拱；烘干作业期间，严禁人员进入烘前仓和烘后仓。

应每月检查换热器，防止换热器破损将火种随热风管进入烘干塔内；使用燃煤或生物质热风炉时，应每半月或每周清理燃烧炉的沉降室和换热器中烟气侧的灰尘；烘干机使用30天内必须清理烘干塔一次。

5. 卸粮

烘干系统卸粮、工作塔卸粮坑卸粮、铁路专用线卸粮坑卸粮，生产部门应在卸粮作业区设置警戒线和标识。

烘干系统地沟卸粮时，严禁非作业人员进入作业区，严禁作业人员擅自进入粮堆。作业人员处理板结的粮堆时，应做好监护，防止人员跌落进粮口被粮食掩埋。夜间作业时，作业人员工作服上应设置反光警示标识。

工作塔卸粮坑（液压翻板卸粮、汽车自卸）卸粮时，严禁非作业人员进入卸粮作业区域；牵引火车时，严禁人员进入专用线卸粮坑作业区域；所有进粮口必须安装合格的钢格栅，并设置安全警示标识。

6. 平整粮面

平整粮面前，粮库带班负责人应对作业人员进行岗前培训和安全交底，并提出平整粮面作业要求；作业人员应先开启仓房排风扇或窗户。

平整粮面时，应安排不少于 2 人同时作业，并在仓门或进人口安排专人监护。作业人员应佩戴防尘口罩，必须从粮堆顶部自上而下摊平粮食，严禁站在粮堆低凹处摊平粮食。

平整粮面时，应在粮食入仓达到预定数量后平仓。粮面高差较大时，作业人员应防止跌落粮堆被粮食掩埋。

7. 出粮口排堵

出仓过程中，出粮口堵塞或出粮不畅时，应执行出粮口排堵作业应急预案，严禁擅自入仓排堵。

出粮口排堵应优先采用仓外作业排堵方式，作业人员开大闸门，利用长杆通过出料闸门、扦样孔、排堵孔等扰动粮堆，实施排堵。对于有多个出粮口的粮仓，应先从未堵塞出粮口出粮，但应严防不对称出粮。

对于立筒仓和浅圆仓，可在仓底设计安装空气炮清堵器用于排堵。

8. 粮食结拱（挂壁）处置

必须严格执行粮食结拱（挂壁）处置作业分级审批制度，严禁擅自进行处置作业。

粮食出仓前，仓储部门应先检查粮面是否结顶，如有，应进行处理；出仓中，发现仓内粮食结拱（挂壁）时，作业人员应先报告出仓作业现场负责人。

对于粮食有结块现象的立筒仓或浅圆仓，严禁一出到底。作业人员应在粮面每下降 1 米左右时，先关闭出仓闸门，后进入仓内检修平台观察粮面，如发现明显挂壁或结块露出粮面，在保证安全前提下，入仓清理露出粮面的结块或壁挂，防止结块粮形成高耸柱状，或挂在仓壁高处，甚至形成大规模结拱。作业人员及作业工具全部出仓后，再开启闸门出粮。

平房仓挂壁时，作业人员利用长杆或高空作业车处置；立筒仓挂壁时，作业人员必须通过仓顶吊篮入仓利用长杆等措施处置；浅圆仓挂壁位置较低时使用装载机处置，较高时通过高空作业车处置。严禁作业人员位于挂壁下方作业，以防挂壁坍塌砸伤或掩埋作业人员。

立筒仓结拱时，应通过向立筒仓入粮，或作业人员通过仓顶吊篮入仓利用长杆等措施进行处置，还可通过向烘前立筒仓吹热风进行处置；浅圆仓结拱时，应通过向浅圆仓入粮，或开启浅圆仓挡粮门等方式进行处置。严禁作业人员站立粮面进行处置。

处置作业结束后，作业人员必须全部撤出仓外，移出全部工具和设备。

9. 平房仓挡粮板拆卸

仓储部门应研究和制订平房仓挡粮板拆卸方案，严禁作业人员擅自入仓拆卸挡粮板。

拆卸挡粮板时，应优先采用仓外作业方式。作业人员应不少于 2 人，且应将安全带有效系在系留装置上，通过移动升降机或扶梯拆卸挡粮板。

出仓作业时，作业人员应先关闭挡粮板上出粮口闸门，在粮面稳定的前提下，逐一拆除粮堆以上的挡粮板，严禁拆除粮堆以下的挡粮板。作业人员出仓并带出全部工器具后，方可开启闸门继续出粮。

作业过程中，如发现粮面流动，作业人员应立即停止作业并迅速撤离至安全地点。

粮食出仓作业过程中，如出现粮堆埋人，作业人员应立即关闭出粮闸门并报告现场负责人，现场负责人立即组织紧急救援。

第二章　粮食简易仓囤

10. 简易囤

简易囤选址应有利于防汛，地面应平整，基础应满足装粮后承载力要求；简易囤应由符合资质要求的单位设计和建造；每组简易囤不应超过 5000 吨，组间距应大于 25 米。简易囤应安装有效的避雷装置。

粮食入囤前，应对粮囤的内外结构进行安全检查，检查各焊接口、入粮口及安全爬梯是否焊接牢固，检查囤身是否倾斜，防潮防雨性能是否完好等，确认安全后方可入粮。进粮作业应从简易囤中心入粮，严防偏心装粮。

出粮时，应采用对称出粮口同时出粮，严禁偏心出粮，以防偏载造成倒塌。初始出粮 50～60 吨后，应换另外一组对称出粮口出粮，避免囤身出现倾斜倒塌。后续出粮时，应及时根据囤内粮食情况调整出粮口。出粮后，人员进入囤内清理资材应系安全绳，且不少于 2 人。

应定期检查简易囤，如出现胀囤、倾斜等现象时，应在保证安全的前提下，立即实施倒囤或重新制装囤，严防简易囤坍塌；简易囤出粮后，应采取有效措施，防止大风将简易囤吹倾斜或倒伏。

11. 罩棚

罩棚内既可以用麻包袋装粮码垛包储，也可以围包散储，本节主要介绍围包散储。

仓储部门应先制订作业方案；必须用合格麻袋堆码挡粮墙，麻袋装粮三分之二，以平放高度17厘米左右为宜，四角和过道等关键部位及外层麻袋必须缝口；严禁使用塑料编织袋装粮作挡粮墙。

围包散储装粮高度不应高于5米；挡粮墙3.5米以下部分应采用三横一竖、每层错位堆码麻袋墙；3.5米以上部分可采用两横一竖，并确保挡粮墙堆码整齐；转角处挡粮墙，码放必须层层错位咬死，严防胀开。麻袋口应朝内堆叠。严禁使用塑料布等易滑资材铺垫在麻袋墙底层。

移动钢制爬梯（带扶手）应安全可靠。采用麻袋码放的爬梯，应确保牢固可靠。

仓储部门应定期检查粮堆周围，如发现胀垛、坍塌、漏粮等情况，应及时处置；拆粮堆时，应先从粮堆顶部拆挡粮墙，严禁人员进入粮面。拆包与出粮同步，严禁出完粮食再拆挡粮墙；严禁在围包散储粮堆周边从事影响粮堆安全的施工作业。

12. 钢结构散装房式简易仓

钢结构散装房式简易仓必须由符合资质要求的设计单位设计并通过施工图审查；必须由符合资质要求的施工企业建设；必须在竣工验收合格后方可进行装粮压仓试验。严禁超设计装粮线装粮；严禁把钢结构罩棚当散装仓或违规改造成散装仓装粮；严禁机动车辆和机械输送设备剐蹭、碰撞钢结构散装房式简易仓。

第三章　熏蒸和气调

13. 药剂管理

应严格执行化学药剂“五双”管理；药品库应安装防爆排气扇和防爆灯具，人员进入前应先开启排气扇，佩戴安全防护器具，并用便携式报警仪检测有害气体浓度。

粮库应将购买药剂情况报上级单位；药剂入库时，管理人员应填写《药剂入库单》；药剂应存放在高于地面0.2米以上的空间，不同种类的药剂应分别存放，液体和固体药剂应隔离存放。

领取药剂时，必须先填写《药剂领用单》，按程序审批后方可出库；领用人员应不少于2人；领用前后应及时登记药剂台账。使用后的药剂空瓶空罐要及时收回药品库，统一按照规定销毁处理。

14. 熏蒸

必须严格执行熏蒸作业审批制度，严禁擅自开展熏蒸作业。施用空仓杀虫剂和粮食熏蒸剂，仓储部门必须制定空仓杀虫作业方案和粮食熏蒸作业方案，经粮库负责人批准，并报所在地粮食行政管理部门备案后方可实施。严禁使用非储粮化学药剂和超剂量使用储粮化学药剂杀虫。

实施空仓杀虫和粮食熏蒸，仓储部门负责人应安排不少于 2 名作业人员同时作业，同时应安排 1 名监督警戒人员站在仓门或仓口位置，保证观察到所有作业人员。作业人员应具有相应职业资格，佩戴安全有效的防护用具。施用空仓杀虫剂，每人每次不应超过 90 分钟，每人每天不应超过 3 小时。磷化氢熏蒸杀虫时，每人每次不应超过 30 分钟，每人每天不应超过 2 次。

在分药、投药、熏蒸、散气和药渣处理过程中，作业人员必须佩戴空气呼吸器，穿工作服，戴橡胶手套；清理药渣不少于 3 人，药渣应按国家规定进行无害化处理；空气呼吸器的储气瓶应按国家规定进行检定。

开启磷化铝瓶盖时，人员应位于上风向。在粮面使用磷化铝片剂、丸剂、粉剂熏蒸时，应放置在直径 30 ~ 50 厘米的药盘中，药盘应由阻燃材料制作，如铁盘、铝盘或瓷盘等。

使用磷化氢空仓杀虫、粮食熏蒸及散气期间，应在距离粮仓至少 20 米处设置安全警示标识和警戒线；使用非磷化氢空仓杀虫及散气期间，应在仓门设置安全警示标识。值班人员应加强巡查。

房式仓、筒式仓熏蒸通风散气后，作业人员必须检测仓房中的磷化氢和氧气浓度，磷化氢浓度小于 0. 2 毫升/立方米和氧气浓度不小于 19. 5% 时，方可进入。否则，必须佩戴空气呼吸器。

钢结构散装房式简易仓、钢罩棚和简易囤熏蒸时，应在四周覆盖帐幕，并在帐幕上加盖防风网罩或防风固定绳。覆盖前，要对账目进行检查，发现孔洞及时修补。散气时，熏蒸人员应戴空气呼吸器，先揭开帐幕一边，0. 5 小时后揭起其他部位的帐幕，1 小时后卸下帐幕，通风散气 24 小时。

熏蒸前，安全员应清点人数，做好记录；作业人员应仔细检查所用空气呼吸器是否安全有效；熏蒸结束时，安全员负责清点人数，查明进仓人员已全部出仓后，方可封门。

磷化氢熏蒸前后，作业人员禁止饮酒、喝牛奶、吃鸡蛋和其他油脂食品；作业人员在熏蒸过程中感觉身体不适，应立即停止作业。

禁止在夜间和大风、雨天、雷电等情况下进行熏蒸和散气。

15. 气调

必须严格执行气调作业审批制度，严禁擅自开展气调作业；应安排专人管理空气呼吸器和空气压缩充气泵等设施。

应在气调仓外悬挂警示牌，严禁擅自操作气调系统的阀门；人员进入气调仓检查粮情或进行膜上作业，不得少于2人，1人负责监督警戒。严禁单人、酒后或身体状况不佳者进入气调仓。其他外来人员需要进入气调仓时，必须有粮库专业人员的培训和指导，方可入仓。

进入粮堆气囊内取样化验或检查粮情时，必须佩戴空气呼吸器，确认呼吸器能够正常使用，并能正确、熟练使用空气呼吸器。空气储气罐的压力必须充至产品说明书规定的压力值，并保证有3人及以上方能进仓作业。人员身体感觉不适或听到报警声应立即出仓。

第四章　粮库防火防爆

16. 火灾预防及处置

必须严格执行国家和所在地消防安全管理制度，制定粮库（油库）消防安全制度、消防安全操作规程和粮食消防应急预案，按照国家标准、行业标准配置消防设施、器材，设置消防安全标识，组织有针对性的消防演练。

粮库（油库）必须配置专职或兼职的消防员，负责定期检测、维修消防设施、器材，确保完好有效，检测记录应当完整准确，并存档备查；负责检查并保障疏散通道、安全出口、消防车通道畅通。

粮库（油库）必须加强火灾隐患防范，严禁烟火，严禁在储粮区、油罐区、作业区及其他禁烟区吸烟。严禁堆放易燃、可燃材料，及时清理堆场内的杂草、垃圾，及时排查处置粮库周边环境火灾隐患。严禁擅自动火作业，严格执行动火作业分级审批制度。

发生火情时，现场作业人员应立即报告粮库（油库）带班负责人，并立即灭火，灭火人员应采取安全防护措施。粮食着火，用水灭火；油脂着火用泡沫灭火；磷化铝着火，应用干粉、干燥沙土或二氧化碳灭火器灭火，严禁用水、泡沫和酸式灭火剂灭火；烘干塔着火时，应立即关停风机，同时加快入潮粮和排粮速度，防止加大火情；电气着火，应先切断电源，后用二氧化碳、干粉灭火器灭火；电气焊作业时周边着火，应先切断电源，移走氧气瓶、乙炔瓶；交直流电焊机冒烟或着火时，应首先断开电源，用二氧化碳灭火；乙炔钢瓶发生火灾，应先关闭阀门，用干粉灭火器或带喷嘴的二氧化碳灭火器灭火。

发生火灾时，现场作业人员应立即报告粮库（油库）带班领导，同时拨打119电话，报告单位名称、地址、火灾情况、着火物资、联系电话等，并派人在路口接应消防车。在不危及人员安全情况下，现场作业人员应开展自救，无法自救时，应立即疏散人员。如有人员受伤，应立即拨打120电话。

17. 粉尘爆炸预防及处置

粮库必须按规范、标准使用防爆电气设备，落实防雷、防静电等措施，保证设施设备安全有效接地，严禁作业场所存在各类明火和违规使用作业工具。

必须严格执行灰尘清扫制度，避免产生二次扬尘，确保场地无积尘、扬尘；作业时，应采取降尘措施控制粉尘。

粮库应保证仓房及设备泄爆装置安全有效。严禁拆除通风除尘、防爆、卸爆、接地等安全设施；应定期检查和维护粉尘爆炸危险场所的电气设备和防爆装置，确保设备和装置完好。

进入粉尘防爆区，人员应穿防静电的工服，严禁穿戴化纤、丝绸衣物和带铁钉的鞋，防止产生火花；严禁使用铁器敲击墙壁、金属设备、管道及其他物体。

筒仓输送系统检修时，应采取措施隔断与明火作业相连的管道、孔洞；筒仓清仓作业时，必须使用防尘防爆照明灯具，清仓车辆必须装配火星熄灭器，装载机铲斗接触地面的部位必须安装防止摩擦起火的非金属材料，装载机尾端应安装防撞橡胶材料，防止产生火花。

发生粉尘爆炸时，现场负责人应立即疏散所有人员至空旷安全地点，避免二次粉尘爆炸造成人员伤亡，然后报告粮库带班领导；粉尘爆炸造成火灾，应立即拨打119电话，有人员受伤，应立即拨打120电话；造成生产安全事故时，粮库应按规定上报。

第五章　租仓储粮和外包作业

18. 租仓储粮

承租企业与出租企业应签订租赁合同和安全生产管理协议，明确双方安全生产职责，落实安全生产设施、设备、器材等。

承租企业必须安排本企业在职人员对租仓储粮及仓储设施进行管理，对租仓储粮安全生产承担相应责任；承租企业的安全生产管理制度在租仓储粮中必须得到执行。

租赁库点所处位置应符合防火、防汛、防污染等安全要求，不得位于低洼易涝、行洪区，库区及周边1000米内无易燃、易爆、毒害危险品和污染源。库区封闭，院内布设监控设施，实现监控全覆盖且功能正常。仓储设施设备和附属设施设备应符合国家安全标准。消防、用电、排水及建设手续符合国家相关要求，通过有关部门验收。

承租企业负责人对租仓储粮安全生产承担直接领导责任，承租企业派驻的专职或兼职安全员应履行安全生产的职责。承租企业应保障和落实租仓储粮必需的安全生产设施及其经费，因未能保障和落实而造成生产安全事故的，承租企业负责人及其安全生产部门负责人应承担相应责任。

承租企业安全部门负责人每两周、企业分管负责人每月、企业负责人每季度应对租仓储粮进行安全生产检查，及时发现和排查安全生产隐患，责令限期整改。对于拒不整改的，应追究租仓储粮点负责人及安全员的责任。

承租企业上级单位和主管部门对租仓储粮点应进行安全生产监督检查，发现存在安全生产问题和隐患的，应立即责成承租企业采取有效措施，确保安全生产。造成生产安全事故的，应依法依规追究承租企业有关人员的责任。

19. 外包作业

必须严格执行外包作业人员审批制度，严禁外包作业人员擅自作业；粮库（油库）应建立外包作业单位和劳务人员管理档案。

外包作业单位应具备相应的经营资质或作业许可证，应为所有参与作业人员办理工伤保险或意外伤害保险，外包作业单位负责人是外包作业人员安全管理的第一责任人。粮库（油库）与外包作业单位签订外包作业合同时，应同时签订《外包作业安全管理协议》；劳务人员应提交身体健康合格证，粮库应与劳务人员签订《外包作业人员职业健康安全告知书》。

外包作业前，粮库（油库）应组织对外包作业人员的安全交底，督促和配合外包作业单位对外包作业人员进行作业前培训，并做好培训记录和考核，外包作业人员应在安全交底或安全生产作业承诺书上签字。

粮库（油库）应对外包作业单位及其人员进行作业前检查，主要内容包括安全资质和业绩是否符合要求，安全协议是否签订，职业健康安全要求是否充分告知，特种作业人员资格是否符合要求，检查外包作业人员是否掌握安全生产要求，安全技术措施是否可行，安全资源配置是否合理等。检查合格后，允许外包作业。

粮库（油库）应定期与外包作业单位现场负责人沟通，掌握安全情况、强调安全要求并留存记录。定期检查外包作业的安全情况，发现隐患时，立即责令其整改，并形成记录，整改合格后方可继续作业。重大隐患应报当地安监部门。发生生产安全事故，外包作业单位应立即告知粮库（油库）。

外包作业验收前，应对作业现场进行清理，粮库（油库）有关部门负责人负责验收；验收中发现安全隐患的，应形成记录，并落实整改。

第六章　其他专项作业

20. 设备移动

移动前，作业部门应明确采用车辆牵引还是人工推移，落实移动路线，避开高压线、建构筑物，对移动路线上的临时用电线缆进行保护或拆除，将设备重心和高度降至最低点，检查移动轮，收好电缆线，收起支撑脚；严禁移动正在运转的机械设备。

移动中，必须设专人统一指挥，密切关注设备移动、人员状况和周围环境；严禁设备前方、下方站人；严禁把设备当梯子进行登高作业；严禁人员站立或坐在设备上，严禁以人的重量平衡机械；设备上下坡时，必须采用拖车方式，严防设备失控。

移动中，应保持方向，调头或横向移动应确保周围无电线或其他设施，避免碰剐。

设备停放时，必须放下支撑脚或固定制动装置，防止设备移动、倾倒。

21. 设备检修

必须严格执行设备检修分级审批制度，严禁擅自开展设备检修。

应严格按照设备产品说明书检修，严禁机电设备带病运行，严禁设备带电或运行中进行检修；应设置检修警示标识，严禁非作业人员进入检修现场；应确保设备传动部位安全防护装置牢固；对设备支撑部件进行维修时，应提前采取防垮塌支撑措施；筒仓输送系统检修作业时，应采取措施隔断与明火作业相连的管道、孔洞。油罐区检修，必须严格执行作业审批程序，对毛油罐动火作业时，严防燃爆；对于采取浸出工艺的油脂，还要检测罐体上部空间的溶剂含量；对于罐体老化或因其他原因结构受损的，应及时处理或弃用，确保罐体安全。

应确保电气设备接地装置、漏电保护装置、过电流保护装置完好；电气设备接头、插座等不许出现裸露和松动。

作业后，必须认真清点工器具，严禁将工器具、废弃物遗留在设备内或检修现场。

22. 临时用电

必须严格执行临时用电分级审批制度，严禁擅自开展临时用电作业。

应在现场设置安全警戒区域和标识，开关箱必须具有漏电、过载、短路保护装置，漏电保护器使用前应启动漏电试验按钮试跳一次，试跳不正常的严禁继续使用。

铺设临时用电线路，在验收合格前严禁送电；临时用电执行挂牌、上锁和摘牌、解锁；严格执行“一机一闸”，严禁“一闸多控”。

作业前，现场负责人应检查临时用电审批相关手续；应对作业人员进行安全教育和安全技术交底，告知作业中存在的风险、现场环境和作业安全要求，以及作业中可能遇到意外时的处理和救护方法。

送电操作顺序：总配电箱→分配电箱→开关箱，要求上一级过载保护电流应大于下一级；停电操作顺序：开关箱→分配电箱→总配电箱，电气故障的紧急情况除外。

配电箱、开关箱检修作业时，必须将前一级电源隔离开关断电，上锁并悬挂“有人工作、禁止合闸”标识牌，钥匙由断电的电气人员保管，严禁带电作业。

临时照明应满足所在区域安全作业照度、防爆等级、防尘、防水、防震等要求。

作业中，发现临时用电作业的安全技术设施有缺陷和隐患时，应及时报告；危及人身安全时，应停止作业，撤离现场，并按现场处置方案规定的程序及时进行处置。

作业后，应清理打扫现场，现场负责人确认无隐患后，作业人员撤离作业场所。

23. 高处作业

必须严格执行高处作业分级审批制度，严禁擅自开展高处作业。

雨、雪、大雾、雷电及风力超过 5 级的天气，禁止室外高处作业；严禁夜间高处作业。应安排身体条件符合要求的人员从事高处作业，必须配备现场监护人；作业人员应佩戴安全帽和安全绳作业，应穿软底防滑劳保鞋，严禁穿硬底、带钉易滑的鞋。

高处作业使用的扶梯、升降平台和临时架设的作业平台应符合安全要求，严禁把设备当扶梯进行高处作业；应在高处作业区域设置隔离警示标识，严禁人员穿行。

作业时，安全绳应系牢在系留装置或固定的设施上，严禁作业人员向下抛扔物体；作业后，应清理工器具和物品，严禁留存高处。

24. 有限空间作业

必须执行有限空间作业分级审批制度，严禁擅自开展有限空间作业。

必须做到“先通风、再检测、后作业”。应先打开人孔、料孔等进行自然通风，必要时，可采取强制通风。检测有限空间氧气和有害气体浓度，氧气浓度不应小于19.5%，磷化氢气体浓度不应高于0.2 毫升/立方米。氧气浓度小于 19.5%，磷化氢气体浓度高于0.2 毫升/立方米时，作业人员必须佩戴空气呼吸器。严禁向有限空间充氧气或富氧空气。

作业现场应明确作业负责人、监护人员和作业人员，不得在没有监护人的情况下作业，应设置安全警示标识。

人员必须配备个人防中毒窒息等防护装备，严禁无防护监护措施作业。缺氧或有毒有限的空间作业时，应佩戴空气呼吸器。有易燃易爆物质时，应穿防静电工服，使用防爆型低压灯具及不产生火花的工具。有酸碱等腐蚀性介质时，作业人员应穿戴防酸碱工作服、工作鞋、手套等防护品。

进入有限空间前，监护人应与作业人员一起检查安全措施，记录进入人员人数、姓名和工器具，统一联系方式。作业过程中监护人员不得脱岗。

发生生产安全事故时，监护人员应立即报警，救援人员应做好自身防护，配备必要的呼吸器具、救援器材，严禁盲目施救，导致事故扩大。

25. 吊装

必须执行吊装作业分级审批制度，严禁擅自开展吊装作业。

作业前，现场负责人应对作业人员进行安全教育和安全技术交底；应在现场设置安全警戒区域和标识，明确现场负责人、指挥人员、司机、司索人员、监护人和安全监督员及其职责，指挥人员、起重司机、司索人员应具有政府有关部门颁发的吊装作业上岗证书，起重设备装拆由相应单位有资质的专业人员操作。

现场负责人应检查吊装作业许可相关内容，对作业人员的资格和身体状况进行检查，严禁身体不适或患有职业禁忌证人员作业；检查作业使用的劳动防护用品、安全标识、工器具、仪表、电气设备等。

作业中出现故障时，应立即向负责人报告，没有现场指挥的命令，除危及生命外，任何人不得擅离岗位，应听从指挥，按应急程序处置。吊装设备下严禁站人。

作业后，应清理打扫现场，现场负责人确认无隐患后，作业人员撤离作业场所。

室外吊装作业遇到雨、雪、大雾、雷电及 5 级以上大风天气时，应采取安全措施并立即停止吊装作业。

第七章　主要职责与处罚

26. 粮库（含油库，下同）主要负责人

建立健全明确的粮库安全生产责任制；制定完善的粮库安全生产规章制度和操作

规程；组织制定并实施粮库安全生产教育和培训计划；按标准配齐、按期限更换安全生产设施和装备，保证粮库安全生产各项资金投入；组织开展粮库安全生产检查，督促各项安全生产规章制度的落实，保证各项设施装备的完好，及时消除生产安全事故隐患；组织制定并实施粮库的生产安全事故应急救援预案，每年至少开展两次安全生产应急救援演练；按规定及时、如实报告生产安全事故。

27. 粮库管理人员

参与拟订粮库安全生产规章制度、操作规程和应急救援预案；落实粮库安全生产教育和培训、应急救援演练等工作，如实记录安全生产教育和培训情况；督促落实粮库重大危险源的安全管理措施；检查粮库安全生产状况，发现并及时排查事故隐患，提出改进安全生产管理的建议；制止和纠正违章指挥、强令冒险作业、违反操作规程的行为；督促落实粮库安全生产整改措施。

28. 粮库作业人员

严格遵守粮库各项安全生产规章制度，严格按照有关操作规程作业，自觉接受监督、服从管理，正确佩戴和使用劳动防护用品；接受安全生产教育和培训，掌握本职岗位所需的安全生产知识，不断提高安全生产技能，增强事故预防和应急处理能力；发现事故隐患或者其他不安全因素，应当立即向现场安全生产管理人员和粮库负责人报告。发现直接危及人身安全的紧急情况时，停止作业或在采取可能的应急措施后撤离作业场所；发现粮库安全生产工作中存在的问题应及时提出批评建议，对拒不接受的可直接向上级单位或当地粮食行政管理部门举报，并拒绝遵从违章指挥和执行强令冒险作业。

29. 处罚

发生生产安全事故，依据安全生产法和有关部门调查结果，粮库负责人、管理人员、作业人员将根据自身过错与过失，受到批评教育、处分、追究刑事责任等处罚。

参考文献

[1] 中华粮网. 我国重点推动粮食仓储建设 [EB/OL]. 中华粮网, 2022-02-16.

[2] 德州亿沃特风机有限公司. EFL 系列离心式通风机 [EB/OL]. 德州亿沃特风机, 2020-11-10.

[3] 德州亿沃特风机有限公司. 轴流式风机的基本介绍 [EB/OL]. 德州亿沃特风机, 2021-04-01.

[4] 衡水昊冠工矿设备有限公司. 粮库通风地笼 [EB/OL]. 矿山机械粮机, 2019-10-31.

[5] 北京东孚久恒仪器技术有限公司. "东孚"谷物冷却机科技助力节粮减损 [EB/OL]. 粮油发展网, 2021-09-16.

[6] 河南同创高科. 环流熏蒸系统 [EB/OL]. 同创高科仓储粮安卫士, 2021-06-08.

[7] 消防工程. 消防泵技术及各项故障分析解析 [EB/OL]. 消防工程, 2017-04-27.

[8] 野马技术. 消防界另一员大将：室内消防栓 [EB/OL]. 野马技术, 2022-05-05.

[9] 温州消防. 消防专业名词解释——室外消火栓 [EB/OL]. 绍兴消防, 2020-07-12.

[10] 云阳消防. 手提式干粉灭火器 [EB/OL]. 云阳消防在线, 2020-06-30.

[11] 豫海消防. 消防器材——推车式干粉灭火器 [EB/OL]. 豫海消防, 2020-06-19.

[12] 鑫鼎输送机械. 粮食皮带输送机设备 [EB/OL]. 衡水市鑫鼎输送机械有限公司, 2020-07-17.

[13] 河北占伟机械. 转向输送机 [EB/OL]. 河北占伟机械, 2015-09-14.

[14] 环球粮机网. 浅谈通用型埋刮板输送机的设计及常见问题解答 [EB/OL]. 环球粮机网, 2018-12-14.

[15] 安徽华中机械. 移动式扒粮机图片型号用途大全 [EB/OL]. 安徽华中机械配套工程有限公司, 2021-05-29.

[16] 粮库商城采购平台. 粮油入库, 要做几件小事 [EB/OL]. 粮油储藏科技, 2018-08-28.

[17] 环球粮机网. 安徽云龙扦样机 (固定式、移动式、智能型) [EB/OL]. 环球粮机网, 2022-04-06.

[18] 初阳绽放. 加斯特——机械磅秤 [EB/OL]. 青岛加斯特衡器, 2015-04-29.

[19] Dstar. 电子台秤怎么调由原来公斤调成市斤 [EB/OL]. 亚津电子秤, 2020-08-11.

[20] 食品 580. 多合一食品测温仪 [EB/OL]. 食品 580, 2019-09-04.

[21] 每天 12 点发布新闻. 粮食水分 + 容重一体机, 粮食贸易商好帮手! 粮食测水仪 [EB/OL]. 粮商, 2020-11-12.

[22] 智汇职校. 一分钟带你了解叉车 [EB/OL]. 智汇职校, 2021-09-10.

[23] 叉车大全. 地牛 [EB/OL]. 叉车大全, 2017-09-05.

[24] 力鑫机械. 力鑫装卸平台设备 [EB/OL]. 力鑫机械, 2016-10-10.

[25] 中首君. 用什么样的装载机铲粮食比较合适 [EB/OL]. 中首重工 ZHONG-SHOU, 2018-05-13.

[26] 张建平. 兰州粮食现代物流产业园铁路专用线通车试运营 [EB/OL]. 兰州日报, 2022-04-16.

[27] 中远海运 e 刊. 干散货复苏强劲: 新船订单将超 250 艘, 粮食运输成船东新宠 [EB/OL]. 中远海运散运, 2017-12-26.

[28] 航运交易公报. 世界上最大的集装箱船首航 [EB/OL]. 航运交易公报, 2020-01-23.

[29] 市场部. 中粮掌控着全球 13 个核心码头 [EB/OL]. 中粮饲料华南大区, 2018-07-17.

[30] LNG 行业信息. 宏观环境拉动需求, 国内罐车市场前景看好 [EB/OL]. LNG 行业信息, 2015-01-17.

[31] 方得网. 超大货箱! 华菱星马 H3 大单桥厢式货车即将上市 [EB/OL]. 方得网, 2017-04-04.

[32] 象屿农产. 富锦公司首列散粮罐专线列车开通运行 [EB/OL]. 象屿农产, 2016-11-22.

［33］机械与安全. 盘点港口机械设备种类［EB/OL］. 港口机械圈，2021-05-30.

［34］鑫鼎输送机械. 火车、货车、集装箱等装卸帮手——双翼输送机［EB/OL］. 衡水市鑫鼎输送机械有限公司，2018-08-31.

［35］环球粮机网. 泗县三虎粮油机械——专业粮食烘干中心全套配套设备优质供应商［EB/OL］. 环球粮机网，2019-04-26.

［36］湘粮机械. 粮食搬运神器——吸粮机［EB/OL］. 湘粮机械，2021-03-31.

［37］盛道科技. 智慧粮库管理系统［EB/OL］. 盛道农业物联网，2016-04-29.

［38］李维. 粮食物流管理实务［M］. 北京：北京理工大学出版社，2016.

［39］国粮工程. 国粮平房仓自动化进出仓系统［EB/OL］. 国粮工程，2017-12-16.

［40］环球粮机网. 好粮机，聚力造［EB/OL］. 环球粮机网，2019-07-26.

［41］研究设计中心. 平房仓散粮出仓神器［EB/OL］. 储粮科技，2021-08-23.

［42］港口圈. 该港口集装箱码头实现智能一体化全覆盖［EB/OL］. 港口圈，2022-03-03.

［43］EBAIDOO. 散料集装箱自动卸车装备［EB/OL］. 现代饲料工程与机械，2018-10-20.

［44］海运行业资讯点击. 集装箱不够用，“集装袋”来了［EB/OL］. 今日海运，2021-11-30.

［45］李维刚. 基于国家粮食安全战略视角下的粮食物流体系的完善［M］. 上海：复旦大学出版社，2013.

［46］侯立军. 我国粮食物流科学化运作研究［J］. 财贸经济，2002（11）：37-41.

［47］肖国安. 未来十年中国粮食供求预测［J］. 中国农村经济，2002（7）：9-14.

［48］张莉. 我国粮食物流发展问题研究［D］. 大连海事大学，2003.

［49］李志斌. 粮食生产安全预警研究——以东北三省为例［D］. 中国农业科学院，2007.

［50］王志刚. 对粮食产业供应链若干问题的探讨［J］. 中国粮食经济，2004（10）：12-13.

［51］洪涛，王群. 针对我国粮食物流瓶颈构建现代粮食物流体系［J］. 粮食经济研究，2004（6）：18-23.

［52］慕艳芬，朱东红．福建省粮食物流现状及策略思考［J］．物流技术，2005，(12)：11－14.

［53］李小化，陈莲．现代粮食物流体系的初步研究［J］．粮油加工与食品机械，2005（3）：63－65.

［54］刘兴信．中国粮油工业与科技发展的趋向［J］．粮食与食品工业，2005，12（1）：1－3.

［55］张满兴，王留声．长江中下游地区粮食物流问题初探［J］．中国粮食经济，2005（2）：40－43.

［56］程国强．当前我国大豆行业的问题与建议［J］．中国食物与营养，2006（9）：2.

［57］刘晓俊，李春萍，侯聪．我国粮食需求分析与预测［J］．金融教学与研究，2006（3）：34－49.

［58］张国云，张大东，刘兴景．加、英两国的粮食物流与启示［J］．中国物流与采购，2006（3）：54－59.

［59］姜建华，丁一．构建科学的粮食物流体系加快东北地区粮食物流建设［J］．中国粮食经济，2006（5：37－39）.

［60］崔晓迪，田源，程国宏，等．信息化的粮食供应链管理［J］．粮食经济研究，2006（4）：50－51.

［61］丁建吾．澳大利亚粮食物流发展经验及启示［J］．中国物流与采购，2007（7）：44－47.

［62］赵艳，冀亚丽，许德刚．基于移动 Agent 的粮食物流决策支持系统［J］．光盘技术，2007（1）：25－27.

［63］邱爽．基于产业集群理论的粮食物流园区知识创新机制研究［J］．粮食问题研究，2007（4）：19－24.

［64］鹿应荣，杨印生，孙宝凤，等．基于地理信息系统的粮食物流决策支持系统的开发［J］．吉林大学学报（工学版）．2008，38（5）：1044－1048.

［65］丁华，高詹．中国国际采购大豆供应链的渠道与主要节点［J］．改革，2008（9）：110－115.

［66］鹿应荣，杨印生，刘洪霞．基于 BP 神经网络的非线性组合预测模型在粮食物流需求预测中的应用［J］．吉林大学学报：工学版，2008（S2）：66－69.

［67］孙小平，欧阳超，吴刚，等．信息化技术在粮食仓储物流企业中的创新应用［J］．粮食与食品工业，2009，16（5）：40－42.

［68］刘波，张海洲，王诚珣．粮食物流生产管理信息系统的开发［J］．粮食流通技术，2009（5）：25－28.

［69］傅岚．农产品物流信息系统设计［J］．中国流通经济，2009（9）：32－35.

［70］洪岚，安玉发．我国粮食供应链整合困难的原因探析［J］．中国流通经济，2009（8）：33－35.

［71］孙宏岭，张大利．基于“虚拟物流”理念的粮食物流市场运行体系建设［J］．粮食与饲料工业，2009（10）：7－8.

［72］高铁生．粮食安全视角下我国粮食物流发展对策［J］．中国流通经济，2009（6）：8－10.

［73］任新平，李建．粮食加工业发展新趋势对粮食物流的影响［J］．粮食流通技术，2009（4）：44－46.

［74］付晶．基于系统动力学的粮食物流需求预测研究［D］．吉林大学，2009.

［75］孙宏岭，王莉莉．粮食物流市场体系一体化运行模式研究［J］．粮食加工，2009，34（6）：81－84.

［76］曹伟．电子商务条件下的粮食物流信息管理系统构建［J］．湖南商学院学报，2010，17（3）：100－103.

［77］孙宏岭，周行．我国粮食物流运行中网络体系构建的研究［J］．中国粮油学报，2010，25（9）：119－122.

［78］张海洲，李堑，刘波，等．基于ExtendSim的粮食物流仿真模型研究［J］．粮食流通技术，2010（5）：33－36.

［79］陈明星．基于粮食供应链的外资进入与中国粮食产业安全研究［J］．中国流通经济，2011（8）：57－62.

［80］吴志华，胡非凡．粮食供应链整合研究——以江苏省常州市粮食现代物流中心为例［J］．农业经济问题，2011（4）：26－33.

［81］周行，孙宏岭．基于物联网的集成化粮食供应链管理研究［J］．中国农学通报，2011（2）：315－317.

［82］李凤廷，侯云先．轴辐式粮食物流网络的横向协同：一个整合的概念框架［J］．农业经济问题，2014（3）：75－83.

［83］朱玲玲．中国粮食生产影响因素实证分析［J］．重庆科技学院学报：社会科学版，2014（1）：60－62.

［84］邵开丽，邱红丽．数据融合在粮食供应链信息系统中的应用［J］．物流技术，2015，34（11）：264－266.

[85] 赵予新，邵赛娜. 基于层次分析法的粮食供应链整合的影响因素分析 [J]. 粮食科技与经济，2015，40 (1)：16－19.

[86] 童玉峨，徐明. 美国粮食物流 [J]. 世界农业，2016 (4)：4－11.

[87] 白世贞，毕玮，牟维哲. 基于供求信息共享机制的粮食物流网络 [J]. 江苏农业科学，2016 (11)：498－501.

[88] 李凤廷，侯云先，邵开丽，等. 突发事件下的粮食物流——基于情景应对的储备粮紧急调运决策框架 [J]. 中国农村经济，2016 (12)：60－75.

[89] 姜岩. 盘锦区域性国际化粮食物流园区发展问题与对策研究 [J]. 农业经济，2018 (12)：143－144.

[90] 李丽杰. 清代四川常平仓粮食物流研究 [J]. 中华文化论坛，2018，152 (12)：57－63.

[91] 许晶. 吉林省粮食物流业存在的问题及对策研究 [J]. 农业经济，2020 (9)：141－142.

[92] 王丹. 基于路径规划的粮食物流输送控制系统设计 [J]. 制造业自动化，2021，43 (2)：6－9.

[93] 杨海红. 大数据在粮食物流仓储信息化中的研究与应用 [J]. 食品研究与开发. 2022 (1)：229－230.

[94] 钱煜昊，王晨，王金秋. 中国粮食物流体系现代化建设策略 [J]. 西北农林科技大学学报：社会科学版. 2022，22 (2)：27－35.

[95] CNSS. 巴西－中国的大豆船，撑起了散货船运价 [EB/OL]. 海事服务网 CNSS，2021－04－11.

[96] 含笑花. 常见物流信息系统分类及应用 [EB/OL]. 物流圈 WLQ，2021－08－08.

[97] 易云通信息. 条码管理系统的应用 [EB/OL]. 易云通信息，2021－11－19.

[98] SLPC 高级物流经理人俱乐部. 什么是 EDI [EB/OL]. SLPC 高级物流经理人俱乐部，2014－08－29.

[99] 创青春. 无线射频技术与农副产品 [EB/OL]. 创青春，2015－07－27.

[100] 谢华，胡裕军，王琼，等. 地理信息系统 (GIS) 在地震灾害中的应用 [EB/OL]. 晋中市防震减灾中心，2022－04－14.

[101] GeomaticsCenter. GPS 系统工作原理 [EB/OL]. Geomatics Center，2021503－25.

[102] 杜老师文综. 教学设计：地理信息技术在区域地理环境研究中的应用（上）[EB/OL]. 杜老师文综，2020－09－06.

[103] 张聪. 浅谈物联网技术的四个层次 [EB/OL]. 蓝洞技术，2017 - 12 - 28.

[104] Mighell R L, Jones L A. Vertical Coordination in Agriculture. [J]. Vertical Coordination in Agriculture, 1963.

[105] Vollmers A C . An Economic Analysis of a Grain Logistic System: A Michigan Case Study [D]. Michigan State University, 1980.

[106] Chow M H . Economic Impacts of Structural Changes in The Wheat Logistics System: Exporting Winter Wheat From Twelve Counties in Northwest Kansas [D]. Kansas State University, 1984.

[107] Barkema, Alan. Reaching Consumers in the Twenty-First Century: The Short Way Around the Barn [J]. American Journal of Agricultural Economics, 1993, 75 (5): 1126 - 1131.

[108] Kliebenstein J B , Lawrence J D . Contracting and Vertical Coordination in the United States Pork Industry [J]. ISU General Staff Papers, 1995: 1213 - 1218.

[109] Gary P. Moynihan, Pravin S. Raj, Jay U. Sterling, William G. Nichols. Decision Support System for Strategic Logistics Planning [J]. Computers in Lndustry, 1995, 26 (1): 75 - 84.

[110] Mcvey M J . Valuing Quality Differentiated Grains from a Total Logistics Perspective [D]. Lowa State University, 1996.

[111] Priewe S R. Stochastic Simulation Analysis of Rail Options for Shipping Grain [D]. North Dakota State University, 1997.

[112] Yang H , Bell M. Models and Algorithms for Road Network Design: a Review and Some New Developments [J]. Transport Reviews, 1998, 18 (3): 257 - 278.

[113] Jessup E L . Transportation Optimization Marketing for Commodity Flow, Private Shipper Costs, and Highway Infrastructure Impact analysis. [D]. Washington State University. 1998.

[114] Jennings N R, Wooldridge M J. Applications of Intelligent Agents [J]. Springer Berlin Heidelberg, 1998, 10: 3 - 28.

[115] 岸根卓郎. 粮食经济——未来 21 世纪的政策 [M]. 南京：南京大学出版社，2000.

[116] Dong M, Yong H . Design and Implementation of Intelligent Decision Support System for Grain Postproduction [J]. Transactions of The Chinese Society of Agricultural Engineering, 2001. 17 (1): 38 - 43.

[117] Mckinnon A , Ge Y, Leuchars D . Analysis of Transport Efficiency in the UK Food Supply Chain [J]. Logistics Research Centre Heriot, 2003.

[118] Mruss, Kerrin L P. A Commodity-based Methodology for Freight Forecasting on Rural Road Networks [D]. University of Manitoba, 2004.

[119] Kilima, Mlyavidoga F T . An Examination of Alternative Fertilizer Transportation, Warehousing and Application Systems for Agricultural Cooperatives [J]. Presse Médicale, 2004: 321 -333.

[120] Berruto R . Logistics and Strategies Evaluation of Grain Receiving Operations Using the System Simulation Approach [D]. Purdue University, 2004.

[121] Yu T H . Essays on the Upper Mississippi River and Illinois Waterway and U. S. Grain Market [D]. Texas a & m University, 2005.

[122] Dong L, D Kehoe, Drake P. Dynamic Planning with a Wireless Product Identification Technology in Food Supply Chains [J]. International Journal of Advanced Manufacturing Technology, 2006, 30 (9 -10): 938 -944.

[123] Liu C . Analyzing Highway Damage Costs Attributed to Truck Traffic of Processed Meat and Related Industries in Southwest Kansas [D]. University of Kansas, 2008.

[124] Aziz N, Moin N H . Genetic Algorithm Based Approach for the Mufti Product Multi Period Inventory Routing Problem [C]. IEEE International Conference on Industrial Engineering & Engineering Management. IEEE, 2008: 1619 -1623.

[125] Ahumada O, Villalobos J. Application of Planning Models in the Agri-food Supply Chain: A Review. European Journal of Operational Research. 2009, 195: 1 -20.

[126] Nikolai, Reynolds, Christian, et al. Determinants of Sustainable Business Relationships in Selected German agri-food chains [J]. British Food Journal, 2009, 111 (8): 776 -793.

[127] Lejeune M A, Margot F. Integer Programming Solution Approach for Inventory-production-distribution Problems with Direct Shipments [J]. International Transactions in Operational Research, 2010, 15 (3): 259 -281.

[128] Macharia J, Collins R, Sun T. Value-based Consumer Segmentation: the Key to Sustainable Agri-food Chains [J]. British Food Journal, 2013, 115 (9): 1313 -1328.

[129] Jraisat L , Gotsi M . Drivers of Information Sharing and Export Performance in the Jordanian Agri-food Export Supply Chain: A Qualitative study [J]. International Marketing Review, 2013, 30 (4): 323 -356.

[130] Eksoz C, Mansouri S A, Bourlakis M . Collaborative Forecasting in the Food Supply Chain: A Conceptual Framework [J]. International Journal of Production Economics, 2014, 158: 120 - 135.

[131] Aziz N, Rancourt, Marie-Eve, Watkins, et al. Tactical Network Planning for Food aid Distribution in Kenya [J]. Computers & Operations Research, 2015, 56: 68 - 83.

[132] Tomislav, Sudarevic, Predrag, et al. The Standardization/adaptation Dilemma in Agri-food Exporters Marketing Strategies [J]. British Food Journal, 2015. 117 (11), 2739 - 2756.

[133] An K, Ouyang Y . Robust Grain Supply Chain Design Considering Post-harvest Loss and Harvest Timing Equilibrium [J]. Transportation Research Part E, 2016, 88 (4): 110 - 128.

[134] Steiner Neto, Pedro José, Datta D, Steiner M , et al. A Multi-objective Genetic Algorithm Based Approach for Location of Grain Silos in Paraná State of Brazil [J]. Computers & Industrial Engineering, 2017, 111 (sep.): 381 - 390.

[135] Mogale D G, Kumar M, Kumar S K , et al. Grain Silo Location-allocation Problem with Dwell Time for Optimization of Food Grain Supply Chain Network [J]. Transportation Research Part E Logistics & Transportation Review, 2018, 111 (3): 40 - 69.

[136] Maiyar L M , Thakkar J J . Environmentally Conscious Logistics Planning for Food Grain Industry Considering Wastages Employing Multi Objective Hybrid Particle Swarm Optimization [J]. Transportation Research Part E: Logistics and Transportation Review, 2019, 127: 220 - 248.

[137] Olorunfemi B J, Kayode S E . Post-Harvest Loss and Grain Storage Technology-A Review [J]. Turkish Journal of Agriculture-Food Science and Technology, 2021, 9 (1): 75 - 83.